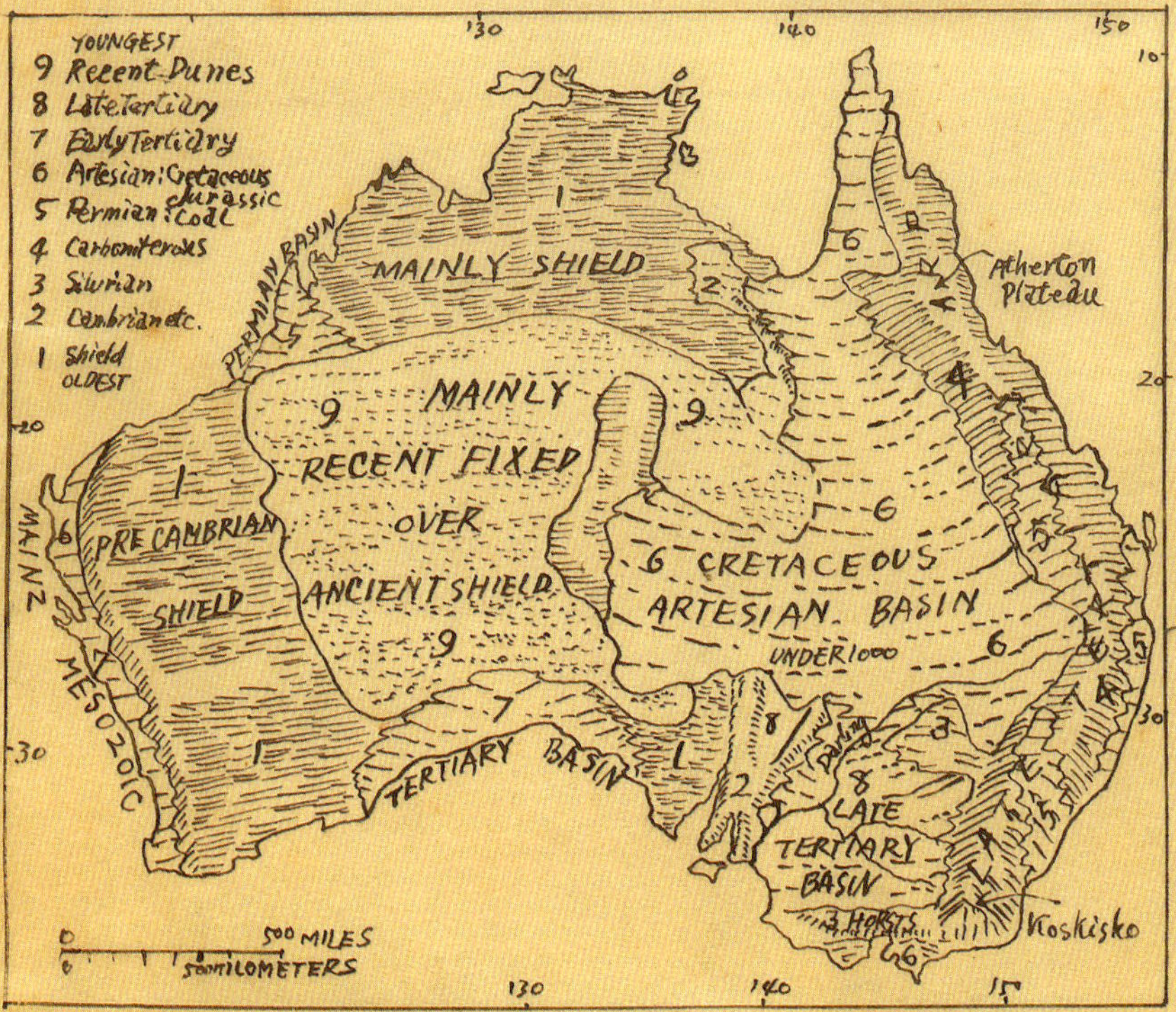

(After. G. Taylor)

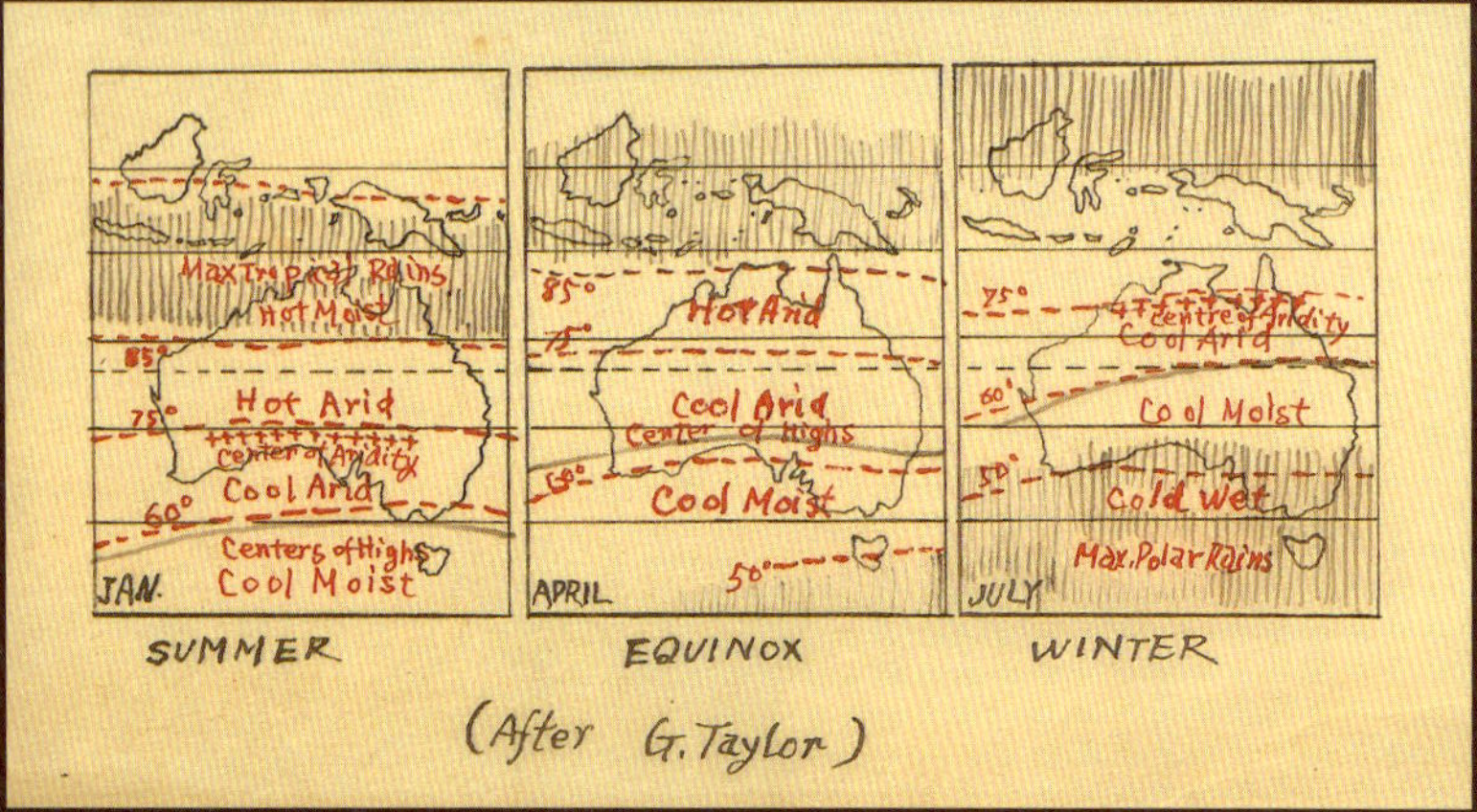
Max Tropical Rains
Hot Moist
85°
75°
Hot Arid
Center of Aridity
Cool Arid
60°
Centers of Highs
Cool Moist
JAN.
85°
75°
Hot Arid
Cool Arid
Center of Highs
60°
Cool Moist
50°
APRIL
75°
Centre of Aridity
Cool Arid
60°
Cool Moist
50°
Cold Wet
Max. Polar Rains
JULY
SUMMER
EQUINOX
WINTER
(After G. Taylor)

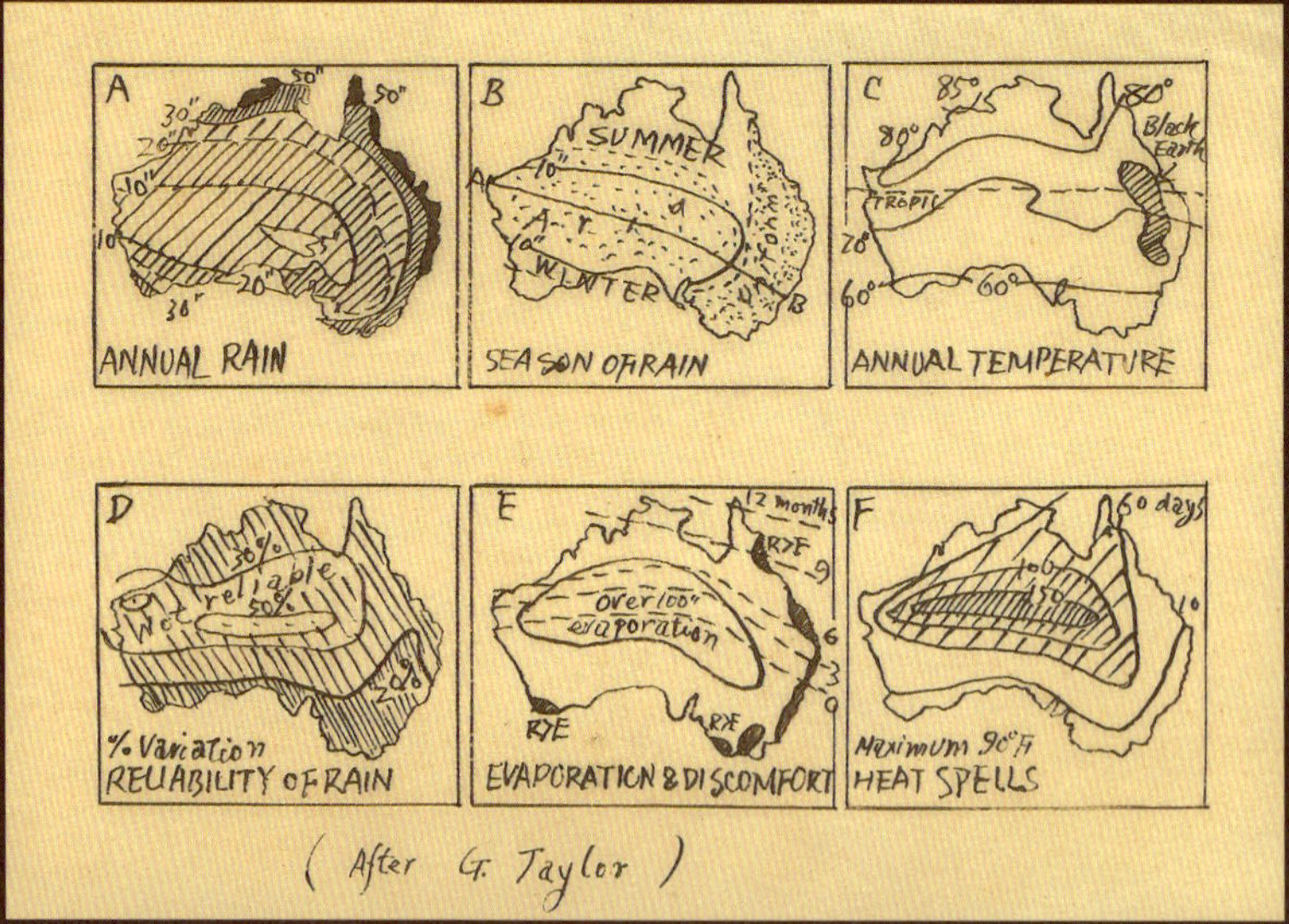
A
30"
20"
10"
10
20"
30"
50"
50"
ANNUAL RAIN
B
SUMMER
WINTER
SEASON OF RAIN
C
85°
80°
80°
Black Earth
TROPIC
70°
60°
60°
ANNUAL TEMPERATURE
D
30%
reliable
50%
Wet
50%
% Variation
RELIABILITY OF RAIN
E
12 months
over 100"
evaporation
R.Y.E
9
6
3
0
EVAPORATION & DISCOMFORT
F
60 days
100
150
10
Maximum 90°F
HEAT SPELLS
(After G. Taylor)

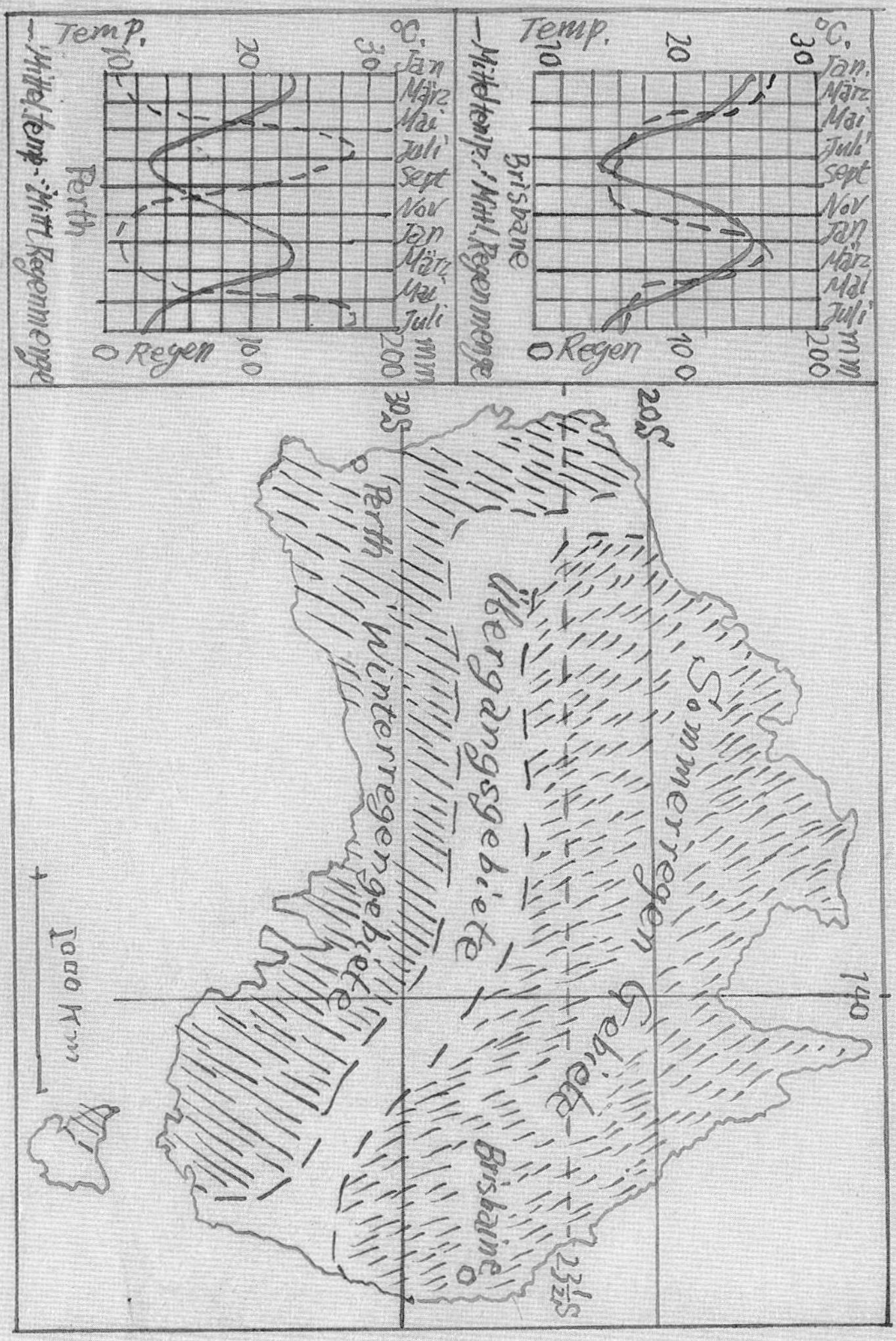
Temp.
°C.
10
20
30
Jan.
März
Mai
Juli
Sept
Nov
Jan.
März
Mai
Juli
mm
0 Regen
100
200
Brisbane
— Mitteltemp. ; -- Mittl. Regenmenge
Perth
— Mitteltemp. ; -- Mittl. Regenmenge
20S
30S
Perth
Winterregengebiete
Übergangsgebiete
Sommerregen Gebiete
Brisbane
23½S
140
1000 km

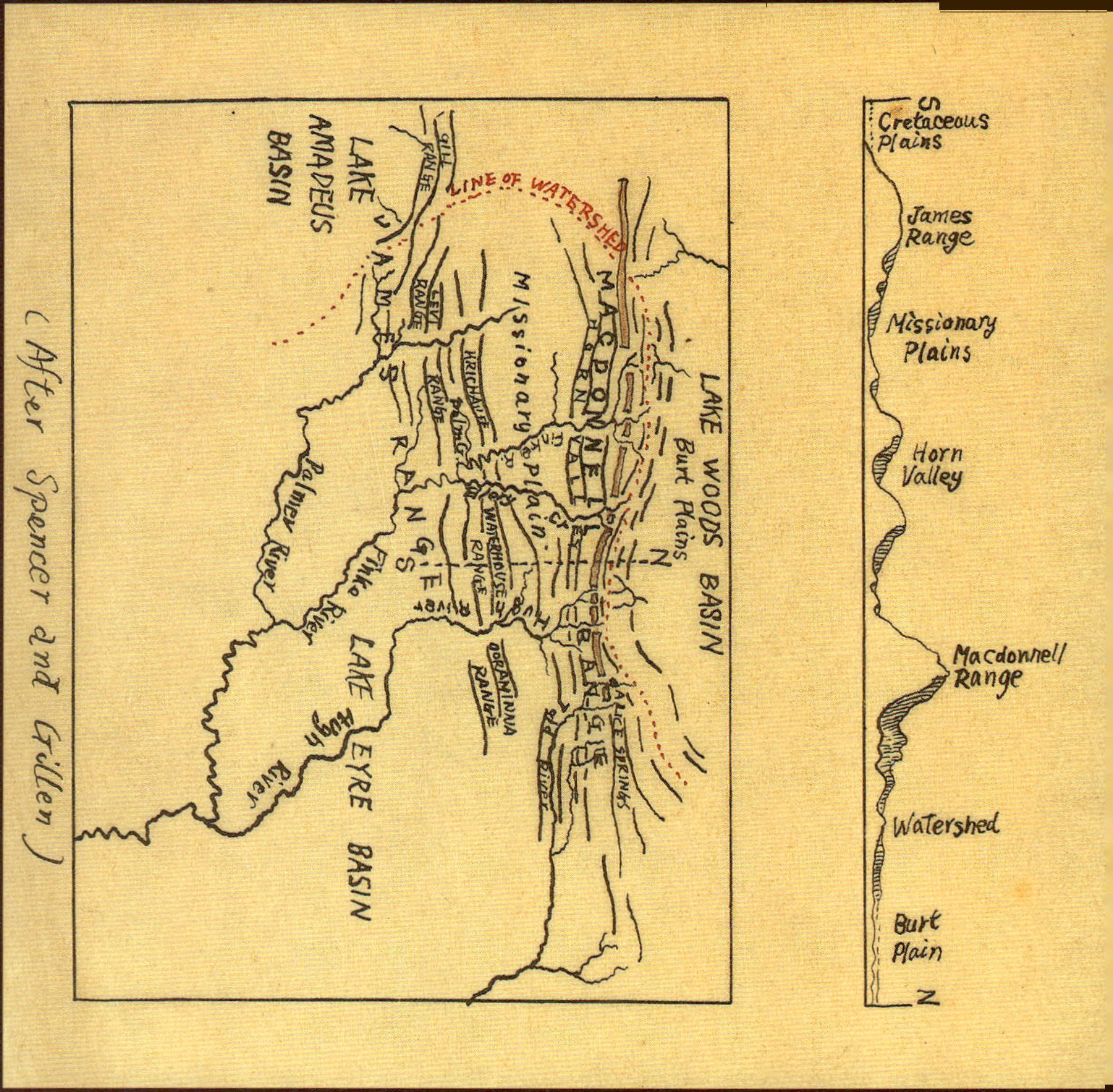
LAKE AMADEUS BASIN
LAKE WOODS BASIN
LAKE EYRE BASIN
LINE OF WATERSHED
MACDONNELL RANGE
JAMES RANGE
GILL RANGE
LEVI RANGE
Missionary Plain
KRICHAUFF RANGE
WATERHOUSE RANGE
ORANINNA RANGE
HORN VALLEY
Burt Plains
ALICE SPRINGS
Palmer River
Finke River
Hugh River
Todd R.
Ellery Cr.
S
N
Cretaceous Plains
James Range
Missionary Plains
Horn Valley
Macdonnell Range
Watershed
Burt Plain
(After Spencer and Gillen)

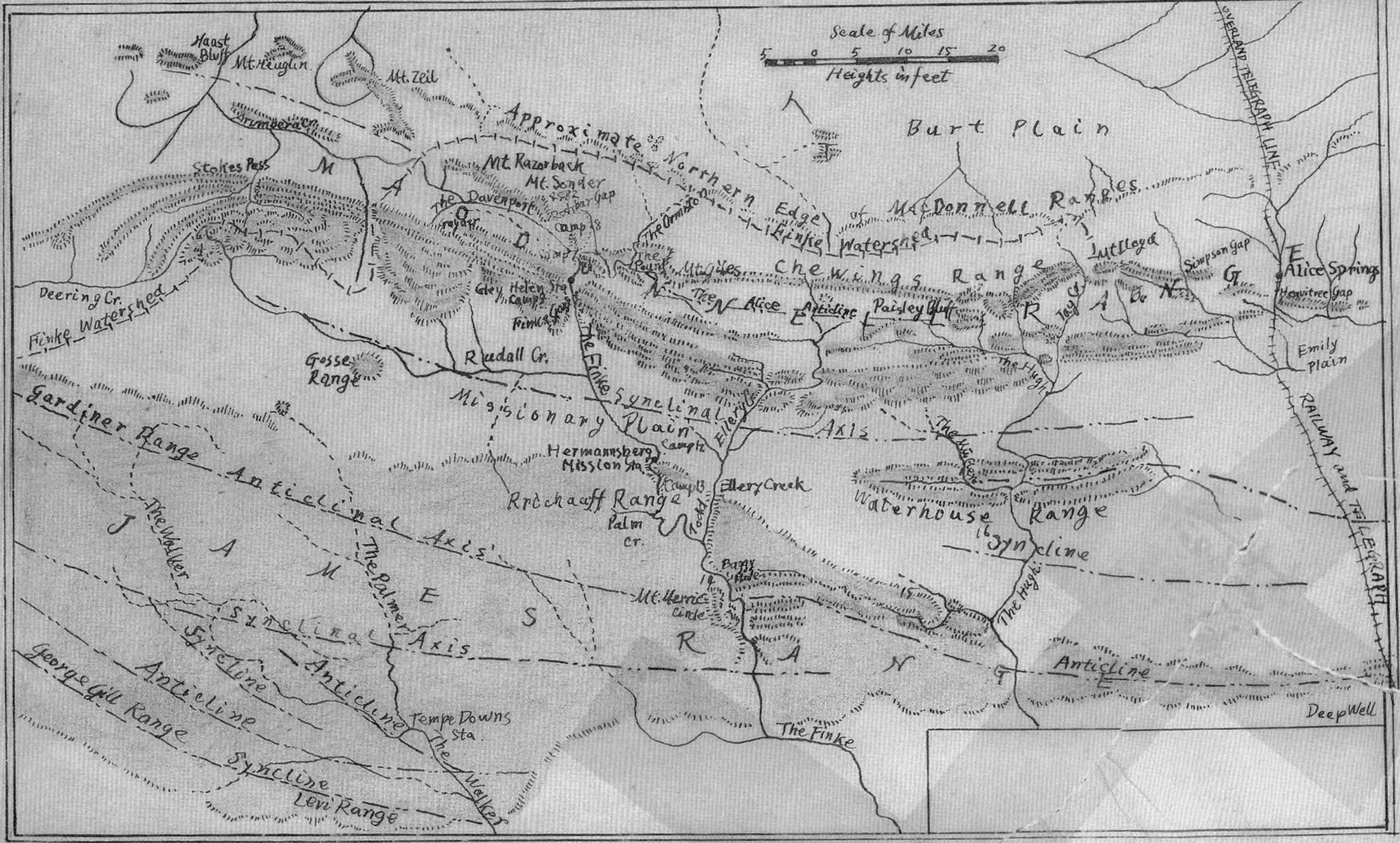

The Western MacDonnell Ranges, Central Australia
(after C. T. Madigan)

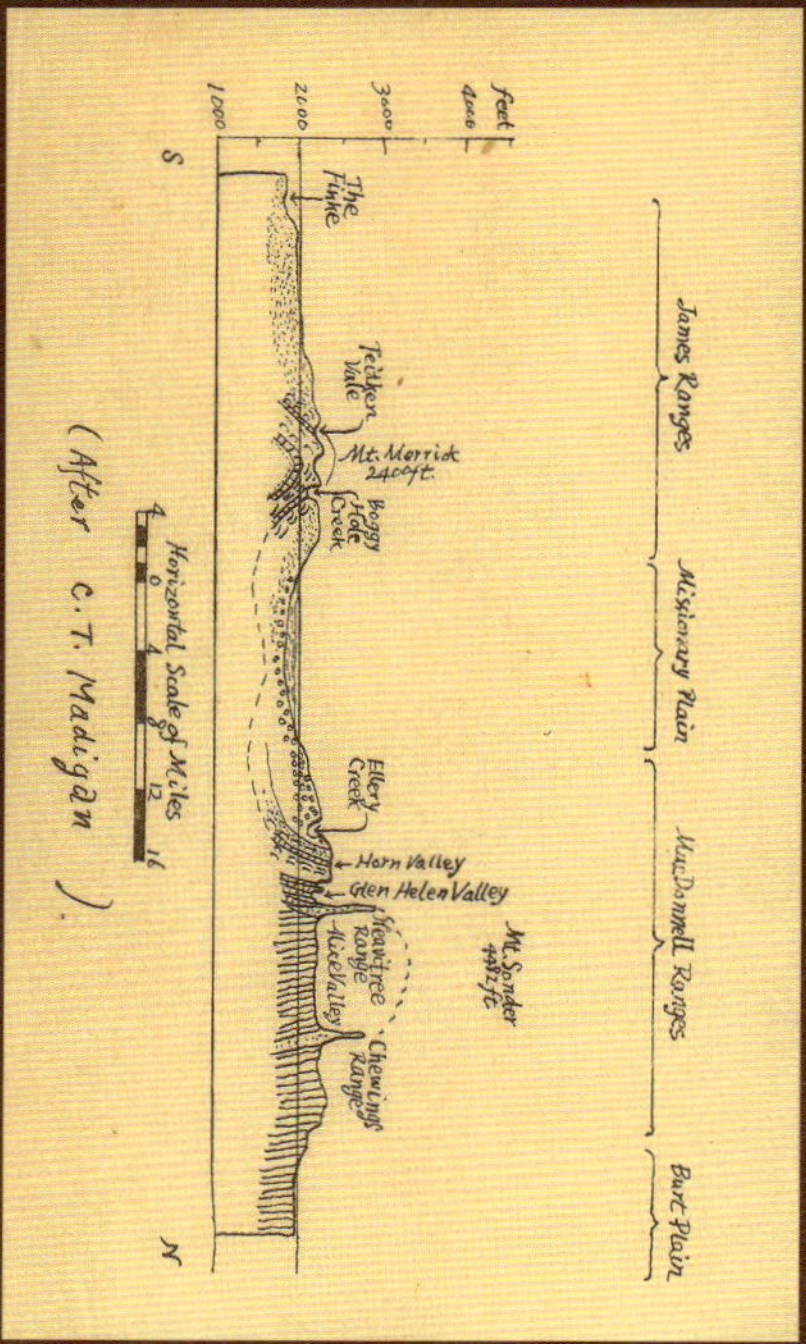
James Ranges
Missionary Plain
MacDonnell Ranges
Burt Plain
feet
4000
3000
2000
1000
S
N
The Finke
Mt. Merrick 2404ft.
Ellery Creek
Horn Valley
Glen Helen Valley
Mt. Sonder 4457ft
Horizontal Scale of Miles
(After C.T. Madigan)

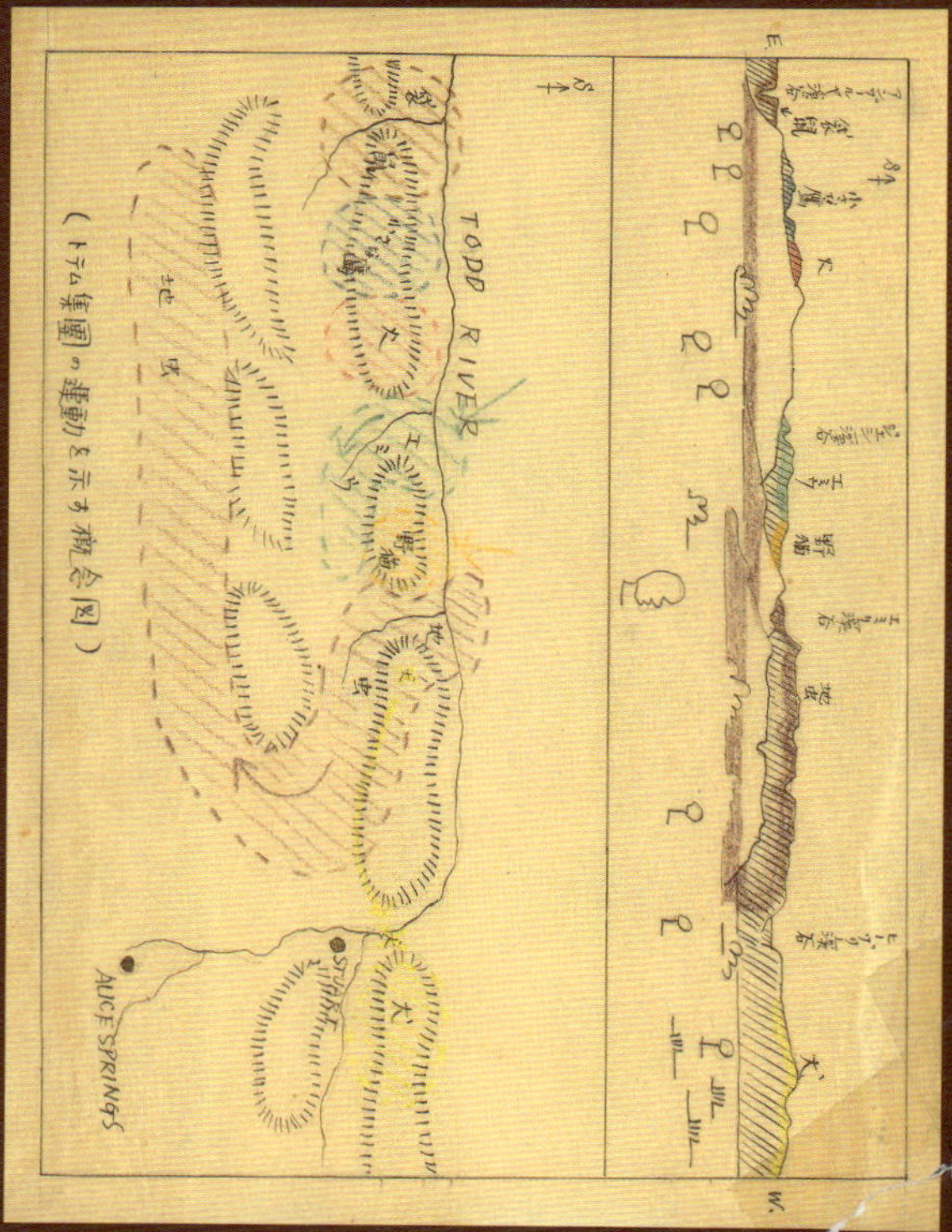
TODD RIVER
ALICE SPRINGS
START
E
W

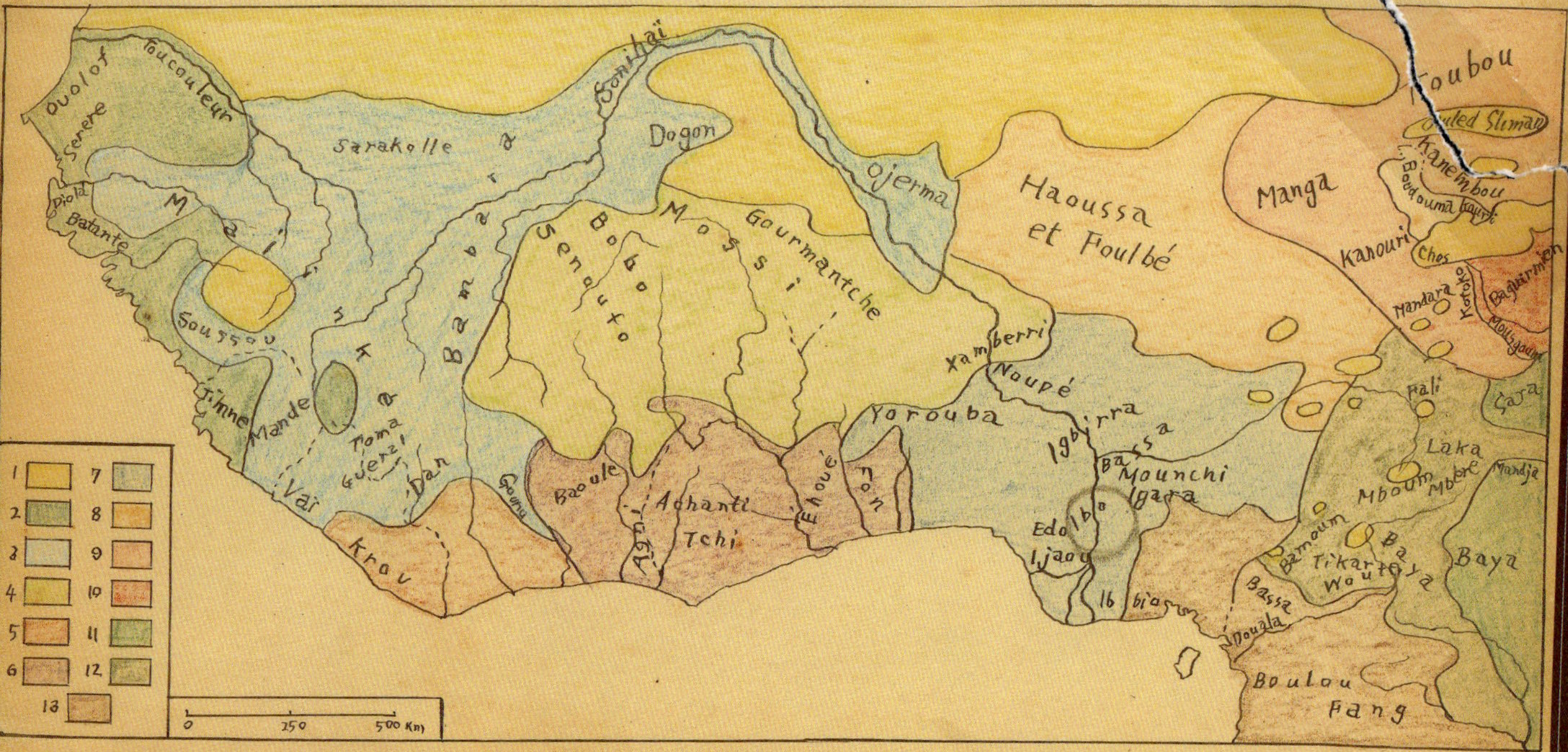

Les populations de l'Afrique occidentale. 1 : 16 000 000.

1. Populations non nigritiennes (Maures, Touaregs, Foulbés, Arabes du Tchad). 2, Groupe sénégalais. 3, Gr. mandé. 4, Gr. mossi (voltaïque). 5, Gr. libérien. 6, Gr. ivoirien-dahoméen. 7, Gr. béninien. - 8, Gr. haoussa. 9, Gr. subsaharien. 10, Gr. tchadien. 11, Gr. charien (Chari et Oubangui). 12, Gr. camerounien. 13, Gr. bantou et semi-bantou.

Vegetationskarte von Afrika (nach F. Jaeger)
Landwirtschaft Afrikas.
Mediterrane Baumkultur (bes. Apfelsinen, Weizen)
Nomadisierende Viehzucht
Ackerbau
Hackbau ohne Großviehzucht
Keinerlei Landwirtschaft
Südgrenze des Pflugbaues d. Eingeborenen
Mediterrane Hartlaubgewächse u. Macchia
Koniferen u. Eichenwald
Busch d. Kapflora
Wüste
Wüstensteppe mit Halbsträuchern u. zeitw. Gras
Oasen
Steppe, Grasland
" m. Zwergpalmen
" " Dornsträuchern
u. Bäumen
Steppe m. dornlosen, meist breitlaubigen Sträuchern u. Bäumen
Grassteppe d. Hochfeldes
Trockenwald
Savanne, hohes Gras, kleine Bäume, Galeriewälder
Hochweiden, Gebirgsgrassteppen u. Gebirgsmatten
Sümpfe
Höhenwald
Immergrüner tropischer Regenwald
Busch d. Süd- u. Ostküste
Nordgr. d. Dattelpalme
Nordgr. d. Kokospalme
Nordgr. d. Ölpalme
Südgrenze d. Ölpalme
Südgrenze d. Palmen
Südgr. d. Dattelpalme
Kokospalme

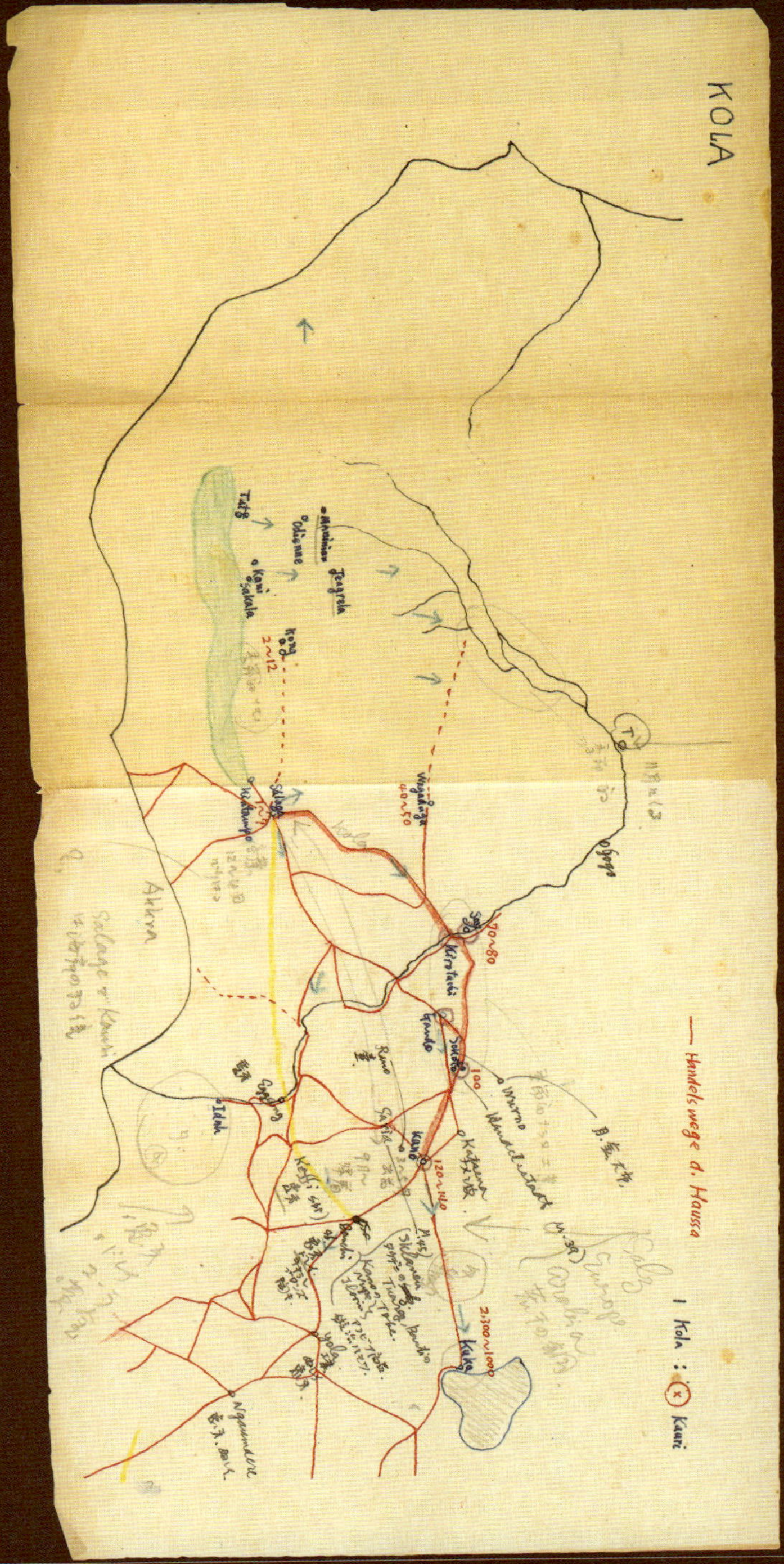
KOLA
Handelswege d. Haussa
1 Kola : (x) Kauri
Kano
Kuka
Sokoto
Salaga
Akkra

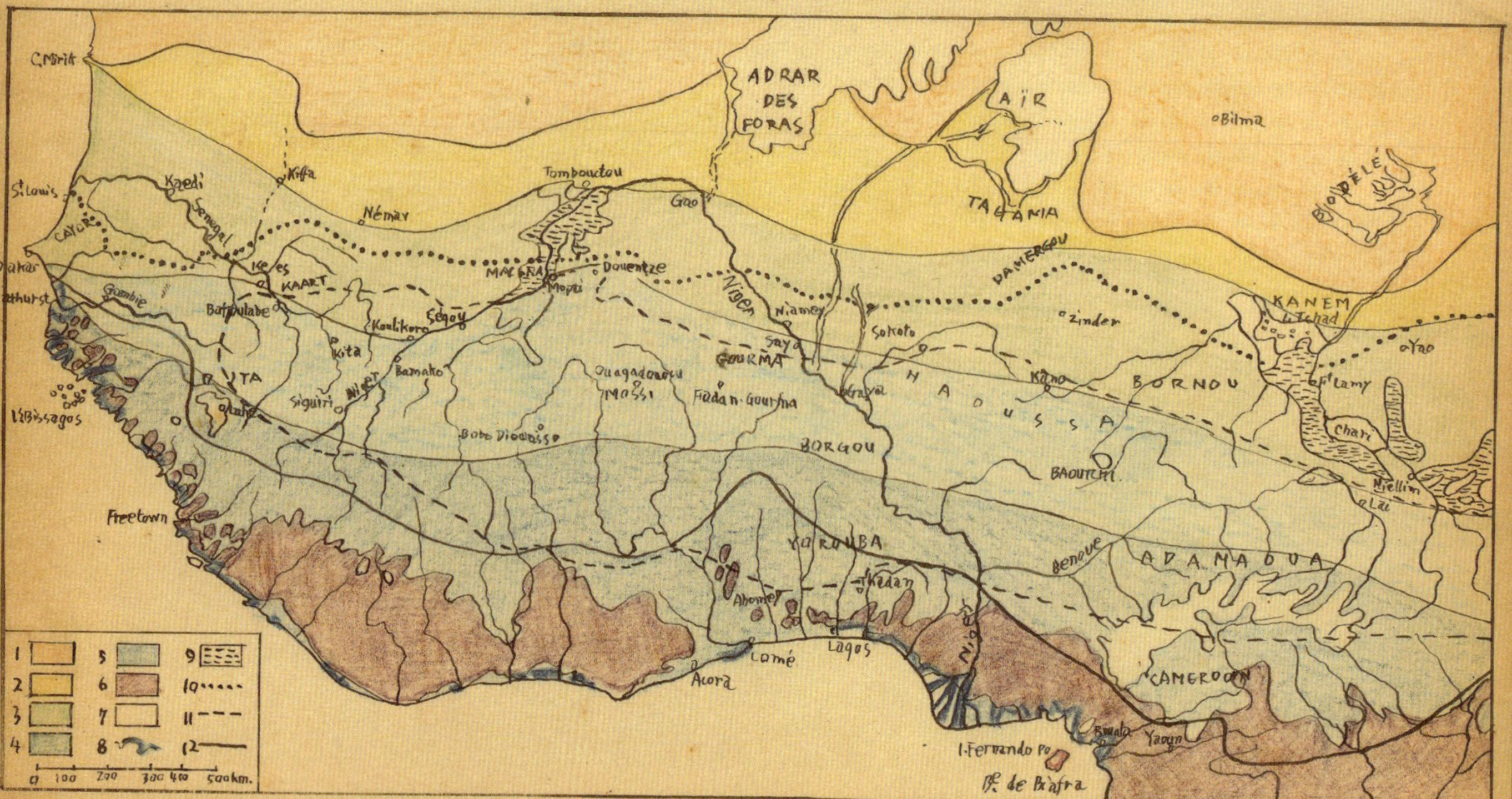

Les zones de végétation en Afrique occidentale. 1 : 18500000.

1, Zone saharienne. 2, Zone subsaharienne. 3, Zone sahélienne. 4, Zone soudanienne ou de la brousse-parc. 5, Zone guinéenne ou des savanes subforestières avec galeries. — 6, Zone de la forêt dense. 7, Districts montagneux. 8, Mangrove. 9, Districts inondés. 10, Limite septentrionale des cultures non irriguées. 11, Limite de la zone du Karité. 12, Limite du palmier à huile.

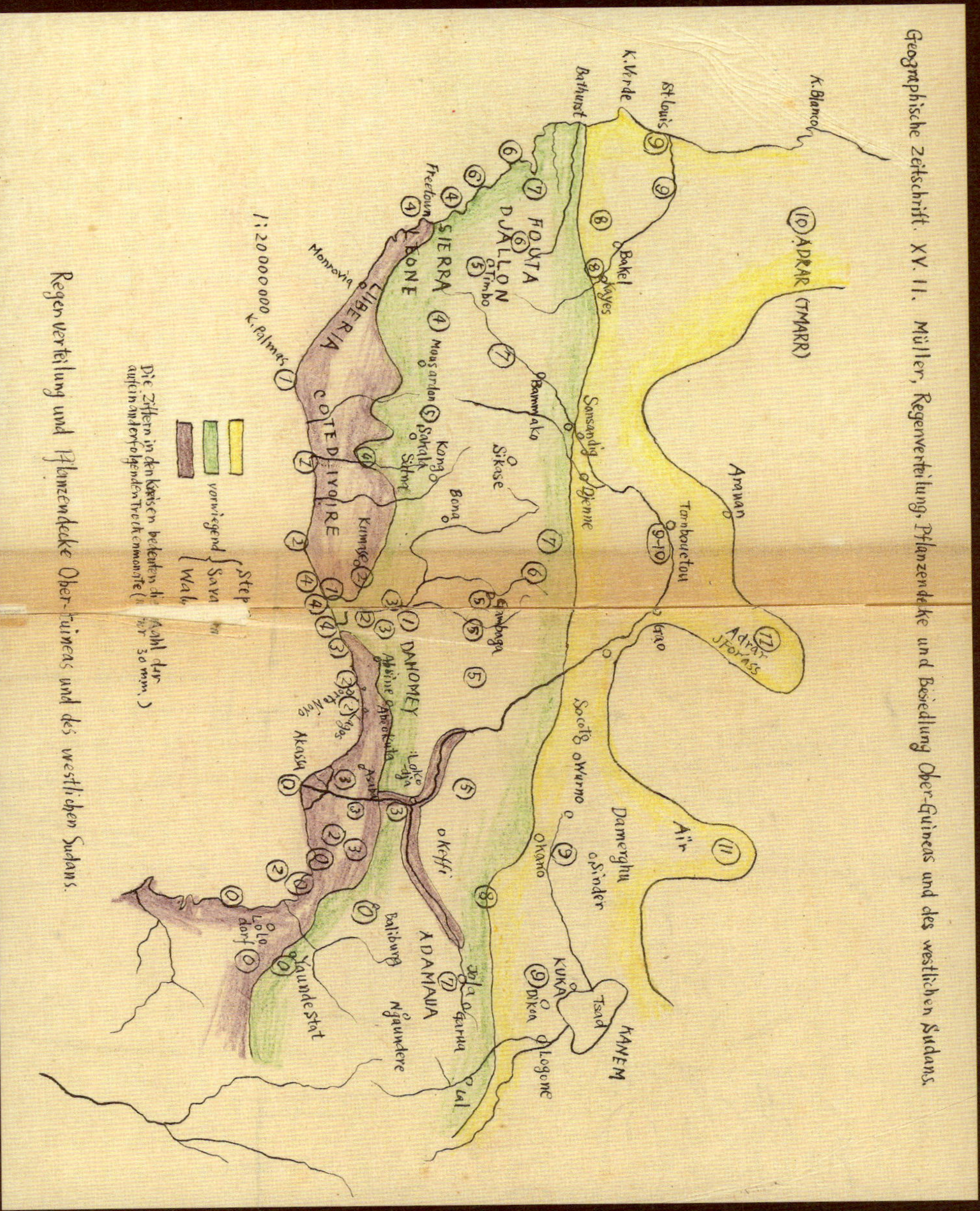

Regenverteilung und Pflanzendecke Ober-Guineas und des westlichen Sudans.

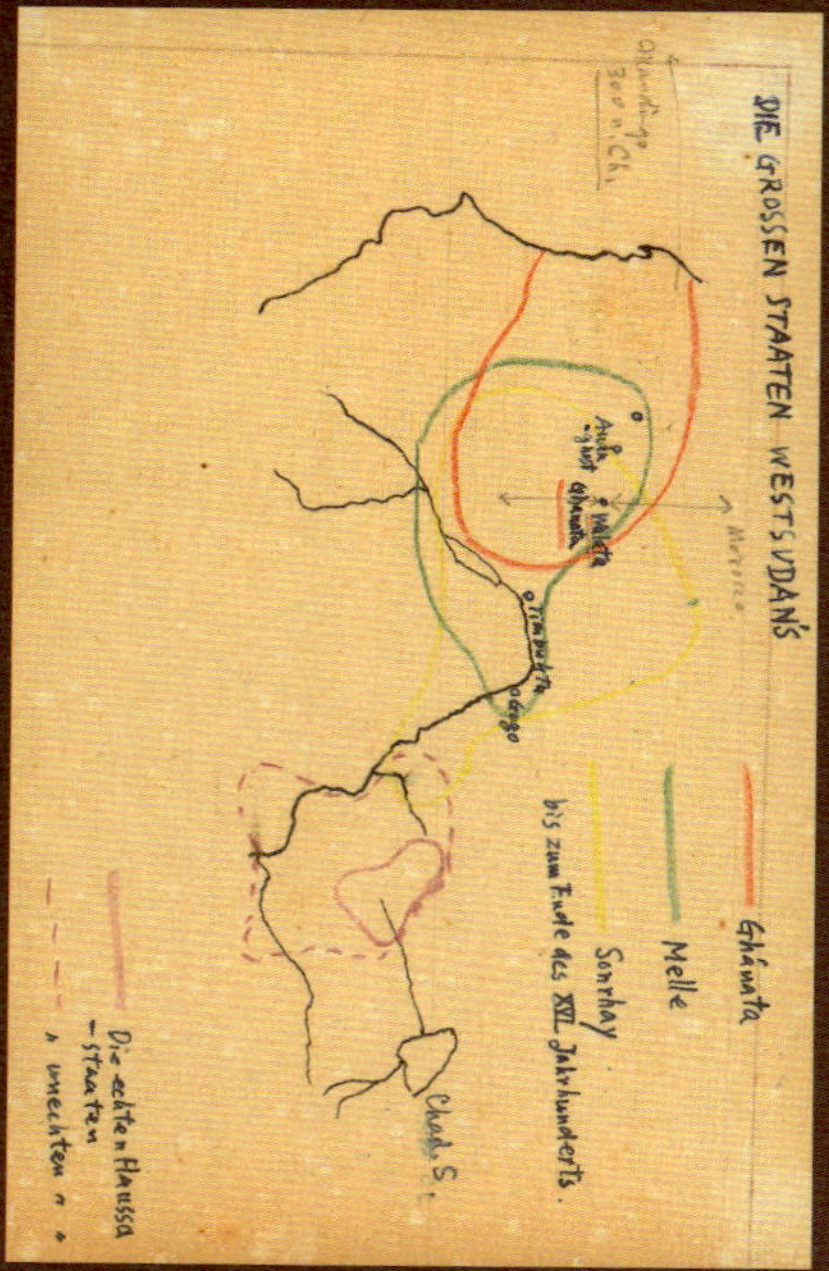
DIE GROSSEN STAATEN WESTSUDANS
Ghânata
Melle
Sonrhay
bis zum Ende des XVI. Jahrhunderts.
Die echten Haussa-staaten
" unechten " "
Chad S.

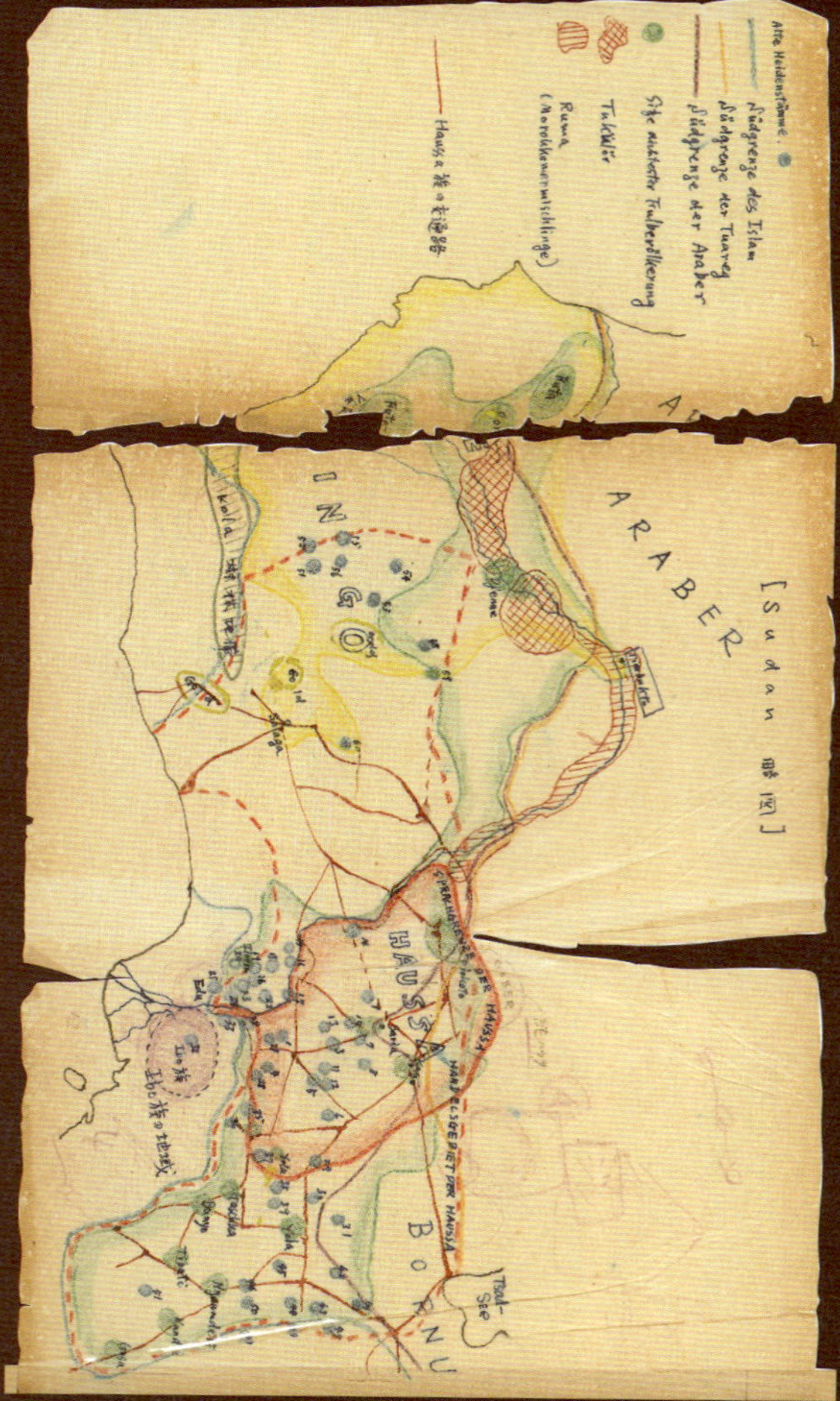
Alte Heidenstämme
Südgrenze des Islam
Südgrenze der Tuareg
Südgrenze der Araber
Ruma (Marokkanermischlinge)
ARABER
HAUSSA
BORNU

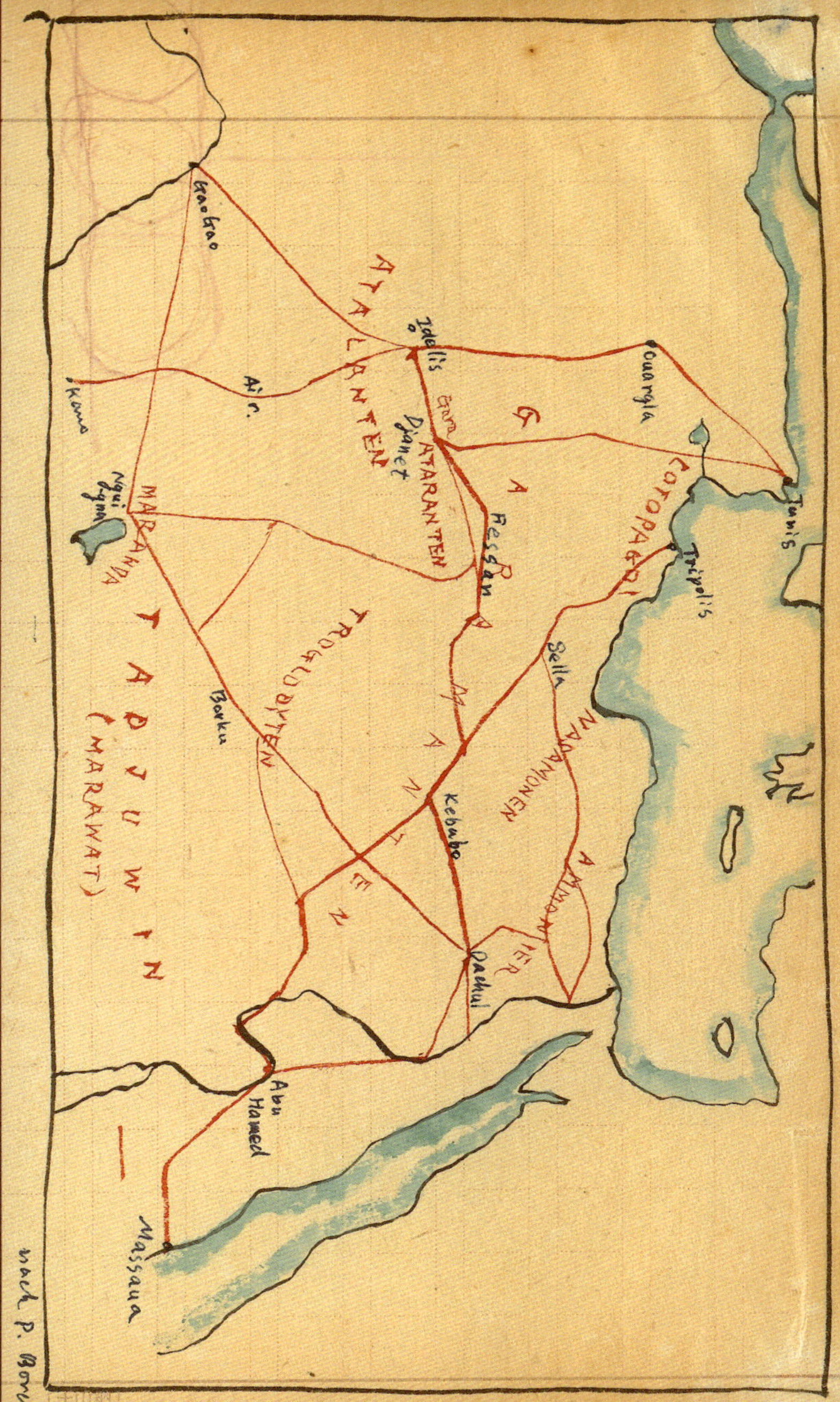

nach P. Borchardt

古代及中世における隊商路略図

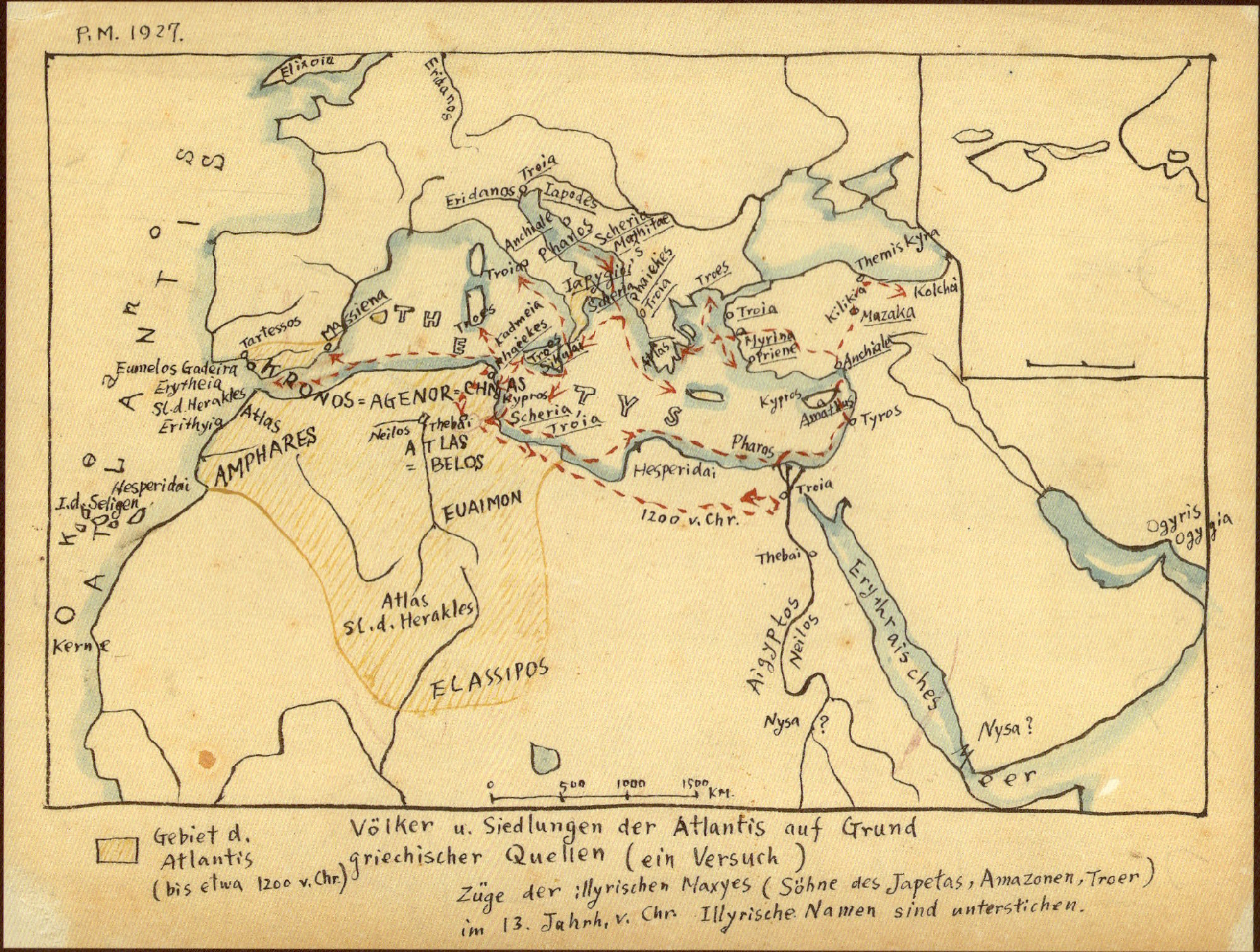
P.M. 1927.
Völker u. Siedlungen der Atlantis auf Grund
griechischer Quellen (ein Versuch)
Züge der illyrischen Maxyes (Söhne des Japetas, Amazonen, Troer)
im 13. Jahrh. v. Chr. Illyrische Namen sind unterstrichen.
Gebiet d. Atlantis (bis etwa 1200 v. Chr.)
KRONOS = AGENOR = CHNAS
AMPHARES
ATLAS = BELOS
EUAIMON
ELASSIPOS
Atlas Sl.d. Herakles
Tartessos
Massiena
Eumelos Gadeira
Erytheia
Sl.d. Herakles
Erithyia
Atlas
Hesperidai
I.d. Seligen
Kerne
Elixoia
Eridanos
Troia
Iapodes
Anchiale
Pharos
Scheria
Mathitae
Iapygidi
Phaiekes
Troes
Kadmeia
Kypros
Sikulai
Neilos
Thebai
Hesperidai
1200 v. Chr.
Pharos
Kypros
Amathus
Tyros
Myrina
Priene
Kilikia
Mazaka
Themis Kyra
Kolchai
Aigyptos
Neilos
Nysa ?
Erythraisches Meer
Ogygia
0 500 1000 1500 KM.

森林・草原・砂漠

森羅万象とともに

刊行に寄せて—柄と地のモチーフ

松本博之（奈良女子大学文学部教授）

「波乱にみちた人生のたそがれどき、ドイツの読者たちに、一つの作品をゆだねることにする。この作品の姿はぼんやりとした輪郭をとりながら、半世紀もの長きにわたり、私の魂のまえをゆれうごいていた。」本書の著者岩田さんが、その疾風怒濤時代、みずからの魂の輪郭を確かめるために挑んだ巨人アレクサンダー・フォン・フンボルトは畢生の大著『コスモス』第一巻の序文の冒頭にこのような言葉を残している。

この言葉にみちびかれて、私はここに岩田さんの半世紀以上におよぶ思索の源流を、読者のみなさんとともに訪ねたい。収録された未刊の作品「アルンタ族の地域について」と「森林・草原・砂漠」の草稿はそれぞれ京都帝国大学に提出された卒業論文と修士論文である。いわば、生涯にわたって実生の木を育ててきた岩田さんの出発点であり、自画像のその一、その二である。それらは一九世紀後半から二〇世紀前半のヨーロッパ人の著作物から絵具を借りているが、そのデッサンとモチーフをみると、まさに岩田さんから生まれた実生の作品である。

「柄と地」、岩田さんの生涯を貫いてきたモチーフである。あるいは生と死、身体と魂、日常と非日常、現世と他界、この世とあの世といってもよい。あるいはまた、見えるものと見えないものといいかえてもよい。

岩田さんは、一つ目の作品、二つ目の作品を、みずからを渦中の外におき、資料の積み重なりにおうじて形にしていくタイプの人ではない。同一の素材でも、つねに反芻し、新たな発見をくわえ、一作一作がそれぞれ独立したみずからの分身であり、根底にあるモチーフにつねに全力で立ち向かった作品なのである。セザンヌがサント・ヴィクトワール山を幾度も描いたように、モネがスイレンを幾度も描いたように、岩田さんは人類文化の源像をその発端において大地とともに描こうとしてきたのである。

日本から東南アジア、南アジアに歩を進め、その歩みの中で血肉化された「柄と地」のモチーフが多彩に描き出されたことは周知のところであるが、その背後に隠れたデッサンは力強く、これら未刊の作品群でもすでにその骨格を成している。

したがって、ここに収録された作品はたんに懐しむために集められたものではない。その後の岩田さんの作品と合わせ鏡にして読まれるべきものである。くりかえしくりかえし、「柄と地」のモチーフを探究する。それは人物画ではなく、風景画である。しかしそれはまた、風景画に描き込まれた自画像でもある。風景画を描く人間がもっとも持てあますのは眼前の世界ではなく、自分とは何か、という問いである。

岩田さんの六〇年以上にわたる思索はつねにみずからに問い、みずからへ答える旅であった。六〇年の歩みはつねに螺旋を描きながら、多彩な柄の世界に飛翔していく。しかし、岩田さんはつねに照顧脚下、地をみつめつつ、原点、源流へと立ちかえる。それはまた、生きとし生けるものの原点でもある。独楽の好きな岩田さんはそれをジャイロスコープ(羅針盤)に喩える。ジャイロスコープはつねに柄と地の原点をさしている。それが、この書に収められた「アルンタ族の地域について」と「森林・草原・砂漠」、草原と砂漠の結び目に織り上げられた岩田さんの第一論文「TIMBUKTU」を貫くモチーフであり、その後、汲めども尽きぬ東南アジアの森羅万象の世界へと飛翔していった最初の民族誌「パ・タン村」である。この原点への回帰が岩田さんにとって「おわりのはじめ」なのである。

七〇歳を超えられたころ、なにげなく「近頃、すこし分かりやすく書けるようになったよ」と洩らされたことがあった。私にしてみれば、それまでも達意の文章を書かれる岩田さんが何を今更と思いながら、その真摯さに打たれた。そんな岩田さんであるから、人文書館の道川文夫氏がこれら初期の草稿の公刊を示唆されたとき、岩田さんは「今日、このようなものを出版する意味があるのだろうか」とためらわれていた。校正の段階でも、「若書き(若気の至り)」とか、「自分の地理学入門だよ」という自戒の言葉を口にしておられた。

私は「たしかに、一九世紀後半から二〇世紀前半の、まさに植民地時代における開拓前線の背後で動いてきた研究者たちの民族誌をベースにしたご研究であり、当時の調査技術や事実の拾い上げ方や時代的なまなざしに限界があり、事実の誤認もあるかも知れないけれども、そこに記載された内容を組み立てた思索と構想力は先生のものであり、いずれ先生の思索を跡づける者や借り物ではない実生の思索とは何かを求める若い学徒たちの導きの糸になると思いますよ」と語ったことがあった。

そこにはこなれの悪さがあるかも知れない。しかし、みずから何をどのように問い、どのように答えるのか、その構想と思索に古さはない。草稿として執筆されてから六〇年を経ているが、ますます学問が細分化し、細部へのこだわりに終始し、英語で書けば国際的な貢献ができるという風潮の中にあって、本来の国際的な貢献とは何か、実生の木を育てることだと、若い方々にも知ってほしいのである。

＊　＊　＊　＊

これまで、私は岩田さんなどと気さくな呼び方をしてきたが、岩田先生は私にとってまぎれもなくジャイロスコープとなって下さった恩師である。私事にわたるが、和綴じにされた「森林・草原・砂漠」の草稿は一時期、先生のフンボルトやリッターに関する大部冊の読書ノートとともに私の手元にあったものである。まったくの偶然ではあったが、先生から「利用できたら利用してください」という言葉とともにお預かりしたのが、一昨年の五月六日、まさにフンボルトの命日であった。

大変なものをお預かりしたという思いとこれから私の登らなければならない山の高さに途方に暮れた思いが入り交じり、京都の先生のお宅から家路についたことを今でもありありと思い出す。

一〇年前に編んだ著作集には、アニミズムへとスパイラルされて以後の作品しか採録することができず、岩田先生とともに同時代を歩まれた方々や若い学徒の方々からも、そこに至るまでの岩田先生の足跡が収録されていないことに対して、ご叱正をいただいた。著作集の編集をお手伝いさせていただいた者としては、この一〇年そのご叱正を胸にとめてきた。

ほんの一部ではあるが、ここに人文書館から公刊できる運びとなり、広くみなさんとの共有財産となって、すこし肩の荷が軽くなったように思っている。

半世紀以上もまえに岩田先生の魂のまえに揺籃していた実生の「柄と地」のモチーフを味読してほしい。ここに収録した作品はそれこそ「おわりのはじめ」である。岩田先生はまさにその核心において一本道であった。

（まつもと　ひろゆき・地域環境学）

東大寺二月堂修二会の折

目次

凡　例［本書の文字表記について］

原論文を尊重するという見地から、次のような表記原則とした。

一、旧漢字・旧仮名づかいは原論文のままとした。

二、音訓表以外の音訓も使用した。

三、俗字などの異体字は、おおむね正字体に改めた。

四、難読と思われる漢字には振り仮名（ルビ）を付けた。

五、送り仮名は原論文のままとした。

六、代名詞、副詞、接続詞等のうち、一部は振り仮名を付した。

第I部

アルンタ族の地域について

地域の意味についての考察

序――〃地理學は人間を理解しようとする一つの試みである〃

問題の位置についての小序

われわれは、F. Ratzel が夢寐《むび》にも忘れなかつたと云ふ土地こそ、あらゆる地理學的思索の中心でなければならぬことを主張する。

假令《たとい》、Febure の云ふ如く、「環境の問題」が學説史的に重要なる位置を占むるにしても、或は又、「大地の人類社會に及ぼす影響の問題」が全《おな》じく枢要なものであるにしても、猶且《なおかつ》それらすべての中にあつて第一義の位置を占むるものは土地そのものでなければならぬ。環境とは極めて複合的な概念であつて、その中には直に地理學的問題たり得ないもの、即ち歴史的な風習、傳統、社會、文化と云ふ如き現象が雜然と混入して居るのである。又、影響と云ふ問題も Vidal de la Blache が明かに述べてゐる如く、「それを蔽《おお》ひ隱してゐる歴史的偶然性の堆積を通してのみわれわれの眼に映ずる」ものなのであつて必ずしも常に地理的なものであると云ふことは出來ない。ここに於てわれわれは原始社會の研究を思ひ起す。それは環境と社會との直接的な關係を呈示すべきものであつたし、或程度それに成功したのであつたが、其處にあつても人間は、單に自然の個物或は現象と露はに組み合はされて居ると云ふよりも、更に一群の儀礼と信仰との卓越した一個の人間社會を形成して居たのであつて、公式的な地人關係は發見する余地もなかつたのである。

然らば純粋に地理學的な問題は存しないであらうか。われわれは否と答へる。地理學的な視点を確実に保持しながら、所與の問題を決定的に分析して、土地が人間生活に対して原初的に如何なる役割を果たしてゐるかを見ることによつて、少くとも將來の地理學的研究に一つの示唆を與へることが出來ると信ずる。即ち環境の問題や影響の問題のまへに、それらをして地理學の問題たらしめて居るところの土地そのものの問題を解決しなければならない。然らばこの土地の問題は地理學的考察の上に如何なる位置を占め如何なる形に於て提出せらるべきであらうか。

原理的にはそれは二つの位置を占めうる。即ち、一つには動的なる土地として、一つには靜的なる土地として考へられたそれである。

總じてヨーロッパの地理學は sailor geography のそれとして性格づけうると思はれるのであつて、ヨーロッパ地理學の原流と考へられるギリシアにあつてアンエクメネに対するエクメネが問題になつたと云ふことは、最も生活に近く考へられた土地の分類によつて世界全体を包括的に知らんとする一つの試みなのであつた。われわれは其處に、ギリシア的な幾何學的な精神と彼等の祖先たちの數百年にわたる漂浪生活の陰影とを感取せざるを得ない。このエクメネを求めての永い漂浪のうちに育まれた地理學精神が爾來ヨーロッパにおける地理學の根柢に存して居ると云ふことは忘るべからざる一つの事實ではなからうか。われわれはかくの如き學的傳統の表現を、一つには地球を区分するに地帶なる観念を以てすることに於て、一つにはかの動的なる土地観のうちに認めることが出來る。

Vidal de la Blache が云つてゐるやうに、例へば、Erathosthenes や Ptolemie 學派の見解にあつては、地球なる組織体は一つの純粋に數學的なる統一体であつた。地球の Zone と云ふものに關して彼等の抱いた観念は、彼等にとつては予見によつて恰《あたか》もそれが實際に既知のことであるかの如くに地球の總体を包括することを許すところの一種の公準であつた。ここに一つの幾何學的精神が全地球を蔽ふ批判の基準となつてゐるのを見るのである。又、F. Ratzel にあつては、土地は人類の運動乃至《ないし》移動に対する制約として取り上げられて居るのであり、従てそこには運動論が彼の人文地理學の本質的な領域となつてゐるのである。かくの如きは單に一二の例にすぎないが、この傾向は常にヨーロッパ地理學の底流をなしてゐるものと考へられる。それは、Ewald Banse が Gestaltende Geogr. として自らを特徴づけてゐるその主張の中にも覗はれる如く、静的な造型的地理學こそむしろ一つの特殊に外ならなかつたのである。

而《しか》してわれわれの立場は、直に E. Banse に和するものではないが正にこの静的な見解に立つべきものであり、それは Herder 的な並存的な土地の秩序を予想するものである。

次にこの問題は如何なる形の下に提出せらるべきであらうか。もとより、その上に人間生活の營まれてゐる土地は、決して單なる廣がりのみを有する漠然たる空間であつてはならないであらう。一個人対サハラ砂漠と云ふことは、結局、何れの側にとつても死を意味するに他ならない。故に、土地が問題となり得るためには、それが人間を生かしむるものでなければならぬと共に、生活の日常底に取り入れられその多面性に應じて適當に限定され、地域化せられたものでなければならぬであらう。まことに土地は、その中に存在する多くの事物と共に人間生活の中にとり入れられて溶解しつくして居るかも知れぬ。併《しか》しそれが生きた土地として人間生活に相應じて脈動する場合に、最もよく自らを表現して居るものはその地域としての性格でなければならぬ。假令《たとい》、その境界が線として圖示されやうとも或は地帯として把握されやうともそれは今問ふところではない。只《ただ》、かくの如き地域として人間生活にとり入れられることによつてこそ、始めて土地が生きるのであり、この生きた地域を觀察することがそのままその上に住んでゐる人間の理解となるのである。それ故にわれわれの當面の問題はこの地域の成立とその意味との探究のうちに存するのである。

アルンタ族の地域の自然的環境

I

綜合的環境

1

環境はこれを分析して観察すれば、氣候、動植物、地形、地質……等の個々の條件から成つてゐる。一方、これを綜合的に見るならば、Taine の云ふ如く、『人間がその中で生活し、運動する物質的道徳的知能的なる雰圍氣』(註1)と考へられる。而して人間の生活は、この何《いず》れの面とより深く照應してゐるものであらうか。

勿論、それは人間存在それ自体の深い反省から決定せられなければならぬことであるが、元來、具体的なる人間存在はかへつて外界との密接なる接觸交流のうちに理解せらるべきものであり、(註2)凡《あら》ゆる環境條件も亦全《またおな》じく綜合的なるものとなり、條件個々の殻が破られたときに初めてそれ自身の存在をさへも獲得するものであるならば、われわれに対するものとしての環境は、綜合的環境でなければならぬであらう。このことは既に早く、植物地理學にあつて認められてゐることであり、植物分布の如き複雑なる現象は、個々の分解された原因に求めるより反《かえ》つて綜合的環境との一致に求める方が合理的であると云はれてゐる。(註3)

2

次に、A. Hettner に依れば、環境の綜合は、一つには地殻の内部構造に依存し、一つには氣候に因由《いんゆう》するものであると云ふ。然しながら前者は構造的区分であって、大陸と大地形とがこれに属するのみであるが、後者は記述的複合的なものであって、風化作用、土壌の種類、河川の水勢、植物分布は何れも氣候に作用されて一定の仕方で結合し、動物はこれに依存し、人間も亦《また》これと共に変化するものであると云ってゐる。(註4)

われわれも亦、氣候を中心としてオーストラリアに於ける環境の綜合を試みやうと思ふ。

II 中央オーストラリアに於ける綜合的環境

1 降雨の集中

われわれが中央オーストラリアとして解するところは［Fig 1］（第I部の図版参照、以下同）、マックドンネル山脈を中心として南はフィンク川流域、北はウッヅ湖周辺を含む地方であり、その中には乾燥した樹木の少い低地草原地帯や、砂漠地帯、また山脈中の高地草原地帯等を含んでゐる(註5)［Fig 2］。この地方は相対立する二つの時期、即ち、五月から九月までつづく冬期と、十月から四月までつづく夏季とに区分せられる。降雨は専ら夏期にのみ、而もその中の極めて短期間に集中して降ると云ふ特徴をもっている［Fig 3、4］。時によると一年間の降水總量の四分の一が僅か一日中に降って了《しま》ふこともあり、それが一年間の他のすべての日を蔽うてゐる高温、乾燥せる氣候と対比して如何に驚くべき現象であるか想像に余りあることである。砂と蠅以外には何物もなく藪は萎《しぼ》み、水は全然なく、此處彼處《ここかしこ》に旱魃《かんばつ》に倒れた哀れな動物の漂白された骨が散在してゐる、荒涼たる砂漠の風景が、忽ちのうちに一変して緑の野と化するのである。(註6) 今、かくの如く降雨を中心として更にこの地方の集中的性格を強めるものを列擧すれば次の如くになる。

i　降雨は夏期にのみ而《しか》も極めて短期間に降りつくして了ふこと。

ii　降水と氣温とが平行的に変化してゐること〔Fig 5〕。而もこの氣温の年較差も海岸地方に比して甚《はなは》だ大なるため、降水と氣温との合成的効果の大なること。

iii　降雨が極めて短時日に集中してゐるため、時間的に見てそれが突發的であり予想し難いものであること（註7）。

iv　この地方の年降水量の平均変化度が四〇～五〇パーセントに及び毎年平均して平年量の半ばに近い超過又は不足が起こつてゐること（註8）。

2　降雨に伴ふ環境諸條件の集中

乾期には、而もこの季節は一年も二年も續くことがあるのだが、數百マイルに亙る旅行をしてもそこに見るものは此處彼處に鳥類の居ることと蟻が無數に居ることだけであつて他に殆ど生物はなく、行けども行けども一滴の水もない地方である。併し、雨期になると事態は急激に変化する。川には實際に水が流れ、土地は肥沃になり、樹木も藪も新鮮なる葉と花とに包まれ、荒涼たる平原と砂丘すらが草に蔽はれて綠の原となり、花は華麗に咲きそろふ。そして各種の動物、例へば鳥類、蜥蜴《とかげ》、蛙は勿論、無數の蠅と蚊まで恰《あたか》も魔法をかけた様に忽然として出現する。これが、Spencer & Gillen が身を以て体驗した中央オーストラリアにおける二つの季節の特異な風景である（註9）。而もかくの如き無機的（水、土壌等）條件、動植物的條件の集中を更に鮮明ならしむるものは、この時期に於て生物世界内部に行はれる激烈なる生存競争である。

諸《もろもろ》の生物にとつての環境がかくの如くであるから、彼等は自己の生存を全《まつと》うしえんがためには極めて短時日のうちに而も急速に凡《あら》ゆる外界の榮養物を攝取しなくてはならず、ここに相互間の弱肉强食、氣候條件に対する争闘の世界を現出する。例へば、今は乾燥してゐる水場に無數に産みおとされた卵が実際に蛙となり得るためには、再びその場所が水に満されて卵がかへり、次にはおたまじやくしが種々様々な水甲虫や水禽《すいきん》の攻撃から免《まぬか》れねばならず、又、水が不充分であれば蛙になるまでにそれは死んで了ふのである。かくして僅に成長した蛙は、穴の中にもぐつて生活し、幸に鳥や蛇、蜥蜴の餌食にならなかつたものだけが再び卵を生むことになるのである。[註10] しかもこのことは單に蛙のみについて云へるのではなく、凡ゆる動物が仝様《どうよう》(同様)の運命にあるのである。植物も亦これと同じく雨のあとに群生するものの中で、何《いず》れが生き殘り何れが枯死するかは、それが乾期になるまでに一定の大いさに達し地中深く根を張りうるか否かにかかつてゐる。[註11] ここでは空間に対するそれでなく氣候條件に対する烈しい闘争が行はれてゐるのである。

かくの如く、無機的な環境條件から動植物的な環境までを含めて雨期はその集中の頂点を成形してゐると云ふことが出來る。然らばこの尖鋭なる頂点において自然は如何なる構造を呈してゐるであらうか。

3　環境諸條件集中時における多面性の成立

中央オーストラリアの環境諸條件が、降雨と云ふ現象を契機として俄然集中活潑化することは前述の如くであるが、この時にあたつて展開する光景は、自然の極度に濃縮せられたる豊饒性であると共にその燦然《さんぜん》たる多面性でなければならぬ。而もこの多面性は一つには空間的多面性であり一つには種的多面性である。

i　空間的多面性

Spencer & Gillen は、この地方は甚だ変化の多い地方であると云つてゐるが[註12][Fig 6、7、8]、例へば、彼等に從つてオオドナダッタよりアリス・スプリングスへと探査の歩みを進めるならば、其處に次々と展開する風景が如何に地域的に個性的なものであるかと云ふことが分明するであらう。小石で蔽はれた緩やかな波状の土地と、ローム質の土地とが交互につづいてゐるギバー平原、ローム質の土地には丘から流れ出して間もなく消えて了ふ小さなクリークと、石原のところどころに數呎の厚みの珪岩をかぶつた低い扁平な丘があるだけで、植物と云へば小數のマルガの木、ギディーの木、貧弱なゴムの木、叢には黄色い草が生へてゐるばかり、動物と云つても蝗《いなご》、小さな蜥蜴《とかげ》、褐色の鶚《がく》(おなが)の群が目につくだけの地域、そこを離れると雨期には廣々とした河川となるアルベルガ川流域、ここには多くの川ゴムの木、ギディーの木が生へ、水のある時期には無數の甲殻動物、かぶとえび、げんごろう虫、ざりがに、貽貝《いがい》(二枚貝)が生育してゐる地域、次にこの川から離れて澤山の泉のあるダルハウジー、スプリングスに至る。冷い水と熱い泉とが無數に噴出して居り、そこは緑の藪や雑草の繁茂してゐる地域である。更に又、シャルロッテ・ウォーターの北に、平原と粘土凹地とのある砂丘地帯が廣がり、雨期には、カンガルー、エミューが棲息し、蝸牛、甲虫等の甲殻類、鳥類の多く、ナルヅーの叢のひろがつてゐる地域……等、(註13)如何に各々が個性的なものであるかを知り得るし、更にマックドンネル山地、ジェームス山地附近の複雑な地形、地質、切り立つて横断し得ない山脈の間に細長く幾列にもつづく平野、又、それらの平野をからうじて連結する先行性の川による嶮しい渓谷、等、孤立した生活環境については、C. T. Madigan の詳細な記述によつて了解しうるであらう。(註14)

次に、この地方が、乾期と雨期と云ふ極めて対照的な二つの時期によつて区別せられていると云ふことが、更に動植物の地域的分散を促してゐるやうに思はれる。何となれば雨期には、土地の肥沃化に伴つて假令《たとい》荒涼たる石原をも緑の野と化し、動物も亦無數に成育したとしても、それが一度で長い乾期にうつりゆけば、これら相互間の生存競争と、氣候條件に対する苦しい闘争の果てに、只適地の附近に於てのみその生命を完《まつと》うし得て次に來るべき雨期まで存在し得るのであつて、勢ひ分散的孤立的な生活を營まざるを得ないからである。(註15)

ii　種的多面性

かくの如くに地域的に分散して生存をかち得ている動植物環境も一度で水場とかの水の殘つてゐる川床とかの適地

に於てこれを眺めるならば、その種において極めて多面的なる様相を呈してゐることを發見するであらう。Spencer & Gillen は中央オーストラリアの多くのところで経験してゐるのであるが、例へばギバー平原のところでは、『最初ここに來たときは乾期であり、黄色い貧弱な草むらの二つ三つが殘つて居り、蜥蜴《とかげ》を別とすれば、蝗《いなご》だけが僅に生き殘つてゐた。あちらこちらに痩せた細いマルガの木がクリークのあつた路を示すのみ、併しそれも遠くの山から擴《ひろ》がつて來てゐる石原の中に消え去つて數マイル四方と云ふもの一滴の水もなかつた。次に來た時には激しい雨のあとであり、すべては一變してゐた。草も樹も緑に茂つて石原をうずめ、水場には水が溢れて蛙や甲殻類や水甲虫がうごめき、鳥が飛び交うてゐた。(註16)』と云つてゐる。ここにわれわれは、仝一《どういつ》の場所が如何に種的に多面的に自己を表現してゐるかを端的に見ることが出來る。

かくてわれわれは中央オーストラリアの土地が全般的な連續せる廣さを持つたものでなく、地域的、分散的に多面的なものであり、その各々の地域、地点にあつては、種的に多層的に多面的なものであると規定し得ると思ふ。

III

生けるものとしての環境

今やわれわれは中央オーストラリアの地方の雨期における豊饒なる景観を眼前にすると共に、乾期における荒涼寂莫の境をも思ひ見ることが出來る。それはリズムをもつて脈動して居る地方である。而してこのリズムの底にあつてこれを統一して居るものは降雨の現象であり、動植物的生命のリズムはこの無機的リズムの上に加へられた肉づけである。而して今、この骨格たる降雨の現象を見るとき、われわれは其處に極めて機械的ならざるものを發見せざるを得ないのである。既に分析したる如く雨は、夏期の或時期に集中して降るのであるが、その襲來が突發的であり或は全く降らぬやも知れず、更にその量たるや年々甚だしい相異を示してゐるのであつた。かくてこの不定なる一つの事實が次々の現象の原因をよびおこし、雪崩が相呼び相應へて谷々に木靈《こだま》する如く重層的効果を示すこととなつた。

凡《およ》そ環境條件は綜合的になればなるほど、諸條件そのものの物体性から離れて、かへつて一つの生けるものとしての性格を帶びてくるものである。

Vidal de la Blache は云つてゐる、『大地なるもの自体が、ベルトローの表現に倣《なら》へば生きた何物かである。その機構はわれわれにわかつてゐないけれども、植物体は光とエネルギーの影響の下に諸々の科學的物質を攝取しそして分解する。バクテリアは或る植物の中に大氣中の窒素を固定する。生命は有機体から有機体へ通過しながら変化を受けて、夥しい存在を貫いて循環してゐる。……人類は環境の諸條件に従つて相集まり相結合してゐる生物的エネルギーの總《すべ》てと協働してゐる。彼は自然現象の運轉の中に參加してゐるのである。(註17)』と。

かくて中央オーストラリア地方の綜合的環境も亦、一つの特異なる性格を有するエネルギーの体系である。人間集團はこれに対して、絶えざる期待をつなぎ、深き思ひをひそめ、心底からの驚きを感ずることによつて始めて、環境との間に連續を發見してゐるのである。

アルンタ族における地域の成立

I　アルンタ族の地域の現在

現在のアルンタ族は、恐らく中央オーストラリアに於ける最大の部族であり、南はマカムバ川から、北は、マックドンネル山脈の更に六〇マイル北方までに亙つて生活して居る。その東西の廣がりは、今のところ、正確に知ることが出來ない。(註18)

この地域の自然は、非常に変化に富み、南部、マカムバ川のあたりは、海抜僅か七四フィートのステップであり、土地は、そこから漸次高さを増して、マックドンネル山脈が東西に走つてゐるあたりでは、突出した峰や懸崖の頂きに於て五〇〇〇フィート、平均二〇〇〇フィートに達し、更にその北方バート平原では、三〇〇〇フィートとなつて居る。

かくの如きすべての地域は、ひとしくアルンタ族自身の中に定着して、祖先の地なる観念をつくつて居り、彼等は、現在もこの地方のすべての地物、すべての動植物と、密接に結合してゐるものと考へてゐる。アルンタ族は、この地方に、多數の氏族となつて分散して居るが、これらの氏族は、それぞれ部族の地域内に、更に区分され決定された自らの地域を形づくつてゐる。(註19)

氏族の構成は、一〇〇人未満の人員を有し、それに應ずる地域も亦人員の多少に従て、一〜二平方マイルから一〇〇平方マイルの間にあり、平均、五〜六平方マイルである。氏族の一員は、一定の儀礼の下にすべての部族の地域を歩み得るが、大抵は自己の集團に属する小地域内に生活して居る。(註20)

かくの如くに、部族の地域が、更に境界のよく知られた小地域に細分されて居ると云ふことは、そこに如何なる意味をもち、又、如何なる構造をもつてゐるのであらうか。以下、われわれの問題にするところはこれである。

II　アルンタ族における地域の成立

1　アルンタ族内部における時間的変化

アルンタ族は非常に大きな部族であつて、場所を異にするにつれて色々な傳説を持つてゐるが、それらのすべてに共通に語られてゐるものに次の如きものがある。『アルチェリンガの時代には、その地方は全部 Kwatcha alia 即ち塩水で蔽はれてゐたが、かかる時代に Inapatua 或は不完全な人間の集團が塩水の岸に住んでゐた。彼等には、はつきりした手足もなく、又、食物も食べてゐなかつたが、それは物質をまるく固めて出來たもので、只、身体の外観だけが稍々《やや》人間らしい形をしてゐた。この不完全な人間は、或ものは蜥蜴から、或ものは鼠から、或は、カンガルーから、蛇から、エミューから、鸚鵡《おうむ》から、ゴムの木から等、人間に変化してゆく過程にあつたものと考へられてゐる。そこへ、遠く西の空に住んでいた二つの偉大な Ungambikura が大きな石刀をもつて地上へ降りて來て、Inapatua を一人ずつ捕へた。そして、その石刀で身体を切り開いて手と足とをつくり、その端を切つて手足の指をつくり、指で鼻の孔をあけ、眼瞼を切り開き、口を作つた。かくて、動物や植物から人間の最初の集團は出來たが、従て、彼等は當然もとの動植物と深い關聯をもつてゐた。かくて一度び祖先たちが創造されると、彼等は、この國の方々へさまよひ出した。例へば、蜥蜴の人々は一つの道に沿つて、カンガルーの人々は他の道に沿つて、又、蛙の人々は別の道に沿つて等、それぞれ別々の道に沿つて歩いた。これらの祖先たちは、皆、その各々の精神が密接に關聯してゐると考へられてゐる神聖なるチュリンガを持つてゐた。彼等がかくて國を彷徨した際、今日、現住民に親しい山も、谷も、平原も、川も、水溜まりも、溪谷も、凡ての地形を彼等がつくつたのである。』と。(註21)

この傳説は一体如何なることを意味してゐるのであらうか。われわれはその意味を考察する前に、現在のアルンタ族の生活を思ひ起してみる必要を感ずる。

現在のアルンタ族の社會生活は、異なつた二形相を交代に経過するものである。或時には氏族は小集團に分散して、各家族毎に、狩獵したり、漁撈したり、凡《あら》ゆる手段を盡くして缺くべからざる食糧の蒐集に努め、或時にはこれに反して氏族は、一定の地點に數日から數ヶ月に及ぶ時日の間集會して、宗教的祭儀を賀するか、或は、コロボリーを開く。(註22)

これが現在の氏族を中心とせるアルンタ族の生活であるが、かかることよりして前記の傳説を考ふれば、大凡《おおよそ》次の如きことが考へられる。即ち、傳説は先づ蜥蜴、カンガルー、蛇、エミュー、等、原住民の日常生活と深い關聯をもつてゐる動植物から、彼等全体の祖先が出來たと傳へてゐるが、事實は恐らくこれと相反するのであつて、かくの如き動植物を自己のトテムとする氏族が、その共通の祖先たる部族的なる集團から分離独立したことを示してゐるのではなからうか。只、かくの如くして發生した氏族の自己了解を容易にするために、かへつて部族そのものの中に既に氏族のトテム動植物の性質を參與せしめて居るのではなからうか。N. Söderblom も云つて居るやうに、かかる起元存在者の獸人的性格は、起元的にはトテム動植物とそれに屬する人間集團との共通な起元を發見しやうとする努力から生じたものなのである。(註23)

次に傳説は、一度び創造された祖先たちは各々のトテム小集團となつて國々を彷徨したと傳へてゐるが、これは丁度、現在氏族を中心として行つてゐる集中分散の過程に相應ずるものであつて、當時は、この運動の中心が部族にあつたのではなからうか。Spencer & Gillen は、ここに氏族のトテムの起元を認めて居るが[註24]それならば猶その前には氏族がトテム名を持たなかつた時代があつた筈であり、その時こそ部族が唯一の集合力となつて作用してゐた時代でなければならぬ。又、Durkheim は種々の例證をひいたのち、氏族の同じトテムは同じ部族において二度は反復されぬこと、また全宇宙はかく構成されたトテム間に同じ対象物が異なつた二つの氏族に存しない様に分配されてゐること、等から、かくも整然たる配分は全部族が當然参加した黙諾的又は反省的な一致がなくてはなされ得なかつたであらうと結論してゐるが[註25]、このことも亦、曾ての部族的生活の優越を考へしむるものでなければならぬ。

かくてわれわれはここに、部族から氏族への推移を認むるのであつて、曾ては部族を中心として集中分散を行つて居り、その各々の集團は未だ自らのトテム名を持たなかつたが、後氏族が次第に自己を自覺し始めて、氏族の旗としてのトテムを持つやうになつたものと考へるのである。

さて、かくの如き部族を中心とした生活は一体如何なる根本原因に由來するものであらうか。

アルンタ族は、元來全く遊動の民であつて未だ農作の段階には到達して居らず、自然を制禦する能力に缺如して居り、只日々の食糧を求めて部族の地を漂浪して居るのであつて、彼等の生活はこの点に於て全く環境に依存するものと云ふことが出來る。[註26]水の極めて乏しいことが第一に彼等を決定的に環境に結びつけ、第二に彼等の食物が Sollas の述べる如く環境の自然的成果の利用し得る極限に達して居ることが、更にこの結合を強めて居る。[註27]それ故に、食糧と水の豊富な雨期には、部族は相近く生活を營みうるのであるが、次の乾期には、必然的に彼等は氏族的な小集團に分散して食糧となるものを追うてゆかねばならぬのである。このとき個人的トテムは母から子へ、或は父から子へ傳へられたであらうし、トテム分類は何よりも先づ彼等の生活の分類であり、食糧と水とに關聯せるものであつたであらう。[註28]

併しながら、部族社會の増大、或は、環境條件の變化のために、もはやかくの如き大集團の集中に困難を覺えるに至り、遂に、各々の地域を自己の地域とし、そこに特徴的な動植物を自己のトテムとした氏族が、社會生活の中心的位置を占むる様になつたと考へられる。

2　アルンタ族内部における空間的變化

i　運動

さて、次に、Spencer & Gillen に従て氏族的なる集團の人員數を求めると、大体それは一〇〇人未満であるが、中に例へばアリス・スプリングスのそれの如く、非常に大きな氏族のあることが報ぜられてゐる。又、所謂氏族の領域も概ね五〜六平方マイルであるが、中に仝《おな》じく一〇〇平方マイル以上のものが知られてゐる。(註29) このことは發生的には次の如く考へられる。即ちアルンタ族にあつて部族から氏族への傾向は一般的であるが、この細分化的傾向にも多くの階層があり現在の氏族的集團は部族の二次的、三次的分割であつて、その中には常に平均的分割にまで至らざるものが混入してゐたのである。何れにしろかくの如き人員數の甚だしき不仝(同)から、われわれは次の如き考察に到達せざるを得ない。即ち、人口の平均値を有する氏族集團が集中分散の運動を繰返してゐる中に混入して居つた大人口を有する小數集團は、領土的に最も不安定な狀態にあり、必ずしも常に一定せる自らの領域を守り得ない狀況に立至つたであらうと云ふことである。彼等はその大人口の生活を維持するためには、時に他の集團の領域と目される處へも多少侵入せざるを得なくなつたと考へられる。ここに單なる氏族の領域内に於ける集中分散の運動以外に、領域そのものの動搖、領域と領域との間の接觸摩擦が惹起したと考へられる理由が存する。

アルチェリンガ時代の傳説に次の如き一節がある。『Udnirringita 人の指導者 Intwailiuka は、Udnirringita 蠐螬《せいそう》を探して歩いたが一つも見當らないでただ Unjailga が見付かつた。彼はこの Unjailga にお前は Unjailga であつて自分とは異なるマークを持つてゐると告げた。……彼は又、ヒービツリー峽谷の北方にある平原を彷徨してゐる間、澤山の犬の足跡を見たが人間の足跡は一つも見なかつた。彼は、自分は人間の足跡を少しも見ないで犬の足跡のみを見たと云つた。……彼はその丘の南側に峡谷をつくつてそこで眠つた。その近くには穴があつたが、そこに二匹の犬らしいものが居た。彼はそれを見たとき、それは Gnoilya 即ち犬であつて人間ではないと思つた。彼が其處に近づくと一匹は丘の頂上に沿つて逃れ、他の一匹は崖を駆け下りた。前の犬は逃げてゆくうち峻しい崖にぶつかり何處へ逃げてゆけばよいか迷つたが、遂にそこから約二〇マイル離れた Underba と云ふ場所へ跳び越えてそこに止つた。此處は今日偉大なる犬トテムの中心地になつてゐる。(註30)』

われわれはここに大なる氏族的團体が特殊な領域外的な運動をせねばならなかつたと云ふこと、及びその結果他の氏族團体との間に領域的な衝突を惹起せざるを得なかつたと云ふことを見るのである[Fig 9]。彼等にあつては、他氏族の足跡を見たと云ふことは、他氏族の領域に入つたと云ふことであり、犬が逃げたと云ふことは、犬をトテムとする他氏族との間に競争の生じたことを意味してゐるのではなからうか。

われわれはかくの如き集團相互間の、延《ひ》いてはその地域相互間の運動の中に、氏族の地域成立の第一の條件を見るのである。

ii　土地の意識

次にしばらく個人のトテム内容の変遷から土地意識の發生について考へて見やう。

a　トテム名を得る樣式

一般に個人がトテム名を得る樣式には次の三種の原則が適用される。

1　母系によつて継承されるもの

大多數のオーストラリア社會ではこの原則に由つてゐる。この場合母は外婚上の規程によつて義務的に夫と異なつたトテムを有し、また他方では夫の地域内に生活する故に同じトテムの人員は結ばれる結婚のままに異なつた地域に必然的に散乱する。その結果トテム集團は地域的根柢を缺いて居る。

2　父系によつて継承されるもの

この場合子は父の側に止り地方的集團は本質上同じトテムに属する人々で形成される。換言すれば各地域はそれに特有なトテムを持つている。

3　神話上の祖先のそれを継承するもの

この場合子のトテムを決定するのは母が其處で受胎したと信じてゐる場所である。トテムは各々その中心を有して居り、祖先たちの靈は各自のトテムの中心地附近に好んで出没する。それで子のトテムは母が受胎したと信ずる場所に属して居るトテムである。加え、母は大抵夫のトテム的中心となる場所の近くに居る筈であるから、子は大部分父と同じトテムであるべき筈である。かくしてそれぞれの地域に於て住民は大部分同じトテムに属して居るのである。(註31)

アルンタ族はこれらのうち第三の様式に属して居る。即ち神秘的な場所的關聯によつて祖先のトテムがその子供のトテムとなるのである。Frazer はアルンタ族のこの様式こそ最も原始的なものであり、父系又は母系の世襲的トテミズムより著しく以前であることを主張して居る。併しわれわれは Durkheim《デュルケム》 と共にこれを否定せざるを得ない。Durkheim は云つてゐる、『Strelow と Schulze は今も尚アルンタ族は各々その地方的トテムの外に地理的條件には全く依らないで彼に生得權として属してゐる他の一つ——即ち彼の母のそれ——を有してゐることを知らせてゐる。この第二のトテムは全く第一のそれと同じく土人《(先住民)》からは彼等に食糧を供給し來るべき危機を警告してくれる等の保護を司る親愛な力能と看做されてゐる。彼等はその禮拜に参與する權利を有してゐる。

埋沒される時には彼等の屍体は母のトテム的核心が存してゐる地域の方へ顔を向ける様にして置かれる。從てある資格からしてはこの核心はまた死者のそれでもある。そして實際にそれはわれに聯合されたトテムのキャムプを意味する語 Tmara altjira の名が與へられてゐる。仍《よ》ってアルンタ族では母系の世襲的トテミズムは地方的トテミズムより後ではなく却つて後者に先行してゐなければならぬ。何となれば母のトテムは今日では既に従属的で補足的な役割しか有しないけれども、かくの如くに地方的トテミズムと共に用ひられ第二面で自己を維持し得るためには、これが嘗《かつ》ては宗教生活に於て首位を占めてゐたことがなくてはならない。これは一部では墜落したトテムであるがこれは又アルンタ族のトテム的組織が今日とは非常に異なつてゐた時期を想起せしめる』(註32)と。

即ち古くは母のトテムが有力であつたのであり、これは優れて生活に近接したいはば食糧としての力能を有するものを各々その名としてゐたのであるが、第一にこのトテムは動植物の一種類であつてそれ自身地域的な範圍を有するものであつたし、第二に Strelow の観察するところによれば、(註33)一般にトテム氏族はトテム動物の特にしばしば現れる地方に彼等の主要住所を持つてゐたのであり、かかる場所は往々トテム氏族たちの故郷の地と看做されてゐたのであつて、此處にもわれわれはトテム動植物と地域との間の密接なる關係を見出さざるを得ないものである。勿論初はその關係も意識的なものではなかつたであらうが、一度びこの母のトテムを永續的固定的な象徴に対象化する必要に迫られるやここに選ばれたものは恐らく場所的なものであつたであらう。かくの如くして初めて遺骸の向けらるべき場所が規定せられることになつたと考へられる。

b　特殊なトテム対象

トテムとして役立つものは大部分の場合動物又は植物であつて無生物は極く稀にしか用ひられないのであるが、これには例外がある。(註34)即ち時には氏族が地理的に決定された地面の或る襞、又は或る窪、或る蟻穴などからその名を得ることがある。而してこれも又比較的最近の起元なのである。何となればこれ等の一定の場所が新たにトテムとして用ひられたのは、神話上の祖先がそこに留つてゐたとか、或はそこで彼等の傳説的生涯の何等かの行動をなしたと看做されてゐるからであるが、然るにこれ等の祖先たちはまた同時に全く正規的な、換言すれば動植物の類から借りたトテムを有してゐるのである。それ故これらの英雄の事実や所作を記念するトテム名は原始的である筈がなく既に分派し偏向したトテミズムの形態に属するものである。[註35]

即ちわれわれは、昔を振返ることによつて今を了解すると云ふ如き歴史的段階に立至つて初めて、土地が氏族生活の中に意義を有するに至つたと云ふことを知るのである。われわれはこれを氏族の地域成立の第二の条件と考へるのである。

iii　土地への定着

部族中心的なる食糧蒐集の運動から氏族中心的なそれへ、而して更に氏族相互間の地域的接觸が來り、氏族的自覺が高まると共に血縁に対して地縁の意義の増大してくる事實を見たのであるが、次にかくの如き土地への定着は如何なる過程の下に深められて行つたであらうか。

a　足跡

『アルチェリンガの時代にアルンタ族の祖先たちは現在彼等の住んでゐる場所をさまよひ歩いた。』『大祖先の架空な時代に部族の地域は悉く仝《(同)》一のトテムの人々からなる仲間によつてあらゆる方向に跡づけられてゐた。』[註36]と云ふ。われわれは先づここにアルンタ族における足跡なるものの持つ意味を考へて見やう。彼等にあつて足跡は極めて個性的なものであり、地上に印せられた一つの足跡が如何なる氏族の何人のものであるかを知り得るのであり、又動物の足跡についても事情は仝《(同)》様であつて彼等の追跡能力の鋭敏なことは周知のことである。[註37] Lévy Bruhl は云つてゐる。『彼等は或場所を人が通つたかどうかを見別ける實に驚くべき力を持つてゐる。短い草、硬い土、石の上でさへも足跡を見出し、その向き方、足の輪廓、開き具合で彼等は諸部族の足型をまた男と女の足跡を見別ける。』[註38]と。このことは道路がもはや土地と人間との間に何等個人的依存或は所有の關係を生ぜしめぬのと対比して明かな如く、人間と人間、人間と動物とが土地を介して密接に聯關してゐるのを見るのである。即ち土地は足跡を通じて先づ彼等の生活に組み込まれてゐると云ふことが出來る。

然しながら足跡と雖《いえど》も行方知らぬ全くの漂浪民のそれの如く、只後に殘し去られるのみのものであつたならば何等の意味をも持ち得べくもないのであつて、それが再び三度び己と類縁のものによつて出逢はれることから始めて一つの意味を持ち得るに至るのである。ここにわれわれは彼等原住民の生活が外部的な侵入者乃至發見者のそれとは異なつた、内部的な時間的な生活の堆積の後に始めて土地と結び付くに至つたと云ふことを考へるのである。

b　地物

足跡によつて生活に組み入れられた土地は未だ確乎たる形を持つて居らず從て浮動せる土地と云ふことが出來る。足跡は時が経れば消えて了ふのであり、動物は常に移動して居る。そこで次にかくの如き土地が更に深く氏族の生活の中に自己を規定してゆくものとして、われわれは地物を考へるのである。これは正に氏族相互間の地域的接觸の段階に應ずるものであつて、ここに於て土地の意識はますます高まりを加へ、土地はこれに伴つて更に地域的に自らを規定して行つたであらうと思はれる。

傳説のつたふるところによると、『Udnirringita 人の指導者 Intwailiuka が現在エミリー峡谷と云はれてゐる場所であるアンデルガに出現した。彼は平原を西方へ歩き始めたが Meimba と云ふ鉢を持ち、その中に澤山のチュリンガとそれに關聯してゐるクルナ(精靈)とを入れてあつた。彼は先づ、當時は存在してゐなかつたが現在のヒービツリー峡谷の稍々《やや》北方の場所へまで來て、足を下すと、そこからアンヂャイルガ、イダヌマと云ふ丘が生じ、そこに彼はアンヂャイルガ、即ち小さな蠐螬《せいそう》の人を殘した。

又少し進んで再びその足を下すと、最初の丘の稍々西方に當るところに、アンヂャイルガ、クニヤクルタと云ふ小さな丘が出來た。それから南へ歸つて來て、山脈の頂上で非常に強く坐つたが、その重さで土地が窪んで、アンダイリパと云はれる今日のヒービツリー峡谷が出來た。(註39)』『アルチェリンガの時代にアルンタ族の祖先たちが現在のアルンタ族の土地をさまよひ歩いてゐたとき、川とか、粘土盆とか、水穴とか、丘とか、溪谷とか土人《(先住民)》に深い關係のあるすべてのものを作つた。全アルンタの土地は祖先の立止つたところ、坐つたところ、死んだところなどの地点でうづまつてゐる。[註40]』と云ふ。傳説は更に多くの類似のものを傳へてゐるが、われわれはここに祖先たちの移動につれて、土地とそこに住む小集團とが分離定着していつたことを見ると共に、更に氏族の生活のまへに現在する土地が如何にして氏族の自覺の中に取り入れられることになつたかを考へるのである。そしてこの場合、所謂「地域決定の習俗」との間に何等かの心意における類似を推定し得ないであらうか。

例へば、ヘロドトスの傳えるところによれば、『リゥディア王メレスはサルデスのアクロポリスを造つたとき、己れと一娼婦との間に生まれた獅子を引き出してその周りを一週させ、それによつてサルデスが他から侵されることのない様にした。[註41]』と云ひ、又、北印度の或る土族は、奴隷階級に属するChamārを呼びむかへて住地とすべきところの地、堺をきめてもらふ。Chamārは己が頭に牛の皮を戴せて徐《おもむ》ろに歩きまはる。牛の皮は彼に一種の靈感を與へ、彼の為すところは精靈若《も》しくは神の意志の發現と信ぜられるので、彼が選び定めた地域に關しては彼を呼び迎へた社會集團はもとより、これに隣接して住んでゐる他の社會集團の民衆もこれに異議を申立てることを敢てしない。[註42]又、全じく北印度の或る土族は、定住地域の周辺をなしてゐるところに沿うて一頭の山羊を追ひたててゆく、そして山羊が体をふるはせた地点をえらんで境界の標《しるし》をたてるのである。

彼等の信仰によれば、山羊が体をふるはすのは或る精靈若くは神がこれにかかつたのであるとされてゐるからである。[註43]

かくの如きそれぞれの説話に於て、獅子や、牛の皮や、山羊はすべて聖なる特質をになつて居るのであるが、これをアルンタ族における祖先の彷徨——祖先は何れも聖なるものであるが——と、地形地物の産出に關する傳説と思ひ合せて考へることは許されないであらうか。

而もわれわれはかくの如く、足跡を通じて先づ土地が意識せられ、次に地物の了解を通じてその意識の高められたところに、地域成立の第三の條件を見るのである。

Ⅲ アルンタ族の地域

以上の如き分析の結果、アルンタ族の地域は、氏族相互間の地域的接觸と土地意識の高まりとに應じて、氏族の生活の中に確實に組み込まれることになつた過程を觀察した。かくてわれわれは、アルンタ族の氏族に屬する地域が決して單なる自然的條件によつて区分せられ得ぬことを見たのである。氏族にとつて地域は、内なる力を外に見ることによつて産出されたものと云ふことが出來るのであつて、それは人間の集團を経て循環して居る力の体系の一つの環であると云ふことが出來る。

アルンタ族の地域

I

エネルギーとしての環境と人間集團

われわれは上來、アルンタ族の地域の分析を行つて來たが、その自然と人文とを問はず共に到達せるところは力の觀念であつた。曾て現代科學がその分析の究極としてアトムを考へたやうに、原始社會に於けるすべての觀念の根柢となつてゐるものは、力の循環系であつた。われわれは、所謂科學的分析によつてここに到達したのであるが、今や更にアルンタ族の地域を眞實に了解するためには却て再び方向を逆にとつて、この原始社會のアトムたる力の循環系より出發しなければならぬのを感づる。われわれは、日常的には、例へば或一種の食用植物の分布と、其地に於ける人間集團の生活とを、直接無媒介に結合し易いのであるが、これは明かに誤である。勿論その間には、かの Montesquieu の功績とせられてゐる中間項が存するのであるが、(註44) 併しながらわれわれは單にかくの如きもので滿足することは出來ない。何となれば中間項なるものも、所詮、關係の複雜化、轉化にすぎないのであるから。如何に轉化しても、分析しても、最後に殘留する物と物とを結合するものは、恐らくその二つを含むエネルギーではなからうか。われわれはかくて、この最少のエネルギーの單位、力の循環系より出發することによつて、はじめて、アルンタ族の多面的なる自然、多層的なる生活形態の中に含まれてゐる多くの具体的存在たるもの、即ち、力の循環系としてのもの、を解明することが出來るであらう。抽象的なる個物から具体的なる個物へと移行することが出來る。

原始的世界にあつては、諸々の世界は悉《ことごと》く相互ひに混淆してゐた。岩に性があり、分娩する能力を有してゐた。日、月、星は男又は女であつて、人間的な感情を経驗しまた表現したのである。(註45)それは Lévy Bruhl によつて融即の法則と呼ばれる原始心性の一つの表現であるが、(註46)併しこのことは決して單なる論理前の心性では有り得ない。彼等には別に、彼等の分類と論理が明らかに存するのであるから、(註47)われわれはかくの如く融即せられた世界の表現を一つの綜合乃至は歸結と考へなければならぬ。現實の世界に對する原始的論理の最後の表現が、かくの如き交錯する力の体系として考へられてゐるのでなければならぬ。まことに、『風が吹き、日が大地を照しまた暖め、草木が芽生へ、動物が繁殖し、人間が強くて器用で賢明であるやうにしたのはオレンダである。自然の全生命は、異なつた諸存在の強さの等しくないオレンダ間におこる闘争の所産である。』とイロコイ族が云ふ時、彼等は自己の言葉で世界は制限し、包括し合ひ、且また均衡し合ふ力の体系であるとの近代的な観念を表明してゐるのである。(註48)

而してわれわれは、アルンタ族の所謂自然的環境をも、或るリズムを有するエネルギーとして把握せざるを得なかつたが、このエネルギーがそのまま氏族世界のうちをも循環して、これを力づけ、これに生命を與へてゐたものではなかつたらうか。彼等の氏族生活の集中分散の二形相を通してわれわれの看取するものは正にこのエネルギーである。

Ⅱ　産出しつつ自らは隠れてゐたもの

環境と人間集團とを貫通して、双方に對して生命を與へてゐるものは力の循環系であつた。凡そ眞實の物と物との關係はかくの如きものであり、かくの如きものこそ自然の影響と云ふより更に深く、共通なる生命の脈膊として自然と人間との中に流れてゐる血液ではなからうか。然らばこの力の循環系は如何に把へられるであらうか。

1　マナ

『メラネシア人はあらゆる物質力から絶対に区別された力の存在を信じてゐる。これは善にでも惡にでも、あらゆる種類の様式で働き、且これを人間が自己の掌中に收めまた支配すると云ふ最も偉大な利得をもつてゐる。それはマナである。それは力、非物質的で或る意味では超自然的な感化力である。けれどもこれが啓示されるのは物理力によつて、或ひはまた人間が有するすべての種類の力能と優越とによつてである。マナは決して一定の対象物に限られてゐない。それはあらゆる種類の事物に引きよせることが出來る。メラネシア人の宗教は、自己のために利するか、他人にそれを利せしめるかを目的にしてマナを獲得するにある。[註49]』これがマナに対して與へたCodringtonの定義である。(而してDurkheim《デュルケム》はこれこそオーストラリアのトテミズムに於て弘布してゐる無名の力の観念であらうと云つてゐる。[註50])決定した様式では如何なる場所にも位置しないし、また至るところにあり、生活のあらゆる形態、人間、有生物、單なる鉱物の活動はすべてこの力に貫かれることによつて生ずるのである。而してトテムは個人がこのエネルギーの源泉と關係をむすぶ手段であり、トテムが力能を有するのはマナの化身であるからである。かくてトテミズムにあつて宇宙は若干數の力によつて貫徹され鼓舞されてゐる場なのである。

2　動植物

既にわれわれはマナの表現としてのトテミズムにあつては、動物或は植物が大多数を占め、無生物は極めて稀であることを知つてゐる。更に土地がトテム名として表れて來ることは、原初的なものではなく、社會が或一定の段階に達した後であることをも見て來た。然らばこの循環する力なるマナは、先づ、人間と動物或は植物の一種との間を経めぐつて居るものと考へられるが、このことは土地の側より考ふれば、土地は自らはその姿を現さずして只その生産物である動物或は植物を通してのみ、マナの循環に参加してゐるのであると云ふことが出來る。即ち土地は隠れてゐるのである。

ここでは古來の幾多の地理學者たちの最初にして最後の立脚地であつた「地理的な土台」が實は少しも感ぜられて居らず、ましてや土地の影響と云ふことは、少くとも顯《あら》はれたものとしては認めることが出來ない。假令《たとい》、かかる人間集團は、かの Jules Michlet の有名な比喩、支那の繪画における人物、のやうに空中を歩いてゐるやうに見えやうとも、それがこの場合は眞實なのである。(註51) かくて Durkheim も亦、これを、『觀念主義の法式が殆ど字義通りに通用する自然の一地域』であると稱しながら、彼の所謂、『あらゆる社會生活をその物質的基体から派生せしめんとする **F. Ratzel** の地理學的唯物論』の誤謬を指摘して居る。(註52) 然しながら **F. Ratzel** の地理學的唯物論の當否はしばらく措くも、**Durkheim** の觀念主義の場、乃至は、『全く社會的環境は實際にはわれわれの精神内にしか存在しない力で扶植されてゐる。』と云ふことも、**Durkheim** の考へたのとは異なつた意味ではるかに自然的環境との間に交渉を持つたものなのである。只、その交渉が全体的な力と力との關係であつて、未だそれが内容的に分化をかうむつて居らず、ましてや科學的な看点から分析せられ得ぬ故に關係が外面的に觀察し得ないと云ふに止るのである。

併しながら、われわれは今や、この關係の分析を始めることが出來る。

曾て、**Leibnitz** はモナドなるものを考へた。**Leibnitz** のモナドは統一である。而も無限なる内容を表出的に内在せしめる統一として、それは横溢せる力の性格をもつてゐる。外延的な部分の和として成立する量ではなく、内的に無限なる系列を展開する力であつた。それは無限なる宇宙を自己の中に含んでゐるが無限者そのものではない。一者ではあるが唯一者ではない。世界の統一者ではなく世界の一者であつた。われわれは彼の予定調和について語るまへに、かくのごときモナドに對應するものとして原始世界におけるマナを考へることは許されないであらうか。

われわれは原初的なマナより出發する。それは動物乃至植物と氏族とを通じて循環している力の体系であつた。この段階にあつてマナは如何なる性格を有するであらうか。

第一に、それは漂浪的である。マナはモナドに倣って表現すれば、それは世界を表出する力であるが、この段階にあつて世界は、動植物、移動する人間集團等すべて定つた場所を有せざる粗材の上に成立して居り、従てマナ自身の性格が漂浪的であつたと云ふことが出來る。草が伸び、木々が茂り、動物の繁殖することは、まことに、降雨のあるに從て定かならず、収穫の量も亦年によつて多少があつた。併もこれらの不定なるものが何に由來し、如何なる範圍に変動するのか未だ全く知られてゐなかつた時に於ては、世界は必然的にただよへるものとして考へられざるを得なかつた。

第二に、それは非個性的なものであつた。このとき生活のリズムを規定する中心は主として未だ部族の中にあり、それは單に直接的に乾雨二つの季節の持つて居るリズムの寫しにすぎなかつた。そこにはマナ自身の性格的分化を伴ふべき世界の自覺に乏しかつた。何となれば萬物すべて動搖して止まぬ中にあつてこれを客観視しうべき立脚地を持たなかつたが故に。かくてマナは非個性的なものであつた。

第三に、それは内容的に乏しいものであつた。それは論理的に一種類の動物乃至植物を内に含むことは出來た。即ち多なる世界のうちの一たることは出來たが、その一の中に内在せる多即ち世界を認めるには至らなかつた。各種の動植物を自らの産出物として藏しながら、それ自身の統一を示してゐる地域が未だ隠れた存在であつたのであるから。そこには人間の多面性の自覺がなく、從てマナは内容の貧しいものであつた。

總じてこの段階におけるマナは未發達の状態にあると云ふことが出來る。

3　地域

われわれはここに地域が氏族的集團の意識にのぼり、それと生活とのかかはりが考へられるやうになつた段階を考へる。特殊な地物は往々トテムとして用ひられ、トテム動植物でさへもその住居としての土地的基礎が考へられてくる。われわれは今や、地域と人間集團とを通じて循環してゐるマナについて考へてみやう。

第一に、それは定在的である。假令《たとい》未だ充分に土地に定着してゐないとしても、活動力に一定の地域的範圍を持つてゐると云ふ点で余程定在的となつて居る。その上に生滅盛衰を繰返す動植物的現象の根ざしてゐる基礎としての地域を發見してゐると云ふことは、マナ自身が形なき力、ただよふエネルギーから或る中心を持つたものとして規定せられてゐると云ふことである。動いて止まぬ力の中に一点だけ動かぬところを發見してゐるのである。

第二に、それは個性的なものである。地域の發見は氏族中心的生活の優越と相應ずるものであり、世界の有する集合力に複合的な核心が發生したことになる。かくてマナはそれぞれの氏族に應ずる中心を持ちながら、猶且《なおかつ》調和的に世界を表出してゐるのである。もとより動植物をトテムとなすことに於ても、トテムは動植物の一種であるから外見上はやはり複合的と云へるであらうが、この場合にトテムとなつてゐる動植物の一種は、いはゞ部族的な協調の結果、單なる外見上のしるしとして或は旗として定められたのにすぎない。(註53)ところが地域は、發生的に自覺的にトテムの中にとり入れられたのであつて、ここに至つて始めてマナの個別性が成立するのである。

第三に、それは内容的に多面的である。曾ては、動物乃至植物のみが人間集團と交渉を持つたのであつたが、今や初めて、更に根源的なるものとしての土地が誕生したのである。

即ち、Robertson Smith の云ふやうに、『原始人たちは、動物生命も亦植物生命と同じやうに土に根ざし土から發出してゐるものと考へ、土はすべてのものの大母である(註54)』との認識を持つに至つたのであつて、このことがマナの内容に如何なる變化を與へてゐるであらうか。地域はその中に動植物の種的多面性と、山脈、河川等の形態的多面性とを含んで居り、それ故に地域が自覺的にマナなる力の循環系の中にとり入れられたと云ふことは、マナがかくの如き多面性を内に含んだ統一として自覺せられてゐるのである。

かくしてこの段階にあるマナは前段より相當進化した狀態にあるものと云ふことが出來る。

而してわれわれはかくの如きマナに含まれるものとしてのみ地域を考へることが出來る。

地域は、上來述べ來つたマナの發達した段階に含まれて發生したものであつた。從て、自らこのマナの性格を分有してゐるものである。原始心性にあつては、Lévy Bruhl も云ふ如く、『彼等は対象を表象する以上のことをなす。彼等はそれを所有しそれに所有される。心性は対象と同体になる。それに融即し、対象を生活するのである。(註55)』更には、マナなるものが循環する力として、元來かくの如き融即の結果であり此處にあつては、Durkheim も云ふ如く、部分は同時に全体の性格を持つてゐるのである。(註56) 即ち地域がマナに取入れられたと云ふことは、地域がそのままマナの持つてゐる諸性格を己が性格となして居ると云ふことに他ならない。

われわれはかくの如き見地からアルンタ族の地域の性格を規定してみやう。

第一に、それは土地の一部分としての物理性を持つてゐる。われわれは先にマナの性格の一つとして定在性をあげたが、その内容をなすものは自然科學的な土地の性質であつた。

G. East は『自然的乃至は物理的と形容されるやうな地域は、一つの客観的存在を持つて居り、それは、氣候、地質構造、地形、土壌若《もし》くはこれ等のものの結合によつて区分される。』と云つてゐる。(註57) まことに物理的統一をもつ地域は存在するであらう。併しながら若しもそれが人間集團の生活に照應して居るのでなければ全く無意味なものに過ぎないのであり、併もこの自然と人文との両側面を同時に満足せしむる如き、科學的地域区分は實は甚だ困難なのである。そのことは何よりも先づ地域区分に關する歴史がこれを語つてゐる。(註58) 地域は發生したものであつて区分されたものでない故にそれは初めより半ば不可能な問題なのである。只かくの如き地球表面の地域性と云ふことは明《あきら》かに存在するのであるが、それは大陸、地塊等の大区分であり、氏族生活等の基盤となる小地域に対しては、それは一つの地域区分なる論理の原型としての位置を持ちうるのみであらう。

オーストラリアにあつても、既に知れる如く、土地は多くの地域的多面性をもつたものと規定せられた。併しながらこの多面性がそのまま氏族の生活に相應じてゐるのではない。

それは恐らく氏族の地方的分散の一つの動力となつてゐるに過ぎないであらう。併しながら其處には氏族の地域的生活の基底に横たはる何等かの自然は存在しないであらうか。われわれはこれを地物に見る。一つの水場、川底の凹み、丘、泉、等こそアルンタ族の地域の基底に横たはる物理的自然である。まことにかくの如きものこそKantが云つてゐるやうに、『すべての出來事は何物かとの關聯なしには生起しない。[註59]』ところの何物であり、即ち地理の自然性ではなからうか。[註60] 更にわれわれはマナの概念そのものを検討してみるならば、それが力であると共に富であることを知るのである。即ち、富としての物理的物を考へざるを得ない所以である。

第二に、それは統一者である。

地域の中に含まれる諸部分は複雑なるものである。併しながら地域はそれらの部分の單なる和ではない。むしろそれは積分的高まりであり、横溢せる力である。地域はその上に生けるあらゆるものを、己れより發生したるものとして再び自己の中に吸收しつくすことによつて初めて統一者としての力を得る。リーディークリークの近くの崖下の平たな岩の上に一つの繪が描かれてゐる。[註61] それは描いた人が地中にあつて、エミューが卵の上に坐つてゐるのを見上げながら描いたと考へられてゐる。

まことにこれは一つの象徴であるであらう。人が地中にあつて眺めてゐるならば、如何に多くの動物或は植物が其處に生滅を繰返すことであらう。而もそれは土地にその生命を受けてゐるのではなかつたか。土地こそ、地域こそ統一の焦点、力の根源であつた。それ故にこそ、彼等の祖先たちもその地上の生活が終つた時、皆共に地下に消

え入つたのである。(註62)

地域は、かくて多面の統一として、力の性格を擔《にな》つてゐる。

第三に、それは個性的である。

あらゆる地域は、それぞれ世界としてのマナ体系を表現してゐるが、只その表現の方法は一様ではない。先づ初に、それは素材的に互に相違してゐる。中央オーストラリアの砂漠地域と雖も、北部と南部とではその環境條件に多くの相違があり、それぞれの地域には各々特徴的な動植物があり、原住民の眼に付き易い地物がある。かくて云はば仝《(同)》一の対象を描くにもそれに用ひらるべき繪具が異なつてゐると云ふことになる。次に、これらの地域はすべて祖先の傳説的行為と關聯せしめられてゐるが、かくの如き祖先こそ正にその氏族集團にとつてのみ意味を持ち得るのである。例へば、マナの一表現としてのチュリンガの上に描かれた繪についても、彼等は自らの属する氏族のもの以外については何も知らないのであり或はこれを敢て云はぬのである。(註63)それは互に異質的な侵すべからざるものなのである。

即ち地域の發生的な意義の相違が、そのまま一つの個性として現在の地域の中に持ちつづけられてゐるのである。更にこの個性を強めてゐるものに土地に含まれてゐる位置的な力が考へられなければならぬ。Durkheim は『空間は時間と同じく、分割され分化されない以上は自身そのものたり得ない。……空間それ自らでは右も左も、高きも低きも、北も南もない。かかる区別はすべて明白に異なつた情的の價値が各方位に與へられることに起因してゐる。而してこの情的價値は殆ど必然的に社會的起元である。(註64)』と云つてゐる。然しながら、われわれはこれをかへつて空間的位置そのものの中に含まれてゐるものと解したい。即ち情的價値は位置的力である。Durkheim は、ヅニ族の例をひいて部族の分割に從つて空間が分割されること、世界の区分は部族が集合した場合における各氏族のキャムピングの区分に由ることを云つてゐる。(註65)然し、假令、氏族の区分が如何に変化を受けやうとも、現實に東に位置したものは、常に己が方向から太陽の昇るのを見なければならなかつたし、西に位置したものは己の方向にそれが沒するのを見なければならなかつたであらう。風は卓越した方向をもつて吹くのであり、日斜は南北何れかの斜面に於て強いのである。更に高地と低地との区別は如何なる所にあつても明瞭に認められうる。われわれは、アルンタ族が集會に際して、南方から來たものはその場所の南端でキャンプし、北方から來たものはその北端でキャンプすると云ふ如く場所が地方毎に区分されてゐるのを見る。(註66) これは正に地域の区分が原型なのである。Durkheim は Kant の想像した茫漠たる不定の空間を排斥しつつ自らそれに陥つてゐる。何となれば現實に存するものは面であり地域であり、空間はかかる面の綜合として起元的に遅れたものなのである。方位はただかくの如き地域に内在する隠れた力としてのみ規定し得るのである。それ故に氏族は、かくの如き力に與らんがために如何なる地に集合しても仝《同》様の位置を占めやうとするのであり正に地域の方位的個性とも云ひ得る。

われわれは以上に於て、アルンタ族の地域の意味を規定した。それは、基底に於ては、氏族の富としての物理的物体性の面を有しながら、それらの個々の條件が土地と云ふものに於て積分的に統一され、而も氏族の生活の中に一つの個性的な力にまで高められた存在である。

Ⅳ

アルンタ族の世界

Leibniz にあつてモナドは窓を持たない。モナドとモナドとは互に影響せず表出的に相關係するのみである。しからばモナドの連續性は如何にして可能であり、世界は如何にして成立するであらうか。ここに彼の予定調和の觀念があらはれてくる。單なる個体の合成としての連續性は現象にすぎないが、各々の個体はそれぞれの仕方で世界を表出することに於て又自らを表出してゐるのであるが故に、外的な世界の連續性は同時に個体の内的な連續性となるのである。これこそ、『私が初めて提出した美しい連續の法則であり普遍的秩序の原理である。』ここに連續性は調和の観念と結合して考へられてゐるのである。

われわれは再び彼のモナドを、そして又予定調和の観念を考へることによつて、個別的な地域と普遍的な土地と更には世界との關聯を考へてみやう。アルンタ族にあつては地域はまことに一つのモナドと考へられるであらう。それは氏族的生活の中にとり入れられた一つのマナとして個性的自律的なものであり、一定の儀礼をつくすことなしに侵すことは許しえざるところであつた。即ち氏族の地域は他の氏族の地域に対して断絶して居つた。それはDurkheim の云ふ如く『トテミズムが宗教的組織の基底に殘つてゐる限りは、氏族は宗教的社會に於て絶対的ではなくとも極めて著しい自律を保持するが故に、この氏族的なマナの活動は氏族及これに属してゐる事物の圏外に擴大し得ない。独自にして普遍なマナ観念は、氏族の宗教が氏族の禮拜を超えて發展しこれ等を多少とも完全に包括して了ふやうになるまでは發生しないものである。(註67)』しからばアルンタ族にはかくの如く發達した統一的世界は考へられて居ないであらうか。Spencer & Gillen は然りと答へる。然しながらStrehlow に依ればこれに反してアルチラの名の下にかかる世界の統一神の存在が断言されてゐる。(註68)われわれも亦、アルンタ族の氏族における多くの地方的差異にも拘らずそのすべてに亙つて流布してゐるアルチェリンガ時代の傳説の存在を知つて居る。又、Howitt が東南オーストラリア部族の創造者と傳へてゐるブンジルが初めに人間を造つた方法と、アルンタ族傳説におけるそれとの著しい類似を指摘することも出來る。(註69)かくてSöderblom の云ふ如く、アルンタ族のトテム祖先たちは、東南諸部族の天上の始祖、ディエリ族におけるムラムラに次いで、最も低次の最高神と認めてもよいであらう。(註70)

而らばこの最高神は、それぞれの氏族のトテム祖先とは如何なる關係を有するのであらうか。Durkheim は一方に於て、『部族的大神の観念は固有のトテム的信仰の論理的到着点であり、最高の形態であらう。(註71)』と云つて居り、一方に於ては、『大神の観念は部族的感情に負ふものであり、トテミズムは氏族の單独な作品でなくて、多少の程度に於て自己の統一を意識してゐる一部族の中で常に精錬されたものである。各氏族に特殊な様々の禮拝が、連帯的な一全体を形成する様に接合し補足し合ふのはこの理由からである。しかるに部族全体の最高神の観念に表明されるものはこの部族的統一の感情そのものである。[註72]』と、互に一見相反するごときことを云つてゐる。併しわれわれは、双方共に眞實を表明するものであると考へるのであつて、發端と歸結とが初めより互に他を予想し合つてゐる循環的構造そのものの中に、氏族の祖先と部族神との關係を認むるものである。地域についても、われわれは仝一の論理的構造を考へざるを得ない。即ち地域は、一つの個性的な非連續を形成して居り、侵すべからざる境界を以て相互に閉ざされて居つたが、併しながら一方に於てそれは歴史の發端からして『狹く限定された社會内に閉ぢ込められぬ様な傾向、境界を超えて弘布し國際化しやうとする本然の傾向をもつてゐたのである。[註73]』『元來普遍的な力の場に於て形成された地域は、己れ自らの底を破つて再び普遍的なものたらんとする衝動を有しながら、かへつて深く自らの完成を求めて一つの個性的な非連續を形成したのである。しかもこの非連續の地域はその發展の究極に於て再び一つの連續を予想し統一を祈念して居るのである。

各々の時代は神に直接すると云ひながら併《しか》もそのすべてを世界史として把へたRankeが想起せられるではないか。個別的な地域と普遍的な土地との關係も亦かくの如きものである。

まことに地域とは、Herderの云ふ如く、『地球上のそれぞれの場所に固有な唯一のもの』である。そして世界は、かくの如き燦然たる一つ一つの面の積分的全体として、只われわれの敬虔なる祈念と眞摯なる努力のうちにのみその美しき存在を贏《あま》ちうるであらう。

註

(1) Lucien Febure, La Tirre et l Evolution Humaine.
飯塚邦譯、「大地と人類の進化」p. 47.

(2) Haldaine, Philosophical Basis of Biography.

(3) 中野治房著、「草原の研究」p. 177.
「ここに云ふ一定環境條件と云ふのは生物の侵入性、競争性等を除去した氣候的及土壌的條件だけを含むので而も大体類似した條件と云ふにすぎない。繰返して云へば、地下水位、水深、水素イオン、海抜高度の類似等であつてこれを分解すれば幾多の個別條件となる所謂複合條件を指すのである。これは一見非科學的に見えるが實は今迄多くの研究の結果によると植物分布の如き複雑な現象は個々の分解された原因に求めるよりは反つて複合條件との一致に求める方が合理的なのを示してゐる。」

(4) A. Hettner, Die Geographie, ihre Geschichte, ihr Wesen und ihre Methoden S. 291～293.

(5) Spencer & Gillen, Across Australia vol. 1 p. 184.

(6) スペンサー、「濠洲原住民の研究」田村秀文譯 p. 6～7.

(7) G. Taylor, Evironment Race and Migration p. 376～

(8) Spencer & Gillen, Across Australia p. 9.
「極度に暑い天気がしばらく續いたあとで地平の彼方に雲がむらがり起るのが見られる。ゆつくりと空を蔽ひ低くたれて大きな暗い塊となる。三つ四つの大粒の雨滴がおちてくる。それからあたかも苦しんでゐる旅人や、燥きのために死んでゆく家畜を見守つてゐる住民をただ嘲笑するかのごとくながれ去つて了ひ、露出した土地を再び燒くやうな夏の陽がてりつけることがある。」……。

(9) Spencer & Gillen, Across Australia vol. 1 p. 60, p. 77.

(10) ibid. p. 60.

(11) ibid. p. 61.

(12) ibid. p. 184.

(13) ibid. p. 79～
太平洋協會編、濠洲の砂漠。

(14) C. T. Madigan, The Physiography of the Western Macdonnell Ranges, Central Australia. Geographical Journal 1931.

(15) 中野治房著、「草原の研究」。
「植物群落の類似度」より。「ここは河岸に接近した比較的荒い砂土から成り各種の個体は比較的に疎生して居つた。ここは地味不良のためあらゆる種類の侵入には不適當であるが侵入した種類には比較的「ゆとり」があり互の間の競争は多少緩和されて居る。」

(16) Spencer & Gillen, Across Australia vol. 1 p. 41.

(17) Paul Vidal de la Blache, Principes de Géographie Humaine. 飯塚邦譯、p. 56.
(18) Spencer & Gillen, Across Australia vol. 1. p. 185.
W. J. Sollas, Ancient Hunters and their modern Representatives, p. 237.
(19) Spencer & Gillen, ibid. p. 198.
(20) ibid. p. 198.
(21) ibid. p. 206〜207.
(22) Émile Durkheim, Les Formes élémentoires de la vie Religiuse. 古野邦譯、宗教生活の原初形態　上巻 p. 364.
(23) Nathan Söderblom, Das Werden des Gottesglaubens. 三枝邦譯、神信仰の生成　上巻 p. 243.
(24) Spencer & Gillen, ibid, p. 205〜206.
(25) デュルケム、前掲書 p. 260.
(26) Spencer & Gillen, ibid, p. 197.
(27) W. J. Sollas, ibid. p. 229.
スペンサー、「濠洲原住民の研究」p. 170.
「原住民はただ、その日その日を生活してゐるのであつて、明日のことなどは何も考へないでそこにあるものは何でも食べる。アカシアの種、百合の根や莖、薯蕷、野蜂や蜜蜂の蜜、蠐螬、カンガルー、エミウ、蛇、鼠、蛙等全く食べ得るものは凡てを食べるのであつて、場合によつては蠅や搗き砕いた蟻塚の粘土の如き食用と考へ得られないものまでも食べる。」
デュルケム、前掲書、p. 172〜176及p. 216.
(28) 「Howitt が東南オーストラリアの部族で蒐集した五百以上のトテム名に植物若くは動物の名でないのは僅か四十位であつた。これらは雲、雨、霰、霜、月、日、風、秋、夏、冬、星の或るもの、雷、火、煙、水、紅がら、海である。Howitt が語つてゐる全民族で月をトテムとするものが二、日が一、星が三、雷が三、稲妻が三にすぎない。雨のみは除外例でこれは却つて極めて頻繁である。」
「仝様に Spencer & Gillen が多数の部族に於て採集した二〇四種のトテムのうち一八八は動物又は植物であつた。無生物はブーメラン、冷水、暗黒火、稲妻、月、紅がら、樹脂、塩水、夕星、石、日、水、渦、旋風、風、雹粒であつた。」

雨のみがトテムに甚だ多く用ひられてゐると云ふことはセム族にあつて「水に關する財産は土地に關する財産よりも古い」ことと考へ合すべきである。そこでは民族が未だ土地に定着してゐないのである。

Robertson Smith, Lectures on the Religion of the Semites. 永橋邦譯、セム族の宗教前篇、p. 135.
(29) Spencer & Gillen, ibid. p. 198.
(30) スペンサー、「濠洲原住民の研究」p. 277.

(31) デュルケム、前掲書 p. 178.
(32) 仝 p. 309.
(33) ゼーデルブローム、前掲書 p. 244.
(34) デュルケム、前掲書 p. 172～174.
(35) デュルケム、前掲書 p. 174.
「例へばこれらのトテムの一は野猫トテムの祖先が憩つた穴、も一つは鼷鼠氏族の祖先が掘つた地下室等である。」
仝下巻 p. 74～75.
(36) Spencer & Gillen, ibid. vol. 1. p. 205.
デュルケム、前掲書 p. 207.
「エルトナトゥルンガは各々一群の先祖が地下に滅し込んだ場所を記すのであると或る者は想像した。土地を蓋うた塚や木は先祖らの身体を表象すると思はれた。しかし靈魂は一般に自身が生存してきた身体に対して一種の親和を保持してゐるので人は當然にもこれらの祖先の靈魂は自己の物質的な被ひが殘存してゐる場所に依然として好んで出入するのであると信ずるに至つた。よつて人は、それをこれらの木の中や岩の中にまた水穴の中に配置した。かくしてこれらの靈魂は各々一定の個人の保護に連結されたままで一種の「場所のゲニウス」に変形してその機能を果したのである」
(37) Spencer & Gillen, ibid. vol. 1. p. 101～102.
(38) Lévy Bruhl, Les Fonction mentales dans les sociétés inferieure. 山田邦譯、未開社會の思惟 p. 113.
(39) スペンサー、「濠洲原住民の研究」p. 274～275.
(40) Spencer & Gillen, ibid. vol. 1. p. 207.
(41) ヘロドトス、「歴史」I
(42) W. Crooke, Religionand Folklore of northern India.
(43) A. C. Lyll, Asiatic Studies.
(44) Otto Maul, Authropogeographie.
辻村、山崎邦譯 p. 8～9.
「例へば生産の量は單に土地の豊饒性からのみ説明されない。経済關係、生活方法、社會的構造等は就中かくの如き推斷の際に必要なる中間項として顧慮されねばならぬ」
(45) デュルケム、前掲書 p. 398.
(46) レヴィ・ブリュル、前掲書 p. 65～
「原始人の心的生活では諸々の集團表象はそのものが多くの場合結ばれてゐる諸々の關係とはなれて孤立的に示されることは殆ど

ない……」

(47) デュルケム、前掲書I p. 238〜260.
「ガンビエ山の部族における分類の一例」

［各氏族に分類された事物］

支族	氏族	
クマイト	鶚……………	煙、忍冬、若干の樹木
	ペリカン……	黒木、犬、火、氷等
	鴉……………	雨、雷、稲妻、雲、霰、冬等
	黒インコ……	星、月等
	無毒蛇……	魚、海豹、鰻、ゴムの木属の木
クロキ	茶の木…………	鴨、ザリガニ、梟等
	食用の一樹根……	鴇、鶉、カンガルーの一種
	無冠毛の白インコ…	カンガルー、夏、太陽、風、秋等

(48) デュルケム、前掲書1 p. 346.
(49) 仝 p. 328.
The Melanesians.
(50) 仝 p. 328〜330.
(51) フェーブル、前掲書 p. 40.
「地理的な土台なくしては歴史の主動者たる民族が恰も土と云ふものの描いてない支那の繪画におけるが如くに、空中を歩いてゐるやうに見える。しかもこの土台たるや、ただ單に活動の舞台たるのみでないことを注意されたい。食餌、氣候、其の他を介してそれは夥し、幾通りにも影響をもつ。この巣にしてこの鳥あり、この國土にしてこの人ありである」Jules Michlet, Tableau de la France.
(52) デュルケム、前掲書I p. 388.
「かくてわれらにはラッツェルの地理學的唯物論(殊にPolitische Geographie)の如き諸學説があらゆる社會生活をその物質的基体(経済的でもあれ地域的でもあれ)から派生せしめんとすることが如何に誤つてゐるかが判明するのである。……これは観念は實在であり力でありまた集合表象は個人表象よりもつと活動的で有効な力であることを忘れたものである」
(53) 仝 p. 260.
「事實、われらは普通には同じトテムは同じ部族に於て二度は反復されぬこと、また全宇宙はかく構成されたトテム間に同じ対象物が異なつた二つの氏族に存しないやうに分配されてゐることを觀察した。かくも整然たる配分は全部族が當然參加した黙諾的又は反省的な一致が無くてはなされ得なかつたであらう。よつてかくして發生した信心の總體は一部分部族的の事物である」

(54) ロバートソン・スミス、前掲書 p. 138～139.

(55) レヴィ・ブリュル、前掲書 p. 116～

(56) デュルケム、前掲書 p. 386.

「即ち或る聖なる存在が分裂する時は、その部分の各々依然として本來のに相等しい。換言すれば部分は全体に等しい。」

(57) W. G. East, The geography behind History. 小原邦譯 p. 10.

(58) A. Hettner, Die Grographie s. 293～306.

辻村太郎著、文化地理學 p. 15～29.

H. G. Fleure, Régions Humaines, Annales de Geographie XXVI. 1917. p. 161～174(地球第一〇巻一号)

J. F. Unstead, A Synthetic method of determining geographical regions, Geogr. Journal 1916 p. 230～249.

(地球第二巻一、二号)

辻村、山崎共著、経済地圖

(59) F. Ratzel, Authropogeographie S. 50.

Die Geographie leigt der Geschichte zugrunde, denn die Begebenheiten müssen sich doch auf etwas beziehen.

トリーガー、比較マオリ語辞典

(60) Essai sur le don, forme et raison d'echangedans les sociétés archaiques, Marcel Mauss. 山田邦譯、太平洋民族の原始経済 p. 115.

この点に關しては吾々は更に深く考察するを要する。

「富について云へば、現在のわれわれの立場からは富裕な人間は、ポリネシアならマナを持つた人間、ローマなら威力を持つた人間、アメリカの諸部族では氣前のよい人間である。しかしわれわれは嚴密には、富の概念、贈物を貫つた者に對する支配の權利、或は權威の概念とポトラッチとの間の關係を指摘するだけで十分である」前掲書 p. 116. このポトラッチ即ち交換の体系はニューギニア東端の諸島からなる一圏内で行はれてゐるクラ環とも關聯する。B. Malinowski, Argonants of the western Pacific 1922. われわれの指摘したいのは、この〝與へ受け返す〟と云ふ体系と共に〝行つて戻る〟と云ふ生活行動の体系である。小アジアのシヴァズでは村の回々教寺院の呼樓にのぼり声をかぎりに呼んでみてその声のひゞく範圍が村の所有と決つた。アラビアでは個人が天幕を張つて飼犬の吠えたてる声の聞える範圍が自分の持物の牧場となつた。(松村武雄著、民俗學論考)かくの如き一つのエネルギーの及ぶ範圍(Robertson Smith)と氏族の地域との間には何等かの類似を考へ得ぬであらうか。

アルンタ族においてエングウラ儀式が行はれるとき、イルチインキンヂャと云はれる使者が各氏族をめぐりこれの儀式に招くのである。イルチインキンヂャは集團から集團へ觸れ廻るが、現在の場合には長い旅をしなければならなかつたので或る集團がアリス・スプリングス一儀式の行はれたところ）へ到着するまでには二、三カ月もかかつた。と、Spencer & Gillen は傳へてゐるが、このことは現在の氏族の分散状態を示すもので部族的中心地と分散地との間に行はれる体系が彼等の地域決定の上の或要素をなして居るのであらうか。就中、部族の中心地へ往復するその時間的制限に於て……。

(61) Spencer & Gillen, ibid. vol. 1. p. 100.

(62) ゼーデルブローム、前掲書 p. 240.

(63) スペンサー、「濠洲原住民の研究」p. 180.
「原住民が自由に彷徨することの出來る地域内では、それがたとへ非常に廣くても、彼等はどこへでも間違なく案内してくれるのであつて、その地の事はどんな細かなことでも最も詳しく知つてゐる樣である。自分の地域以外の事に就ては何も知らないか、さもなくば知らない風をしてゐる。」

(64) デュルケム、前掲書 p. 32.

(65) 仝 p. 33〜34.

(66) スペンサー、「濠洲原住民の研究」p. 227〜298.
更にこの問題については、アフリカ西岸土族の地形感と方位感について考へ合せることが出來る。（レヴィ・ブリュル、前掲書 p. 113）
即ち空間の情的價値と云ふものは必ずしも社會的起元でなくかへつて地域の個性として内在するものであり、方位と云ふものもペシェル、ロッシュ博士の所謂地形感の高揚せられた形態としての方位感にその基礎を持つものではなからうか。

(67) デュルケム、前掲書 p. 331.

(68) 仝下巻 p. 88〜89.

(69) 仝 p. 90.
Spencer & Gillen, ibid. vol. 1. p. 206〜207.

(70) デュルケム、前掲書下巻 p. 〜89.

(71) 仝 p. 96.

(72) 仝 p. 107.

(73) 仝 p. 91〜92.

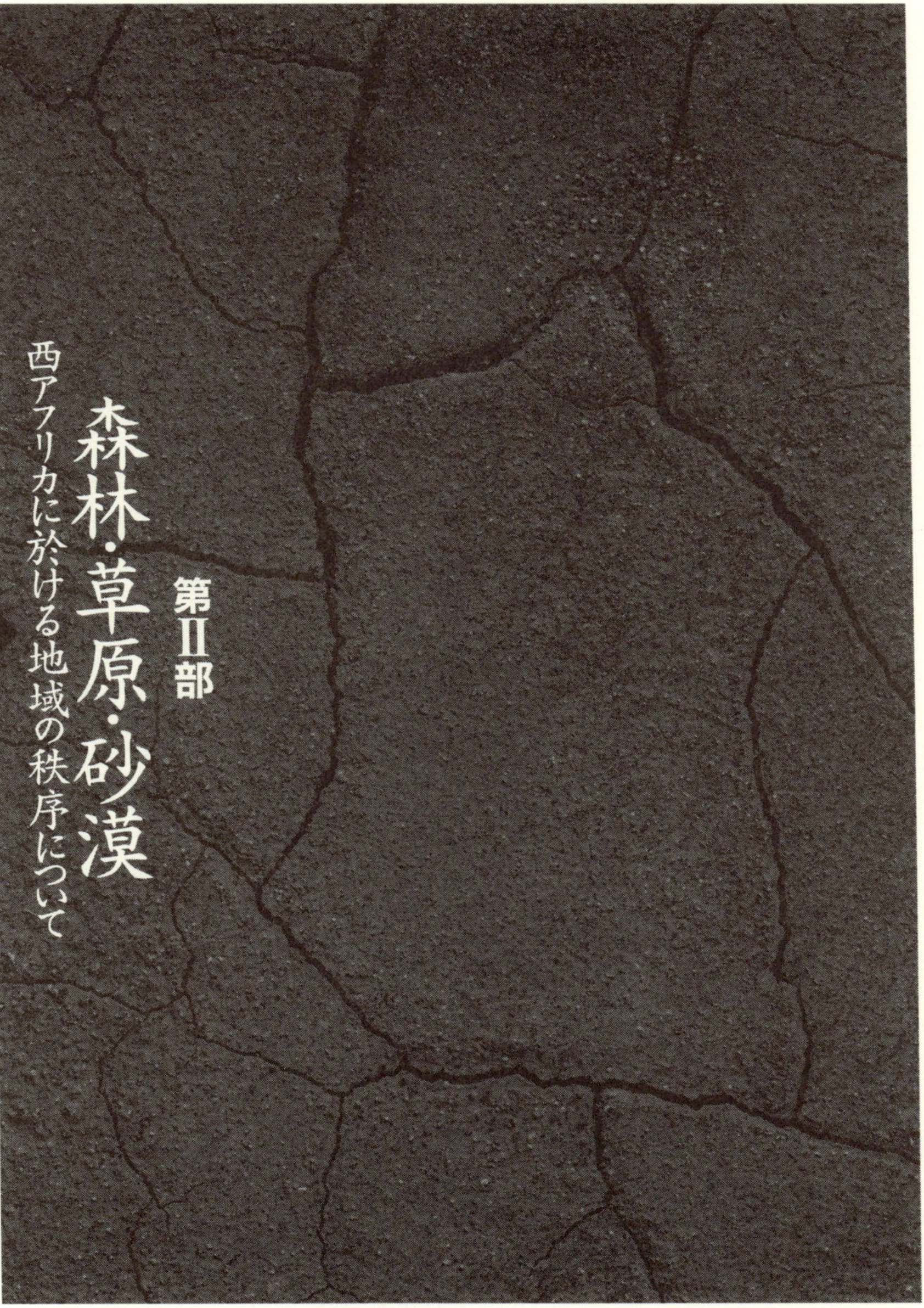

第Ⅱ部

森林・草原・砂漠

西アフリカに於ける地域の秩序について

第*1*章 森林

1 熱帯原始林における社會生活

i 森林の景観

〃森林の内部は陰鬱でほの暗い。僅かに幾筋かの光が厚く生ひ覆《かぶ》さつた木々の葉をもれてしのびこみ、小暗い薄ら日があはあはと土地を照している。不断の重苦しさが此處にこもり、濕つぽい空氣は漂泊者たちをおしつぶすやうだ。色彩は單調で、たゞ多くのニュアンスをもつた綠だけが見られる。まだらな色の花々は人を不快にするが、それとても木々の枝高く見え隱れに咲いている。明けても暮れても一年中、こういつた森の表情は仝《おな》(同)じであつて、生長・開花・結實と云つた生命の動きも決して中斷されることがない。常住に花は咲き、おしなべて綠の世界である(註1)〃、とLeo Waibelはリズミカルな文章にどうやら一抹の詩情をさへたゞよはせて述べている。そして若《も》しもその地方の性格がその表情(Physiognomik)から讀みとり得るものであり、しかもこの表情はA. v. Humboldtの云う如くに植物被覆の狀態によつて定められるものである(註2)とするならば、この重々しい自然の樣相がやがて凡《すべ》ての森林生活の姿を示しているのかも知れない。われわれは更にしばらくこの地方のフォウナ・フロラを觀察してみやう。

森林の中には牛やアンティロープなどが居るがこれは草原のものよりも小柄であり、カモシカ、山羊、小アンチロープ(Zwergeantilopen)などその食物である草が不足しているため何《いず》れも矮小で、アンチロープなどは果實をさへ食べなければならない。そして牛(Büffel)は草のある森の中の空地にしか生育し得ない。凡《あら》ゆる動物は蔓草がはびこつているために孤独で、はにかみ屋で、社交的でない。只、象だけは群棲して仲々勢力がある。(註3)つまり、植物におけると仝様に動物にも季節性が認められず、年中仝様の生活が繰返されているのみなのである。(同)もとより森林と云つても色々の種類がありG. Hörnerはこれを細かく比較研究しているが此處でわれわれは地域の上ではコンゴ、カメルーン、南部ニジェリアの熱帯原始林地帯を意味し、原住民の生活の上ではVölker unterm WaldeとVölker im Walde(註4)とを問題にしたいと考へる。

ii　森林内における生活

既にRatzelがそのAnthropogeographieの中において云つている様に(註5)森林民族は森林と非常に密接な關係にあり、從て森林の自然は民族の生活の中にまでしのび入り、更にその肉体の中にさへも深くその足跡をのこしているのである。又Volz(註6)は森林は文化の基礎をつくり、森林住民のすべての生活と思考とを支配していると云つているが、西アフリカのこの地帯に於ける事情は如何であらうか。以下、先づ簡單な概観から始めたいと思う。

A　主食物

Lips(註7)の分類によればこの地方の森林民族は概して「採集・狩獵民族」及び低級な「收穫民族」の範疇に入るわけであるが、おしなべて原住民の生活は森林内の自然物の採集によつて維持せられている。果實や漿果がその主なものであり、本來ならば彼等の榮養物の入手に不足はないのであるが、熱帯土壌の特質として、Hörnerに由れば(註8)1)風化分解が速かで2)有機物の仝化(同)(Assimilation)、地力の消耗が速かであり3)継續的な栽培によつて地力の減退が早く4)その回復には長い時間を要するのであつて、原住民の求むる食料も時ならずして枯渇してゆく。それ故、人は自ら栽培を行はなくてはならないのであるが、繁茂した下草を刈り、巨木をたふし、開墾を行ふことは未開な手段を以てしては極めて困難であり、そこで火の使用がなされるのであるが、これも濕氣の滴り落ちるやうな森林では不可能なことである。従て移動農業がからうじて行はれると共に森林のあらゆる産物を採集して己の生活の資としなければならない。即ち彼等の食物は、バナナ(Mehlbanana)南瓜(Kürbisse)メロン、油椰子からとつた油、その他、Makabo(Collocasia antiquorum)、ヤム薯(Dioscorea batates)、カサヴァ(Manihot utilissima)、甘藷(Bataten)、それに海岸地方ではオレンヂ、シトロン、パンの木、ココ椰子など極めて多様なものが利用せられている。(註9) つまり森林内の生活はこれら多様なものを通して、その何れが重点と云うこともなしに全面的に森と結びついている。肉は殆どすべてピグミーに依存しているのであるが、多少極端な言葉を用ふるならばAnthropogeographie(食人)を行ふまでに彼等の生活は無差別的・多面的なのである。

B 仕事

次にそのために支拂はれる彼等の仕事はどのやうなものであらうか。狩獵はピグミーを除いて殆ど行はず、牧畜も亦《また》殆ど行はれていない。尤も山羊、羊、豚、雞等は多少飼育せられているが。彼等の最大の勞働は従て農業であり、低級なHackbauであると云つてよい。今、南ニジェリアのクロス河の東に住むEkoi族、(註10) この部族は狩獵を行ふが、についてこの間の事情を観察して見たい。Ekoi族にあつては男子は開墾とHackbauと野生果實の採集とを主要な仕事とし、雨の少い時期に狩獵をする、女子は主として菜園農業を行ふ。彼等は森林を開墾して自己の農地をつくり、その境界を大きな石塊或ひは棒で標示し、ここにココヤム、玉蜀黍《とうもろこし》等が栽培され八ヶ年で打捨てられるが、所によつては一ヶ年で耕地を交代するところもある。この外に各々の小舎の背後には菜園があつて女たちがここで日々の要求を満すための野菜を作つている。Mansfeldの報告によれば約五〇qm²(平方メートル)の土地に二一種の植物が栽培せられているところもあり、玉蜀黍、ココヤム、油椰子、ココ椰子、コーラ樹、南瓜、甘蔗等がその主要なものがあると云う。つまり、ここに考へられることはHörnerの云う如くに、(註11) 1) 與へられた経済空間を出來るだけ多面的に利用することによつて示される營養獲得の方法 2) 家族全員が(男も女も子供も)食物採集の経済活動を行つていること、であつて、農業に加ふるに 3) 各種の狩獵方法(網、毒もみ等)の利用によつて彼等は辛うじてその生存を保つていることである。

C 集落

森林の内部においては、1) 森林開拓の困難さとそれに由來する空間が乏しいこと 2) 森林は避難所として以外にさしたる魅力がないこと 3) 耕地の移転と共に集落もしばしば移転しなければならない、と云つた理由のために、(註12) 草原地帯の集村に對して、此處では村は小さく分散的であり、しかも道路に沿つて長く伸びた所謂《いわゆる》〝列村〟の形をなしていることが多い。カメルーンの山地に於ける如き、かくの如き列村が一〇〇戸以上もぎつしりと並んだ家々から成つている。これは一つには両側の森林の圧力が集落の形に作用して、かゝる紐の如き村落を形成せしめたと考へてよいであらう。その證據に例へば Maka 族、Dume 族においては森林内では分散した小さな村をなしているが、その同じ部族がサヴァンナ地帯では集村形式の村落を形づくつていると云うことからも知りうる。

D 家屋

これこそ、その材料の点において何から何まで全く森林の自然に依存したものであつて、カメルーン地方では主として長さ一二m、幅三m、高さ二mほどの長方型切妻屋根の小舎が作られるが、壁は樹皮或ひは蔓草の莖《くき》を編んだもの、柱は木の杭を土に打込み、梁《はり》と桷《たるき》とには Raphiapalm の幹が用ひられ、屋根には椰子葉の蓆《むしろ》、そして蔓草が縄の代用となつている。つまり家屋は森林の一部分に細工を加へたものに外ならない。

E 道路

原住民の道路は、信じられない程に惡く、交通は極度に困難である。〝倒れている樹幹を手でつかんで乗り越えたかと思うと、丸木橋の上を苦心しながら平均をとつて歩かねばならない。木の根や纏繞《てんじょう》植物に足を取られ、低く垂れ下っている葛に頭をぶつけ、無數の枝や小枝が道を妨げ、人はこれを左右に拂ひのけつつ歩く。普通でさへこのやうなところを、空氣のじめじめと濕った時、流れるやうな雨の時は全く如何ともし難い。道は往々にして水びたしとなり、泥濘は深く或ひはツルツルと滑って仕方がない。しばしば沼澤地や川床、小川までが道路の中にとり入れられている。歩きながら人は重く濕っぽい空氣を苦しげに呼吸し、ゆっくりと前進する。しかも原住民たちはこれを直さうともしない(註13)〃。とLeo Waibelは例の如く生々と描寫している。

F　國家

Ratzelは森林と草原の國家を比較してから云っている。即ち、森林の力強い植生と力弱い小部族、丈低い草原の植生と強力な民族と國家、その間には注意せらるべき交互作用があるのだ、と(註14)。まことに森林の内部にあっては、國家は小さく分裂し、それぞれの言語も異にし習俗を異にした小群が互に孤立し乍《なが》ら生活している(註15)。カメルーン地方における言語的な分裂についてはTeßmannの調査、及その作製した地圖(註16)を見れば明瞭であるが、その他、この地方の〃森のバンツー族〃においてはSippeを超えた大きな政治組織は稀であり、SippeとSippeとは不和、村と村とは對立し、大ていは無住の森林、即ち所謂"Tode Busch"によって隔離せられている(註17)。つまり森林の國家と稱するものは云はゞ孤立した村落の如きものなのである。F. Hettner(註18)は云っている、〃所有に對する不安、强者による弱者の圧迫、子供染みた闘争好きと迷信、これが森林内の國家を明瞭に特徴づけ、それに影響を及しているものである。不安の感情について特に珍しく思はれることは首長たちさへも、その忠實な臣下からの贈り物をきまって夜、しかも物慾しさうな人々の眼を極度に警戒しながら受取っていることである。

彼等首長たちは白人に對しては殆ど手をさしのべるばかりにして欲深く物を乞ひねだるのであり、臣下たちからは何の信望をも寄せられず又權力も持っていない。森林地帯の首長は最もみすぼらしい村長以上の何ものでもないのである〃と。

われわれは以上森林住民の生活を種々の点から概観してきたのであるが、これらの観察によって到達した先人の結論は一体如何なるものであらうか。Hörner はその詳細綿密な比較研究の最後にかう云っている。(註19)〝森林民族の性格は、森林の構成的な力(gestaltende Kräfte)や交通困難の結果としてあらはれてくる孤立性、或ひは或部分においては文化の後退地域をなし或部分においてはその停滞を引おこしている森林の封鎖性、及びその保存的な性能によって制約せられている。従て個々の森林民族はわれわれに対して人類發達史の一片を示してくれる。まことに森林に入り込んだ時の部族文化の程度に應じて、又その森林の性質に應じて森林民族の性格は多かれ少かれ影響をかうむっているのである。森林に適應した体軀、小柄で、敏捷で、強靭で、感覺が鋭く、自然の知識が豊かであることは、これ等の点において森林の影響が肉体的精神的性能の上に示されたところの現象形態である。宗教と習俗、美學と美的感覺は、即ち苦悶、恐怖の感情、自我及び自己満足の強度なることといった形式において完全なる森林への依存を表示している。家族乃至民族生活の上に於てさへも森林の構成的な影響は及んでいるのであって、一夫一婦制や食人の風習の如き又國家の形態の如き何れもその強い作用力に歸せられるのである〞。と。如何にも丁寧な〝影響〞の分析である。

2　自然環境と人間生活との交叉点

i　森林地帯の性格を規定する二方向

A　周辺よりの規定

(1)　フロベニウスの投影法

周知のごとくフロベニウスはラッツェルの影響を大きく受けた民族學者であり、Ankermann と共にアフリカに於ける文化圏の設定に力を盡した一人である。そして彼の初期の著作、Die Ursprung der afrikanische Kultur(註20) 及び Peterm. Geogr. Mitt. 1897, 1898(註21) 所収の論文は何れもコンゴ、カメルーン、南ニジェリアの森林地帯を含む所謂《いわゆる》西アフリカ文化圏(Der westafrikanische Kulturkreis)について論じたものである。今その論考の中心となつて居る彼の方法について見るならば、彼は先づ地圖《ちず》學的方法(Kartographische Methode)について提唱し、楯・衣服・弓・住居・假面(マスク)・人形・パイプ・文身・飾り・絃樂器・太鼓・マリンバ(一種の打楽器)・小刀の一四種の分布を地圖上に投影し、それらの文化要素の最もよく相覆ふ地域を導き出し、これを基としていはゞ公式的に西アフリカにおける文化圏の成立を論じているのである。

即ち、彼のこの方法は既に選出せられた Merkmale を以て白地圖上に地域を劃すると云う仕方であり、明らかに統一ある地域をその周辺から決定しやうと云うものである。これに對する批難は極めて多く就中《なかんずく》、Thurnwald, Mühlmann のそれは極めて重大な点に觸れたものであると思うが今は述べず、只この方法が環境と文化とを一應切離した明瞭な二元論に出發するものであり、その両者を結合する媒介となつているものが單に白地圖上への投影と云う操作にすぎないものであることを注意して置きたい。つまり此處においては環境と文化とが平行に對置せられているのみである。

(2) Hörner の意圖

前節にその鋭利な分析の結果を紹介した、Hörner であるが、彼はその比較人類地理學的な試みの當初に自らの課題についてかう云つている。即ち、森林とその中に住んでいる住民との間の因果的關聯《かんれん》、その体軀、生活様式、経済形態、精神的・物質的文化財に及す影響を確立することがそれなのである。(註22)

つまりフロベニウスの初期の著作に見られる如く、環境と文化とが平行に置かれているだけではなく此處ではその両者の關係、一方から他方への影響が考へられ分析せられている。まことにその点においては前者より一歩進んだ考方である。

(3) 影響と云う概念

ひるがへって一体地理學においては、環境の文化への影響については古來どのやうに取扱はれて來たものであったか考へて見なければならない。

O. Schlüter[註23] によれば從來、人文地理學には二つの考察方法があり、その第一は氣候環境學説であり、第二は自然環境學説であると云う。

その中、氣候環境學説と云うのはヒッポクラテス以來の環境學説の主流をなしたものであって、要するに民族の性格と云うものが氣候と密接な關係にあると考へているものであり、次の自然環境學説においては、土地の自然的條件の全体を考へ、その個々の特徴が如何に住民に影響を及しているか、或る場合には高い文化を發達させ、或る場合には低い文化のまゝに停滯せしめた、その理由は自然環境のどのやうな事情の中にひそんでいるのであらうかと考へられるのである。そしてO. Schlüter によれば以上の如き二つの考察方法に共通な缺点《けってん》と云うのは、民族と土地・住民と氣候との間の相互關係を余りにも直接的に求めすぎていることである。一つの民族にはその背後に複雜な歴史が荷はれて居り、一つの地域には常にそれに隣接する地域の作用が働きかけているのであるが從來の學者は往々にしてこれを忘却していたと云う。つまり、O. Maul[註24] の所謂中間項(Zwischenglieder)、例へば経済階梯、交通關係、技術的なもの等環境を文化に媒介するものへの充分な注意が缺けていたのである。又云ひ換へればこのことはこれ等の考察方法が環境と文化とを共に或状態の中において静止的に観察していたのであって、Ratzel がこの点に着眼して〝人間の行動(Handlung)〟に對する影響を考へたことは一着眼たるを失はぬものである。併し Ratzel のことは後の問題として當面の問題にかへるならば、曾ての考察方法が環境と文化とを媒介するものの分析に不充分な点があつたことを先づ承認して、次にこの媒介はO. Maulの云う如きもので足るか否かを考へて見やう。若しも文化が或一つの軸の周圍に結晶したものであると云へるならば、これ等の軸こそ、両項の媒介として異議なく承認されるものであるが、若しも文化が最近の民族學における一つの流れである如き機能學派の見解に従つて環境をも含めた一つの全体、何處からも分析の手を下す余地のない積分的全一体であるとするならば媒介とか中間項とか云うこともその意義を失ふのである。と云うことは決して媒介や中間項が存在しないと云うことではなくして、たゞ全一的な機能を果しつゝある生けるものゝ中から、それらのものだけを抽出することが不可能であると云う意味であつて、素よりわれわれの日常、眼前の事實は雜多なる諸事象の堆積であるから、その中から環境の文化とを結ぶ糸口を選び取ると云うことは可能でなければならず、只問題はその糸口を如何なる深み、如何なる背景の中に生々として把握するかと云うことに繋つている。

この如く考えて來ればわれわれは再びHörnerの課題に立返つて森林民族の性格究明に當ればよいわけであるが、更にしばらく〝媒介〟を分析せねばならないと思う。

曾《かつ》て、F. H. Cushing(註25)はヅニ族の間に住み、彼等と共に全く彼等の様に生活し、その入社式を受け、祕密結社に加はつて全くヅニ族の一員となつて研究した。其の際、彼は極めて独創的な方法を案出したのであつて、先づ人間がfree handを持つと云うところが他の動物たちとの相異点であると考へ、人間は人間自身の環境を〝手〟に依つて(by means of his hands)作ると云うことに思ひ至り、忍耐を重ねて、自らの手によつて、歴史以前の時期に〝手〟が行つていた経驗、つまり手が心の一部を形づくる程に心と接近していたその時代の経驗を、自らの手に再現して、これを原始的な職分に還元してみたのである。その結果は次のやうであつた。

即ち、文化の進歩は心の〝手〟に及す、又〝手〟の心に及す影響によつて行はれたのであると云うこと、環境と文化

(乃至は心)とを媒介するものは根源的には〝手の運動〟、もはや心と分離することの出來ない〝手の運動〟に依つていたと云うこと、原始人は手なしでは話さなかつたし、手なしでは考へなかつたと云うことである。此處に彼の輝かしい〝手の概念〟(manual concept)と云う表現が生れたのである。

私にはこの概念の意味するものが重大なことのやうに思はれる。と云うのは若しも人が森林とその中に生活している民族との間の相互の影響と云うことを考へて両者の媒介となるべきものを究極まで追求するならば、必ずや manual concept と云う如き微小にして不可思議なものに到達するであらうと思うからであつて、決して文化財や経済形態のみを以ては割切れぬものがあらうと思うからである。即分析の窮極に發見せられる媒介は、手とも云へず、心とも云へず、環境とも云へぬ、〝概念〟であつて、研究者が具体的に追求すればするほど〝概念〟化してゆくものなのである。〝manual concept〟によつて環境が作られる(cushing は祭壇の構造の由來をもこれに求めている……)と共に manual concept によつて文化が作られ、人間の心が形成される、そして〝manual concept〟は現に眼に見えている〝手〟なのではない。

此處において今迄、環境と文化とを merkmale や〝影響〟の分析によつて周辺から規定しやうとした試みが逆転せられて、環境も文化も共に或る中心、此處で云へば〝manual concept〟から規定しなければならぬことになる。

B　中心よりの規定

或ひは次の如く考へられるかも知れない。たとへ周辺からであらうと又は中心からであらうと現象として見出されるものは仝一《同》の事實なのであり、われわれが解譯しやうとするものも仝《同》じくその事實なのであるから、その方向は問題とするに足らない、と。つまり例へば森林民族の性格を外的 merkmale の適用によつて徐々に規定しつつ森林の及す影響を細心に考慮した結果、そこに〝孤立性〟と云ふことを發見したならばそれでよいのであつて、假令《たとい》、云うところの中心よりこれを發生的に眺めたにしても歸着するところは恐らくは仝一の〝孤立性〟と云うことを出でないであらう、と云うこと。

然しこれは全く誤っていると云はなければならない。何となれば第一の結論は云はゞ環境と文化との平行關係から推論し、判断を下したいはゞ假説であるのに反して、第二の外面的には仝一の結論は、いはゞ發生的にそれと仝一系列の上に身を置いての観察であるから前者より遙かに大きな蓋然性を持っていなければならない。事實、たとへばデュルケム[註26]はオーストラリアの諸部族、殊にはアルンタ族の信仰と社會とを研究し、其處に最も根源的なものと考へられるトーテミズムを以て、宗教生活の原初形態であると考へたのであったが、これに對してLévy Bruhl[註27]は、〝デュルケムがその有名な著書で云っているやうに、オーストラリア人の社會は我々に「宗教生活の原初形態」を示すものであると云はず、むしろ彼等の神話や祭儀の中にあって本体をなしている信仰や慣習の全体は「前宗教」を構成するものであると云ひたい。〟と云っている。そして彼は更にこの点が自分とデュルケムとの意見の相異であると述べ、デュルケムがオーストラリア諸部族の宗教形態を我々のそれの始源の状態を示すものと考へているに對し、自分はむしろそれらの宗教的な複合体の或る要素が弱まり消滅し、新しい要素がそれに代って發展した時にこそ、それを我々の宗教の原初形態であると云ひ度いと云っている。この意見の相異は一体何に起因するものであらうか。恐らく二人とも仝じ状態[同](文献)を見ているのであるが一方はわれわれの宗教の始源にこれを位置づけ、一方はこれをむしろその前、換言すれば始源状態から進歩とは別の方向に變化、退行したものと認めている。私はかくの如き解譯の相異を引起した原因がつまり、外からの方向と内からの方向との差異であると考へる。云うまでもなくデュルケムは前者であり、レヴィ・ブリュールは後者である。そしてレヴィ・ブリュールが執つた立場、其處から發生的に眺めた視点こそ彼の融即率(Loi de participation)と云う概念であったと思う。この概念については後述したいが、仝一の現象が逆に考へられる危險のあること上の通りである。そして更に云へばデュルケムがオーストラリア諸部族の生活地域を〝観念主義の流通する場面〟であるとしてライプニッツのモナドに比していることも恐らくは誤謬であつて、表面の類似が實体の類似でないことは深く注意せらるべきであらう。
　われわれは以下この中心からの方向によつて森林生活の性格を再び規定して見たい。

(1)　中心の發見

C. Wissler は北米インディアンについて食物領域(food area)と云うものを考へた。即ち彼によれば北米に於ける原住民の生活は食物、例へば北部インディアンのカリブ、平原インディアンの野牛、北太平洋岸インディアンの鮭、カリフォルニア・インディアンの野生種子、東・東南部インディアンの玉蜀黍、南西インディアンの集約農耕と云つたものであつて、原住民はこの〝食物〟を中心としてその生活を維持し爾余《じよ》の文化財もすべてこのものに従つて形成せられていると云う。この生活の主軸となるものを、Goldenweiser[註28] は更にひろく原住民(先)の group が環境とむすびつく技術的・経済的な手續きであると考へ、それを錨(Anchor)なる言葉によつて表現している。これが又、後述するであらう Thurnwald[註29] の Zubehör(付属具)であり、Mühlmann[註30] の云う文化要素の中の〝重点〟(Schwere)なのである。
　要するに生活を支持する主軸なのであるが森林の内部には特にこのやうなものが見當らないと云はなければならない。

(2)　森林における環境と文化

　森林生活における環境と文化との結合は全く面と面とのそれである。例へば森林民族の特徴を露はに示しているピグミーについて見れば、(シェベスタに拠れば)彼等は全く低級な狩獵・収拾の段階に生活しているのであつて、森林に産する凡《あら》ゆる果實、漿果、を採集するは勿論、野豚、アンチロープ、猿、象、牛、白蟻、毛虫、蝸牛、蛙、蜂蜜など殆ど凡ゆるものを食料に供し辛うじて生活している有様であり、[註31] 一定の領域内を常に放浪し、密林の中に粗末な、たゞ夜の寒さと荒天の月から隠れ守るための小舍をつくるだけで、野獣に對する備へも、自らに快適さを與へることも、生活資材を貯へることも考へない。文字通り手から口への生活(von der Hand in den Mund)をしている。

彼等が森林以外の例へばステップ地帯において生活しうるだらうかと云うことに對しては決定的に否と答へなければならないのであつて、彼等の生活は完全に原始林に適應しているのである。彼等はそれぞれの group に固有の地域を占め、その境は川などによつて示されるが、決して他の領域を侵すことがなく、土地と集團とは所謂《いわゆる》文化複合的な關係によつて固く結合され、その限りにおいて彼等の地域と生活とは、いづれも中軸とすることもない面的な多角的な結合を示している。しかもこの結合は、一つには森林への適應と云うことが肉体的に刻印せられ身体が矮小で、眼が極度に大きく遠視がきき聴覺も鋭いと云つた事情、一つには、彼等は自己の領域内の地物・動物の狀況を詳細に常に記憶して居り、鋭い観察と驚くべき方位感覺を持ち、一時間前に草の上を通過した猿の足跡を判別し、獵犬の如くこれを追跡するといつた感覺的な能力を持つに至つていると云う事柄(註32)からも知らるる如く、森林の自然と離るべからざる、いはゞ一体となつて了《しま》つているのである。P. Schebesta の興味ある報告によれば、森林の中ではあれほど自然で自由で大膽《だいたん》なピグミーが一度そこを離れて Neger の村につれて來られると、はにかみ、黙り込み、そしておどおどとして了うのである。(註33)

即ち森林の自然とピグミーの生活とは全面的に密接し、しかも不離のもの、從て、所謂《いわゆる》、culture complex の主軸となるものとして取出すべき技術も経済的事物も存在せず、敢てこれを行へば彼等の持つている感覺だと云はなければならないであらう。

(3) Loi de participation

結論から先に云へば私は、原始林地帯における自然環境と其地の原住民(先)の生活或ひは文化とを結びつけているもの、むしろそれによつて原住民(先)と森林とが一体となつている中軸は Lévy Bruhl の所謂〝融即の法則〟(Loi de participation) であると考へている。

Lévy Bruhl に由れば、(註34)普通未開人は、因果率と云うものを理解せず、先行件と原因とを混同し「このことの後、従てこのことのために」と云う誤つた推論をそのまゝ取り入れているのだと云はれているが、然し多數の類例を調べてみると單なる因果率の誤つた使用以上のもの、それと異なつたものが存在していると云う。即ち一事實を他の事實と結びつけているものは單に時間的な直接の前後關係だけではなくむしろ、前件と後件との間に未開人が表象する神祕的内部關係に依存している。前件は後件を發生せしむる力を内に持つていたのである。從つてかかる事實を理解し、それを一つの共通な原則に還元するためには集團表象の神祕的特性に溯り、未開社會の心性においてそれらの表象間に形作られる結合に同じ特性のあることを認めなければいけない。時間における直接の前後關係もその一要素ではある。しかしそれだけでは充分でない。即ち、未開人（シェベスタの文献に拠る）は、證明することの出來ない、又時間の前後關係に置き換へることの出來ないやうな事象の聯關《れんかん》を信じている。彼等にとつてそれは單なる時間關係以上に複合的なものであつて、彼等の精神は既に多數の集團表象によつて早くから（事象の生起するより）占領せられて居り、この表象の力によつて生物であれ無生物であれ或ひは人間の作品・道具であれひとしく強い神祕的作用力を持つに至つているのである。Lévy Bruhl はこの神祕的に事象と事象とを連續せしむる。しかもその現象の生起する以前から未開人が所有している觀念を Loi de participation〝融即の法則〟と呼んだのである。

思うにかかる觀念が既に存在し、その中で未開人が生活し、その中から生活と密接した地域が生まれて來るのであると考へなければならないと思う。

3　原始林内部の地域

i　發生的な地域

丁度未開社會においては、單に母体から生まれると云ふことがその人間の社會的地位を保証するものでは全くなく、成年に達した若者が社會の課する入信の儀式を経ることによって初めて自己を集團に積分しうるものであった。が、これと全く仝《同》様にカメルーンやコンゴ等における原始林内の未開人の地域も、Loi de participation の洗禮を受けることによって初めて己が出生を告げ得るのであった。以下その間の事情をしばらく述べて見たい。

周知のごとく Ratzel はその Politische Geographie の始めの部分において 63° 13´ östl, v. Gr. 4° 45´s, Br., 26° 45´ östl, v. Gr. 2° 30´ n. Br. の地にわれわれの國家の原細胞とも稱すべき Negerreich を發見したと云うことをやゝ高調して述べている。彼はそれを國家有機体説と云う自らの立場から解譯し、國家は我々にとって只それが生々たる民族の土地との結合であるが故に有機体であるのではなくて、この両者の結合が交互作用によって、即ち両者が一つになり、生命を逃れしむることなくして、もはや二つのものと考へられないまでに固く結びついている限りにおいて、即ち土地との關聯性の感情(Das Gefühl des Zusammenhanges)を持つことに於て有機体なのである、(註35)と云っている。そしてこの感情を持つと云うことは未開社會におけるわれわれの立場から云へば Loi de participation(〝融即の法則〟)を経過すると云うことであり、Ratzel 自身の有機体としての細胞國家なるものも原始林地帯において最もよく適用されるものではなからうか。

森林の中へ入り込むことになった民族が己を小さな group に分解すると云うことは先に Hörner の指摘したところでもあり、Ratzel も亦《また》これを述べていることであるが、元來引込み思案な低級狩獵・採集民族が他民族に圧迫せられて森林の中へ退却して來ると、更にその group が細分化せられる。その理由は、森林の圧迫、生存の困難、交通の不便なるために物資の集中・分散が大規模に行はれないこと、移動生活、など既に考察した如き種々な自然的條件に由るものであるが、何れにしろ group が小になれば社會の全面的・平均的な拘束力が弱まり個人の自我が強化されることになる。これも既に Hörner がその結論の中に説いている通りである。そしてこれが第一の過程である。

一方、もう一度彼等の因果率についての考方を見直して見るならば、Thurnwald の云っている如くに、(註36) 彼等とても全々非合理的な生活をしているわけではなく、陥穽《かんせい》をつくって野獸を捕へることも、條枝を畑に挿すとやがてこれが成長して一定の時に球根なり果實なりを得ることも知ってはいるのである。然《しか》し乍《なが》ら彼等はこれを見渡し得る關聯《かんれん》(übersehbare Zusammenhange) を超えて論理的におし進めてゆくことが出來ない。原因結果の込み入ったもの(病気と死)精妙なもの(天候・宇宙現象)時間の關聯が込み入ったもの(子供の誕生)については考えがつかないのであり又、彼等の自己中心的な考方のために正当な判断が狂って了うのである。例へば雨が降ると植物の繁茂すると云うことは知って居るのだが、今度は雨を希求するとき自己の力の過信におち入り、雨を降らせるための模倣儀禮(Modell Handlung)を行うと云う結果になる。即ち、徐々に高まってくる自己の擴大であり、これが第二の過程となる。

さてこれ等の過程を経て、欲求する自己が目的物をさへも覆ひ盡すまで擴大されることになるとここに自己の暈《かさ》(Ich-Hot)が形づくられて了う。そしてこの〝暈〟は全能の力を祕め、もろもろの表象が混在する Lévy Bruhl の Loi de participation である。それは又民族が森林に逃れ入ることによって發生する必然的な結果ではなからうか。かくしてそれまで互に不即不離に、知性の選擇と方向づけとを媒介として共同生活を營んでいた地域と人間社會とが共にこの〝暈〟のなかに沒入して、不分離一体の融合体として現前することになるのである。即ち、若しもサヴァンナの如き原始的な人間の生活に條件の良い地方に村落生活を營んでいた部族(Heidenstämme)があったとすれば、比喩的に云ってこの group には二つの因子、一つは因果的分析を司り、一つは融即率的神祕力の方向へ發展すべき、を持って居り、一方は文明へと進化して神祕力を失ったが、一方森林へ逃れ入った group は遂には〝自己の暈〟を被り、逆にその中から再び別の自己を形成するに至ったものであると考へたいのである。これを要するに森林内の生活地域は Loi de participation を因子とした發生的なものである。

ii　孤立的地域

(1) Leo Waibel は、"カメルーンにおける森林と草原との人間"と云う論文に於て環境の相異が如何に人間生活の上に對蹠的な刻印を與へるものであるかと云うことを極めて明瞭に敍述している。もとより彼の論は、森林と草原と云う植物景観の相異を出發点として、その中における人間の生活に及んだものであるけれども、われわれが若し生活地域としての森林の性格を外的に限界づけることなく、内的、發生的に、Loi de participation を軸として發生してきた小さな原子的地域の總体と云う意味に於て、森林と云う生活地域を規定するならば、その後は、直ちに Leo waibel にならってこの地域が孤立的であると云うことを認めてよいであらう。

彼によれば草原と森林との對照は、1) 住民の肉体的特徴 2) 季節性と無季節性 3) 人口の密なると疎なると 4) 居住様式の集中と分散、一方は都市的集村であるに反し一方は分子的小村なること、5) 家屋形式の相異、6) 道路の良好なると劣悪なると 7) 大國家を形成し易いのと小村落以上に出でぬのと 8) 民族が断層的に分化しているのと仝(同)一平面にあるものと等、凡《あら》ゆる点において認められることであって、両地域の間に連續性のないことは明らかな事實であると云っている。即ち、生活地域としての森林地帯はその周圍の草原地帯から全く孤立したものなのである。そしてこのことは先の、Hörner の論文においても充分に論ぜられたことであった。

(2) われわれは最後に興味深い一例としてベニン王国について述べてみたい。(註37) ベニンについてはその精巧なるブロンズの浮彫によって或ひはフロベニウスがこれをプラトーンの Atlantis 島に比定したことにより、又その殘酷な人身犠牲の慣習により普く知れて居るが、この国を形づくっているエドゥ族は、現在南ニジェリアの海岸に近い熱帯原始林地帯に居住しているが、元來はスーダンから移住してきた部族であり、古くから多くの首長によって支配せられ政治的に互に独立の集落に住むと云う森林居住の典型的形態をとっていた。ところが一一世紀よりも以前にヨルバ地方から多くの移住者・逃亡者がその高級文化をたづさへて此處に入り込み、後のベニン王國の基礎もこの時築かれたもの丶如くである。

この地方の典型的な集落はベニンであるが、これは古い傳説につゝまれたベニン王國の首都であり、その原始林内の防禦的な位置のおかげで北方ステップ地方からの貪婪《どんらん》な征服者たちの破壊から守られて來たのである。この町は平地に位置しているが、北部は半円状に丘によってかこまれ、圍壁と濠とがこの地を主として北方からの敵に對して守っている。集落は藪と廣い道路とにより幾つかの区劃に分けられ、王の区劃や鍛冶屋の区劃も見ることが出來る。そして僅かに數條の道路がそれぞれこの地方の重要な集落に通じているのみである。ベニンは森林地帯にあるため大きな耕地を持たず、住民はたゞ手近に黍《キビ》の畑と少し隔たった森の中の空地にヤム薯の栽培地を持っているにすぎず、所詮これらの農園は開濶地(例へばヨルバ地方)のそれとは比較にならぬものであって、ベニンの集落内にも四つの市場があるが何れも集落自体の給養に役立っているにすぎないものである。

ベニンの集落は一六六八年には〝花咲くごとく美しく清潔な町であったが、一七〇一年に一オランダ人が訪れた時には既に廃墟のごとく〟であったと云う。これはベニン王によって行はれた一〇年間の戦争の結果であってこのとき殆ど四分の三の住民がこの町を捨てゝ新しい住地を求め乍《なが》ら海岸地方やニジェル沿岸へと移動してゆき、ベニンはこの荒廃から二度と立上ることはなかったのである。

しかしここに至る何百年間かは、常に過剰な住民がここから周圍の人口稀薄な森林縁辺へと送り出される、地域的な創造力の中心地であったのであり、其後かゝる新集落、新耕地の獲得或ひはそれへの刺戟が涸渇したときベニンの開花期は過ぎ去ったのである。それは開闊《かいかつ》な草原に國家を構えたヨルバ族の場合と反對にエドゥ族の住む森林地帯の性格であったのであり、それが人間の集中的居住を制約し、部族の活潑な形成作用を眠らせて了ったのだと考へられるであらう。

併も猶注意すべきことはベニンの住民がすべて水のタブーを持ち自身で水上交通に乗り出すことをせず、これを隣接のエクリ族に一任しているということ、又彼等は自己の領内を絶對に他部族に通行せしめず、又自らもその封鎖の圏を破らうとせず、從て對外的な市場の如きは何れもこれをその周辺境界上に位置せしめていることである。元來南ニジェリアの地方は東西方向に相並んでいる大景観帯と直交して南北方向に強い経済的な相互補充的交換の要求が起り、南方の乾魚・コーラ樹の果實、象牙、奴隷、ヨーロッパ商品と、北方の農耕産物・彩色木綿・東邦の物産・革製品等は互に渇望止む能わざるものであり、從てこれ等の商品を媒介する市場の發達が著しいのである。ところが今その市場の位置を見るに草原地方にあつては國家領域の内部、多くその首都そのものが直ちに大市場となつているのであるがこれに反して森林地域においては領域の封鎖性は強く市場は常にその境界に止め保たれているのを見る。ベニンにおけるグト・サペレ等凡《すべ》てこれである。

元來市場は如何なる場合にも中立的平和地域であつて南ニジェリアの各地においては今日も猶《なお》、市場の會期中は部族間の凡《あら》ゆる不和は休止されねばならない定めであつて、例へばイボ族の市場にあつては、その中心に市場の平安を見張つている精靈の住むアロセの樹が立つているのである。又、市場は事實はそれが開かれるところの集落の首長の監督下に立つのであるが、通常この權利は市場監督人に委ねられ、市場の商人たちは常にこの監督者の下に嚴格な命令に服し、市場タブーを遵守し、指定された区劃において取引をしなければならない。そして更に注目すべきことは市場平和の侵害は往々にして死罪であつたことであつて、このことは假令《たとい》市場の運營は監督者に委ねたにせよ、仝一の首長が一方市場の開催とその平安とを規定すると共に、一方自己領域の通過を禁止すると云う或点に於ては明らかに相反する事柄を實行していることである。即ち、森林の内部國家たるベニンに於ては領域の封鎖性と市場の開放性とがたゞに両立するだけでなく仝一人によつて命令されていることであつてこれは、森林と云う生活地域の持つ孤立性がたゞに外部からの自然の圧迫によつて強ひられたものではなく、かへつて森林民族自体の意志によつて創造され保持されていることを示すものでなければならない。

即ち、森林地域の特性は民族の細分化を媒介としてその中の個人の自我が異常に擴大され、所謂《いわゆる》、レヴィ・ブリュールのLoi de participation（〝融即の法則〟）の如き〝暈《かさ》〟の状態に達し、更にこのものを中心として形づくられていつた異常に封鎖的・孤立的なものである。それ故にこそベニン族の水タブーと云う如き不可解なものも、銅板を縫ひ合せた鎧を身にまとつた醜怪なベニン王の姿も、王が食事をする間中臣下のものは両手で眼を覆ひこれを視てはならぬと云ふ奇習も、人身犠牲の慣行も、すべて了解せられるわけではなかろうか。

註

(1) Leo Waibel: Der Mensch in Wald und Grasland von Kamerun, Geogr. Zeitschrift, 1914, S. 147.
(2) A. v. Humboldt: Ansichten der Natur, 3Aufl. Gesamte Werke 1Bd, S. 178.
(3) Waibel: a. a. O., S. 148〜9.
(4) Hörner: Georg: Die Waldvölker, Versuch einer vergleichenden Anthropogeographie, Peterm. Mitt. Erg. H. 192. S. 13.
(5) Ratzel. F.: Anthropogeographie, Stuttgart, 1909. S. 313〜4.
(6) Volz, W.: Nordsumatra, Berlin, 1909 u. 1912.（Hörnerより引用）
(7) Lips. J.: Die Anfäge des Rechts an Grund und Boden und Begriff der Erntevölker, Peterm. Mitt. 1927, S. 361〜2.
(8) Hörner: a. a. O., S. 9.
(9) Waibel: a. a. O., 154〜5.
(10) Paul Dittel: Die Besiedlung Südnigeriens, Leipzig 1936, S. 94. S. 120ff.
(11) Hörner: a. a. O., S. 20, 24.
(12) Waibel: a. a. O., S. 211ff.
(13) Waibel: a. a. O., S. 215.
(14) Ratzel, F.: Anthropogeographie Bd. 1. Stuttgart, 1909.
(15) Handbuch d. Geogr S. Wissenschaft. S. 293.
(16) Tessmann, Günter: Die Völker u. Sprachen Kameruns, Peterm. Mitt. S. 115.
(17) Waibel: a. a. O., S. 216.
(18) Hettner: F.: Wanderungen, Forschungen in Nordhinterland von Kamerun, Braunschweig, 1902. S. 264.
(19) Hörner: a. a. O., S. 72.

(20) Leo Frobenius: Der Ursprung der afrikanische Kulturen, Berlin, 1898.
(21) Leo Frobenius: Der westafrikanische Kulturkreis. Peterm. Mitt. 1897, 1898. 二者の内容は殆ど全く仝一である。
(22) Hörner: a. a. O., S. 2.
(23) Schlüter, O.: Die leitenden Gesichtspunkte d. Anthropogeographie, Archiv f. Sozialwissenschaft u. Sozialpolitik XXII, Band, 3Heft.
(24) Maul, O.: Anthropogeographie.
(25) Cushing, F. H.: Manual Concept, A Study of the Influence of Hand-Usage on Culture Growth, from American Anthropologist V. p. 289ff.
(26) デュルケム：宗教生活の原初形態、古野譯
(27) レヴィ・ブリュール：原始神話學、古野、浅見譯270頁
(28) Goldenweiser: Anthropology, London 1937. p. 479.
(29) Thurnwald, R.: Die Wirtschaft d. Naturvölker S. 312(Luhrbuch 所收)
(30) Mühlmann, W. E.: Geschichtliche Bedingungen, Methōden u. Aufgaben d. Völkerkunde, S. 28(Lchrbuch 所收)
(31) Schebesta, Paul: Die Pygmäen Mittelafrikas auf Grund einer Forschungsrise 1929/30, Peterm. Mitt. 1931. S. 295.
(32) Leo Waibel: a. a. O., S. 156. od. Schebesta, a. a. O., S. 296.
(33) Schebesta: a. a. O., S. 297.
(34) レヴィ・ブリュール：未開社會の思惟、山田譯 71頁以下。
(35) Ratzel: Politische Geographie, München u. Berlin, 1903. S. 627.
(36) Thurnwalt: Geistesverfassung & Naturvölker, S. 48〜49.
(37) Panl Dittel: a. a. O., S. 116ff.

第2章

草原

I　Ibo族の地域・サヴァンナ

(1)　Ibo族の地域

Niger河がGuinea湾に注がうとしてやうやくその勢をゆるめるあたり、それをよぎつて東西に連つているサヴァンナ地帯は、原住民によるHackbauが典型的に行はれているところである。その中、特にNiger河の左岸、Cross河に至る地域は、Talbot（註1）によれば既に一三〇〇〜一四〇〇の頃、Benue河方面より南下して來たSudannegerのIbo族によつて占居せられてをり、この部族の運動（南下移動の）に對して東はIbibio、Ekoi等、Semi-Bantu族の住む森林地帯、南は生活條件の惡く仝じく森林で覆はれているNiger-deltaを含む地帯、西はEdo族の住む森林地帯が何《いず》れもその限界を形づくつている。勿論サヴァンナ地帯はEdo族の森林を超へれば、更に西方へ伸びているのであるが、今、しばらくイスラム化したハウサ族や遊牧的フルベ族によつて影響をうけることが最も少いと考へられる、從て最も純粋にサヴァンナの性質を保持していると考へられるIbo族について考へて見ることにしよう。

(2)　Ibo族における生活の基調

Ibo 族においては凡《あら》ゆる勞働と思考とは植物栽培、即ちここでは Hackbau(註2) をめぐつて形づくられたものであると云うことが出來るであらう。(註3) 實際、此處では一年は植付と收穫の時期とに從つて一〇ヶ月に区分せられてをり、彼等にとつて畑に何の作物も作られていない、從て全く農園勞働の行はれていない時期は何の意味をも持たない空虚な時間であると考へられているのである。(註4)

三月、最初の雨が過ぎたとき黍を植え、四月にはヤムを、五月にココヤム、七〜八月にカサヴァ(最近五〇年來廣まつたものであるが)木綿を植えると云つた方式であるが、(註5) これらの栽培植物の中にあつて彼等の生活に古くから且最も深く滲透しているものは、或ひはアフリカ原産と云はれる球根性植物ヤム薯(Dioscorea batatas)である。(註6) Ibo 族はニジェリア地方にあつても最も熟達した耕作者であつて、收穫時期の異なつた三〜六種類のヤム薯を注意深く育成することによつて凡《およ》そ四ヶ月の間殆ど継續的に新鮮な食糧を收穫し更にこれを貯蔵しているのである。(註7) 併もこの耕作のための道具としては短い柄のついた耨《くわ》(Hacke)と所によつては更に原始的な掘り棒(Grabstock)(註8)さへも使用せられてをり、そのために耕作に注がなければならない配慮(註9)は一層増大するものと云はなければならない。或る Ibo 族の地方には牛(glatthaarige, schwarz-weißgetleckte Rinder)と馬(N-W Ibo 地方)が飼育せられてはをるがすべて富の象徴(Thurnwald 牧畜→農耕への侵入様式)であり、犠牲のために殺すことはあつても、食料として日常生活には何等の役割をも果していない。從て Ibo 族にあつてはその生活を維持するためのヤム薯の栽培と云うことが更に重要な意味を持つて表れてくるのである。

(3) 社會生活の特殊化とその結合

既に Goldenweiser も述べている如くに、(註10) 一般に未開社會にあつては特に、その生活を可能にし合理的に維持してゆくためには物理的な環境の中の利用しうる資源との生きたバランスを維持しなければならないのであり、地方文化はその物理的な環境に技術的、経済的な錨(Anchor)を下し、それを中心として文化を形成してゆかなければならないのであるが、このことはIbo族に於ては、ヤム薯栽培への勞働の集中と云う形で理解せられたところである。然《しか》し乍《なが》ら假令《たとい》、掘り棒による最も原始的な耕作と雖《いえど》も、その棒の尖端には僅かの金具がついている如く、既に其處には何等かの方法で金属加工の技術を必要とする。即ち此處に農耕的生活自体の中に個人的な巧妙さから出發している技術的分業化への傾向が認められるのであり、製陶、製塩、鍛冶と云ったものを業とするものが出現してくることになる。(註11) 例へばIbo族の地方にあっても全村擧げて製陶、或ひは鍛冶を業とするものがあり、しかもこれ等の分業は文明社會における如く單なる技術の問題に止まらず、その操作が複雑であり、危險の度合いが大であるほどその周圍に呪術的なモチーフをまとひ呪術的な色彩をもった特殊階級として形成され、一般の人々の上位或ひは下位(西スーダンでは上位、東アフリカでは下位)に位置することになるのである。呪術はタブーを呼んで分業による社會の特殊化は更に生活の全面を覆うに至る。(註12)

Thurnwaldは社會集團がその生活を維持してゆくに際して採用する中枢的な方法を抽出し、それを中心とした生活の全体系をZubehörとして特徴づけ、(註13) これを主として経済生活面の事物によって、例へば太平洋諸島におけるタロ薯―Zubehör、東アフリカにおけるRinder-Zubehörと云う如くに表現している。この方法を借りるならばIbo族の生活は先づYam-Zubehörとして特徴づけられるであらう。ところが此處に、更にThurnwaldの鋭利なる指示に従って注意しなければならぬことは、Zubehörはその核心となるものゝ種類に従ってその描く圏に廣狭の相異のあること。そして一般に技術的方面の特殊化はたかだか團体的身分的な結合に終るに反して、経済的生産方式による統一組織は比較的に廣い圏を描くと云うことである。

再びIbo族の地域に歸るならば、其處に全面的には耕作者のヤム薯栽培と云うZubehörの圏と、その中のいくつかの核としての鍛冶屋、製陶業、塩商人、狩人等のより小さな特殊専業化した團体とを認むるのであって、前者は後者に依存し、後者又前者の恩恵に浴していることを知るのである。即ち、両者の結合であるが、結合は決して直接無媒介に行はれるのではなく、それぞれが特殊化(職業的に、地域的に)することによつて結合するのであると云はなければならない。併も猶その結合は特定の時期、即ち祭禮と云つた場合と、特定の交換相手、即ち友人或は友好集落とを前提としているものである。此處に於て経済的な交換は先づ自ら行商の性格を帯びることとなる。この場合、当然のこと乍《なが》ら行商を行ひつゝ移動してゆくものはZubehörの圏の大である農耕者ではなくして、その圏の微小なる狩人、鍛冶屋であると云うことは一應注意して置きたい。

南ニジェリア地方においてもヨルバ(Yoruba)族の職業的狩人は一種の職業團体を形づくり、戦時には探偵となつて各地に潜入し、Ibo族にも職業的狩人がいて盛に移動交通し、Ekoi族では明らかに狩人が時には商人として出現し、更にCross河附近にいるHaussa族の象狩人はYoruba地方では有名な商人であること[註14]、又Awkwa地方の鍛冶屋は一定期間遠距離商業を試み、Ekoi族の塩商人[註15]も又Ibo地方に深く侵入通商する等、行商の萌芽乃至《ないし》成立は大略推測し得るであらう。

われわれは此處に市場の成立を考へる段階に立至つた。即ち行商によつて共同生活を保つていた幾つかの特殊集團と農耕社會との關係が安定し、恒久性を示してくるにつれて出現してきたものが市場であると云つてよい。

Ibo族の各村々は皆それ自身の市場をもち[註16]、四日を一週とする所謂[註17]Ibo週日の呼び名に従つてそれぞれの市の名稱がつけられている。このIbo族の市場の發達は非常なものであつて、元來はこれも市場開催の周期から發したものと考へられているIbo週日の通用している地方も東はCross河から西はBenin、南Yorubaを経てDahomeyに迄及んでをり、ヨーロッパ流の七日週日を採用しているところは僅に海岸地方に見られるに過ぎない[註18]。代表的な市場について見ても、例へばUburuは一六日毎に開かれ一六〇〇〇人の商人が會し、Duncombeは八日毎に開かれ、Ndomi, Utehiの市日には五〜八〇〇〇人が集まり、Ibuku, Ashaba, Otaga, Isilegu, Pataniの市日にも二〜五〇〇〇人の来訪者が計算せられている。そしてこれらの市場は初めは村の中の一定の空き地(廣場)或ひは十字路で開かれているものであるが、Basdenに由ると市場の土地が平和になつてゆくにつれて、物賣り小舍の設置が見られるのであり、(註19)更に北西Ibo地方においては高度に發達してバザー的な色彩を持つに至つている。このことは一見、それぞれの市場の局地的な経済的背景の相異として考へられるかも知れないが、實は更に大きい殆ど前者とは質的な相異を藏しているのであつて、つまりその市場に北方からハウサ族の商人(註20)がやつて來るかどうかと云うこと、ニジェル河を南下してくるハウサ族のカヌー船團との關係如何に依つているのである。サヴァンナ地帯に網目のごとく分布しているおびたゞしい市場群がこれらの大市場を介してハウサ商人が北方に繋いでいると云つてよいであらう。北方の塩、織物、と南方の黄金、コーラ樹の果實、食糧、奴隷、象牙、乾魚等は互に強く要求せられている。

(4) ステップ地帯との結合

サヴァンナ地帯、殊にIbo族の地方において見られる一五〜二〇km毎、四日週日制の下に立つ市場網の成立を一つの準備として、これに加ふるにハウサ商人の元締め的活動とを媒介としてこの地帯はステップ地帯の都市國家群と結びついていると考へることが出來る。

周知のごとくVidal de la Blacheは砂漠の縁辺に列をなして並んでいる都市について隊商が休息と安全とを見出(註21)す港として理解しているけれども、われわれは此處においても又都市成立のための準備をステップ地帯そのものの中に探ねたいのである。そしてこのことは次章以下における分析の課題となるものであるが以下簡單に予備的な展望を試みてみたい。

ステップ地帯は、ラッツェルも云つている様に古來アフリカにおける民族交通の大道であり、(註22)現在においても其處はハウサ《Haussa》族、フルベ《Fulbe》族、マンディンゴ《Mandingo》族、アラビア《Araber》族等の手によつて驚くばかり急速な商品の分布・運搬の準備がととのへられている。ティンブクトゥ、カノ等の都市にはスルタンが居り、其處に市場を開いて關税其他の賦課金を徴集すると共に、自ら大商業主として自身のカラワンを持ち、或ひは他のカラワンに投資し、更に治下の人民及び奴隷をして織物・染色・鉄工・ブロンズ工・革細工等の工業活動を營ましめ乍ら、一方砂漠を通じて地中海と交通し、一方ステップ沿ひに東方アラビアと結びつゝ遠距離商業の終点となつていると共にこれ等の都市は又局地商業の中心地でもあるのである。大都市にはすべてハウサ区(Haussa-viertel)(註23)があつて彼等はツンフト的に商業に従事し、子は父の職をつぎ、仲間の間だけで結婚してゆく。日々、彼等の中の幾組かは數頭の驢馬に女、子供を連れた小カラワンを形成してサヴァンナ地帯へと行商に出かけてゆくのであつて、ニジェリア一帯からカメルーン北部にかけて商用語としてハウサ語が流通していることと、ハウサ族の青い衣服(Tobe)とは彼等の活躍を物語るものと云へやう。

かくして一般にステップ地帯に並んでいる都市成立の基礎を一先《ひとま》づ次の如くに要約することが出來るであらう。即ち第一に支配層としての家畜飼養者(Viehzüchter)、第二に先住ニグロの奴隷勞働に依存する農耕、第三にハウサ族商人によるサヴァンナ地帯との結合である。もとよりこの三者は共に相助けて完きを得ているのであり、商業者としてのハウサ族の活躍は殊に重要なものであるが、しかも猶、Viehzüchter の持つ權威を見逃してはならないのであり、原初的な意味においては資本と云うことは家畜を意味するものであつたし(註24)又その移動性に基く他文化との接觸の容易さ等は忘るべからざることとである。しかも今、馬或ひは驢馬の利用と云うことが北方に於ては砂漠のために、南方においてはツェツェ蠅の害によつて一般に不可能であること等を併せ考へるとき、此處にも又一つの地域的基礎に主脚した價値の存在を信ぜざるを得ないのである。

既に述べた如く Zubehör は一定の圏を描くものであるが、それが太平洋諸島における如くタロ薯のそれとして或ひは北米平原インディアンにおける如く野牛のそれとして把えられやうと、何れにしろ生活維持の中心と考へられるのであるが、然しこの中心は決して無制限に多いものではなくて、系統的にいくつかに分類せらるべきものである。今その主要な一例として農耕系と牧畜系とを考へてみるならば、サヴァンナ地帯にあってIbo族のYam-Zubehörとして代表せられるものの如きは明らかに農耕系であり、ステップ地帯の遊牧民を中心として成立した都市國家は、内容複雑ではあるが一先づ牧畜系であると考へることが出來る。かくしてサヴァンナ地帯とステップ地帯との結合は上の如きZubehörの圏相互の結合として、ここに一つの地域的共生(Symbiose)[註25]の相を呈するのである。

然しもとより結合して共生するためには單に二つの特殊的地域が隣接していると云うだけでは成立しないのであって、南ニジェリアについて云へば此處に両地域を接續するニジェル河の存在と云う地理的事實とこれに加ふるに大景観帯に直交して南北方向に強く表れている経済的な交換要求と云う心理的事實(を)と忘却してはならない。Thurnwaldはここに更に遊牧者に見られる積極的精神、即ち、〃家畜を馴らすやうに農民を手なづけやう〃とする精神を考へている。或ひは又このことはLeo Frobeniusが遊牧民に認めた三つの特質、即ち戰闘的意慾、階級的矜持、牧畜者としての自負と云ったもの[註26]に歸するのであり、一方農耕民に對しては、その生活の中枢がSaat——Wachstum——Ernte, Geburt——Reife——Alter——Todと云う自然運行のなだらかな秩序をそのまゝに受容する精神、即ち困難な農耕に従ひ乍《なが》ら老人を敬て、僧侶(呪術師)や鍛冶屋を尊重する敬虔(Pietät)にして陽氣(Frohsinn)な心にその軸をおいているもの[註27]と考へられるのである。

註

(1) Talbot, P. A.: The Peoples of Southern Nigeria, London, 1926, p. 238.

(2) Richthofen, F. F. von: Vorlesungen über All. Siedlungs u. Verkehrsgeogr. Berlin. 1908. S. 162. において最も古く觸れられている。併しその本質についてはHahn, Ed.: Das Alter der wirtschaftlichen Kultur der Menschheit. Heidelberg, 1905. に詳細であり、例へばS. 35. にHackbauとPflugbauの相異についてそれがganz und gar von Grund ausに違っていることが述べてある。

(3) Dittel, Paul: Die Besiedlung Südnigeriens von den Anfängen bis zur britischen Kolonisation. Leipzig, 1936. S. 92. Ibo族ではYoruba族と異なり年一回の植付期より持たぬ。

(4) Talbot, P. A.: a. a. O., p. 279.

(5) Paul Dittel: a. a. O., S. 92.

(6) Piette, L.: Verbreitungsgebiete wichtiger Nutzpflanzen der Eingeborenen im tropischen Afrika, Peterm. Mitt. 1927. S. 141. によれば、しかしYam(*Dioscorea batatas*)は東インド起源と云う。

(7) Talbot: a. a. O., p. 911.

(8) Nerermann: H.: Ergologie u. Technologie(Lehrbuch d. Völkerkunde, Stuttgart, 1939. 所収)S. 339. に両者の区別が明瞭にのべてある。

(9) 配慮とは、土地の選定、開墾、植付、降雨後の除草、盗賊よりの保護、収穫等、施肥は極めて稀に山羊の糞、及灰、腐草が與へられる。多く庭園のみに。

(10) Goldenweiser, A.: Anthropology, London, 1937, p. 479.

(11) Thurnwald, R.: Die Wirtschaft der Naturvölker. S. 323(Lehrbuch der Völkerkunde所収).

(12) Thurnwald, R.: a. a. O., S. 324.

(13) Thurnwald: a. a. O., S. 312.

(14) Dittel: a. a. O., S. 97.

(15) Ekoi族では塩井から水をうろぬかれた幹でみちびき二〜三日して最後に陶器皿で蒸發せしめて塩をとる。五〜七zollの高さの円錐体で或ひは椰子の葉でつくつた三角袋に入れ商はれ又この地方では貨幣として使用されている。

(16) Basden, G. T.: Notes on The Ibo country and the peoples, Southern Nigeria. Geogr, Journal. 1913. 241ff. 或ひはDittel, a. a. O., S. 103.

(17) 1. Tag: Eke Iku(Eke)Tag, 2. Tag: Orie Tag, 3. Tag: Afaw Tag, 4. Tag: Nkwaw Tag. Dittel. a. a. O., S. 105. の註。

(18) Dittel, a. a. O., S. 104. の註。

(19) Basden: Among the Ibos of Nigeria, London, 1921, p. 196.

(20) 後述、Handbuch der Geogr. Wissenschaften S. 55. に概説あり。(von F. Klute)

(21) ブラーシュ：人文地理學原理、飯塚譯

(22) Ratzel: Völkerkunde.

(23) Geogr. Wissenschaften. S. 239.

(24) Thurnwald: a. a. O., S. 319.

(25) Thurnwald: a. a. O., S. 313.
(26) Leo Frobenius: Kulturgeschichte Afrikas, Zürich, 1933. S. 70.
(27) Leo Frobenius: a. a. O., S. 248.

II　Timbuktu・商人の成立

(1)　砂漠の女王

Timbuktu は傳説に織りなされた砂漠の女王(Königin der Wüste)[註1]であり、アフリカのアテネ(Afrikanische Athen)[註2]であり、政治上のカメレオン(politische Camäleon)であると云う。何故であらうか。

(2)　その歴史

この都市は曾《かつ》て首都となつたためしはないが古來余りにも有名なるサハラの周辺都市であり、経済的に大きな意味を持つていた。そのため創設以來極めてしばしば外敵の掠奪を受けたのであつて、今その一斑を示せば次の如きものである。

即ちこの町は一一〇〇頃に Imöscharh によつて建設せられ、始めは極くまばらな家並が集つている貧弱なものであつたがこの世紀(一〇世紀)の終近くになつてやうなく(や)都市としての面影を示すやうになつて來た。然し Edrisi(一一五〇頃)は未だこれについて何等の記述をもなしていない。一四世紀の始めに Melle 國の順礼者がしばしばこの地を経てメッカへ向つたが、一三二九年には Mossi 族の地方的首長によつて劫掠《きやくりやく》せられている。しかし Mossi 族は Timbuktu を支配することなく、從て一三三六年以來のこの町は Melle 國の領土に属していた。Ibn Batuta は一三五二年にモロッコから南方へ旅行しているが、其時彼は Timbuktu に多くの Tuareg の首長の居たことを報じている。一四三三年には Melle 國から Tuareg 族のために強奪され、以後 Tuareg 族が都市支配者となつたが一四六九年に Sonrhay 國の王、Sonni Ali がこれを奪取した。一五九〇年頃にはモロッコ人は Baschā Djodar の下に Ghadames の商人区に定住し、つゞいて Ruma(原住民とモロッコ人との混血族)が近代まで勢力を持ちつゞけていたが、一六八〇年に Mandingo 族により征服され、一八二六年には更に Massina の Fulbe 族がこの都市を占有し、一八三一年以來 Fulbe, Tuareg, Ghadama 族の商人團体がそれぞれ勢力を張つていた。一八四一年 Fulbe 族は Tuareg 族に打破られ、一八四八年にはこれが又アラビア系の Scheich El Bakay によつて替られ、一八六三年には Tukulör 族の首長 Hadsch Omar が勢力を得、以後最近迄の歴史は Fulbe 族と Tuareg 族との抗争の歴史であると云つてよい。因《ちなみ》にフランスに占領せられたのは一八九四年である。

かくの如く変転極りなき歴史を有し、常にこれを支配せんとする諸部族間に争闘の嵐をまき起こしてきた Timbuktu の町は、海抜二四五M、Niger 河がサハラ砂漠の縁辺に觸れてその流路を東に変ずるあたり、その范《はん》乱《らん》原の北縁に位置している。歴史の変化と政治的状態の動搖に従つて都市の大いさは一定せず、住民數も又五〇〇〇人から二〇〇〇〇人の間を増減している。(註3)

(3) 二つの都市

曾て Vidal de la Blache(註4)は、砂漠の縁辺に列をなして列んでいる都市について述べ、〃サハラの両側の岸辺にも、中央アジアの両側の岸辺にもそれぞれの港がある。隊商は苦しい砂漠横断の試練ののち、そこに休息と安全との場所を見出す。護送者とラクダとが募集・補充され、四方への取引の中心となり、人々が相會し、そしてニュースが取交される場所である隊商合宿所を見出すのである〃。又〃相互の地域間の様々な運動の結果として異種の生活様式の接觸する線に沿うて人口濃密の部分がつくられ、やがて都市が發生する〃と云つているが、まことにその通りであらう。けれども果たしてそれだけであらうか。二つの地域の様々な接觸とは一体どのようなものであらう。

しばらくこのことを問題としてみたい。

つまりVidal de la Blacheの云うやうに、それらの都市は商取引の行はれるところ、休息所であると直ちに規定して了《しま》ってよいであらうか。試みに全《(同)》じく砂漠周辺の都市SokotoとKanoとを並べ考へてみよう(註5)。先づSokotoであるが、これは遊牧民族であるフルベ族の〝聖なる都〟であってその名稱はClappertonに由ると休息所(Ruheplatz)と云う意味であり、周圍にはこの地方では珍らしい灌漑施設を具へた耕地を持ち多量の米と玉葱とが栽培せられていて、全く商業活動の營まれていない都市なのである。これに反したKanoはスーダン地方における最も活動的な商業民族であるHaussa族の都市であって、一七世紀にはイスラム教を採用してをり、区域内にはハウサ族、カヌリ族、ヌペ族、アラブ族、フルベ族等が居住して居る上に、一～四月の間には六〇〇〇〇人からの異國人が集合して來るところのスーダン有數の商業都市であり、此處では木綿織物、染色、革細工等の家庭工業も盛んに營まれている。又この二つの都市は全《(同)》じく外敵防禦のための城壁をめぐらしているのであるが、Sokotoのそれはむしろ周辺に散居する地方的小部族に對する〝とりで〟としての意味を擔《にな》っているものであって、城壁としても拙く、たゞ憩ひの場所を守ると云うまでのものであるが、Kanoのそれは内部に蓄積せられている巨大な商品を守備する必要上、高さ七～八m、周圍一五マイル、一四門を有する立派な城壁である。性格的にもSokotoの休息に對してこちらは(Kano)むしろ活潑なる商業活動がその生命を形づくっているのである。即ちかくの如き種種の立地的・構成的の相異を考へて來ると一般に云はれている砂漠周辺の都市にも猶二つの類型のあることに思ひ至るのである。即ち商業都市と非商業都市と。砂漠地帯からは多少離れているのであるが、このことは南ニジェリア地方においても全《(同)》様に考へられることであって、聖なる都Ilorinと商業の都Ibadan(註6)が正にこれに相当している。しかもこの二つの都市は全く互に關係のないものではなくて、聖なるものと俗なるものとが分離しながら結合していると云うことを注意しなければならない。

一体それでは Timbuktu はその何れの類型に属しているのであらうか。

先に明かにした如くこの町は早くからモロッコ人と深い關係にあり、又その住民の狀態も時期によつて甚しく浮動的であつたし、構成もｉ）モロッコ系アラブ人（大ていは多少 Neger の血を混ず）、ii）古い Sonrhay 國からの多くの移住者、iii）西スーダン原住の諸族、iv）Wed Nun から移住してきたユダヤ人、などから成り、殊にユダヤ人はこの町の居住・商業權を買求めて移住してきたものであり、商業を營んでいることは明らかである。町の内部にはテラスの付いた粘土製の家々が所せまく押並び、道路も二人の騎馬者が並んで通れるかどうかわからぬ程の狹く屈曲したものであり、これに七つの区劃があつて Moschen は三つある。町の周辺は荒れ地であつて飲料水と薪とに甚しく缺乏し、主食物その他多くの物質は南部の、Dschenne 及び Sansandig の町から運ばれて來るのである。町では鍛冶屋と革細工屋とが繁昌し Tuareg 族の女たちは美しい革製品を製作している。

これ等の様相から判断するに Timbuktu は商業の町、しかも多種多様な民族が相會してそれぞれの生活を充足してゆく交易場所であつたと考へなければならない。

(4) 商人の成立

ヘロドトスも述べているやうに、カルタゴ人と原住民との間にスーダンの金とサハラの塩とが沈黙のうちに交換せられたと云うことは極めて古く、(註7) その場所は未だ確定しえないことであるが、それがニジェル河の附近であつたらうと云うことは考へ得ることである。

その塩については最も早くは Timbuktu の西北に位置する Idschil in Adrar 産のものが送られ、年々四万トン、即ち二〇〇kgづゝの荷をつけたラクダ二〇〇〇〇頭が砂漠を超えてやつて來たのであつたが、一〇世紀になつてからは七〇マイル北方に位置する Teghása 産の塩が移入される様になり一五九六年以後は專ら Taudeni 産の塩が使用せられている。併しこのことについては後に砂漠を取扱ふ際に觸れることにしたいと思う。そして此處ではスーダン内部に産する最も重要なる商品である金について考へて見る。

i　價値の發生・金

スーダンにおける金は上セネガルの Bondu, Bambuk, Bure 及びアシャンテ地方の Anno, Bonduku, Bualē, Lobi, Grussi, Niëniëgē をその主要産地とし砂金として或ひは石英脈の中から採集せられている。(註8) 原住民は抗道を掘ることを知らぬので径一m位の深い穴を掘り、男が中に入つて椰子油のランプで照しながら採掘し、これを女たちが Kalabassen(南瓜)の殻でつくつた容器の中で洗ひ分ける。(註9) 勞働は勿論家族的原始的なものである。ところがここに興味のあることは、これらの採掘せられた金の中最大のものは首長に属していた(gehören)と云うこと、又往々有力な男が死んだ時は金がこれと共に埋葬せられたと云うこと、往々にして石英鉱脈から産出する奇妙な形をした金塊は呪力をもつたもの(Fetischgold)として尊重せられたことであつて、ここに價値發生の原初的な段階として象徴的なもの、呪術的なもの、有力者の人格と結合したものを見るわけである。つまり價値以前の力あるものの性能を分有することによつて金が貴ばれたのであつて、(註10) だからこそ金は發掘者の所有ではなく元來首長のもの(gehören)であつたのではないか。勿論、現在のこの地方で採集せられている金はすべて上のごとき意味を擔つているものではなく、例へば Bure 地方においては、金があらゆる交換の基準であり、Diula 族の運んでくる主食物もすべて金と交換せられている。そしてかくの如くになるためには Thurnwald の云う如く、(註11) i) 個人的乃至《ないし》家族的な運搬しうる物質の所有、ii) それに對應する交通の可能性、iii) 慣行として安定している交換の存在が前提條件となるのであるが、それと共に影響力を持つた呪術的な金が價値の基準と見做される様になるには、社會体制の變化が必要であると云はなければならない。

ii　社會体制の變化

社會体制について、即《すなわち》只今の場合で云へば、首長の呪術的な力の漲つた所謂《いわゆる》未開世界の統一が破れて、分子的な個人の目覺めがなければならない。そして事實 Bure の地方は政治的に一種の Republik で四家族がこれを支配しているのであり、又 Bure の金を買賣している Diula 族は（大きくは Mandingo 族に含まれる）この地方に廣く行はれている tenné《呪物》と稱する呪術的な組織からは可なり脱却してをり、更にフルベ族やトゥアレグ族の如き宗教的な狂信に陥ることもないのであつて、これらの点に彼らの優位が築き上げられているのである。(註12)

さてかくの如き背景の下に成立した價値の基準としての金は、Diula 族等のマンディンゴ商人の手によつて運搬せられ Timbuktu 其他の都市において砂漠の塩と交換せられるのであるが、其際猶も注目しなくてはならないことは金が運搬せられて通過してゆく地理的な地帯、即ちスーダン――サハラの変化に伴つてその形態を変ずると云う事實である。始め例へば Bure で採集せられて Diula 族が北方へ運ぶ際には大ていの金は羽毛に包まれて“Gris-gris”即ち護符として取扱はれる。ところがこれが實際に Timbuktu で交換の對象となるときには一度その前に曾ての Ghanata 國の故都 Walata で加工され、“平板”乃至《ないし》“輪”として現れ、単位 1 Mitkal（約四 g）に對して塩は長さ一 m、二七 kg の板状のものが交換せられるのである。護符として運ばれると云うことは勿論その安全のための策であらうが、一方から考へればかくの如き策が安全である地帯と云うものは呪術的なものでなければならず、これが又直ちにスーダンの性格の一つではなからうか。(註13)更にこれが砂漠の縁辺に到着すると、その形を変じ一定尺度の板或ひは輪となり、それが仝《同》じく一定の形をした塩と交換せられしかもその古き形が所謂《いわゆる》沈黙貿易であつたことを考へ合せるならば、商品の形態と云うことに大きな意義を與へないわけにはゆかないであらう。

iii　交換の時期

曾ての交換が沈黙貿易(註14)の形式をとつたと云うことは両者にとつて、交換時期が予め知られていたことを意味しなければならない。第一に Timbuktu の近傍は春に家畜を害する蠅（Blutfliegen）が多く砂漠からやつてくるカラワンは極度にこれを嫌うと云うこと、(註15)第二にこの町自身の給養或ひは集つてくる商人たちへのそれのために南方から二ジェル河を船ではこばれてくるコーラの果實、米、穀物、植物性脂肪、香料、藥味などは水位の最高である十一、十二、一月の頃（水位は五月よりも六m高い）がよく從てカラワンは十一月に最も多く集るのである。

かくして以上の如き三つの條件を共に滿足させながら商人間の契約によってしっかりと結び合はされている交易場所がTimbuktuであると云うことが出來る。そしてこの結び目によって二つの地域、砂漠と草原とが持續的な關係に入っていると云ってよいであらう。

私は此處にBingerの商人についての分類を思ひ起す。Bingerに由れば[註16]ニジェル地方の商人は 1) 平常は農業を營んでいるのであるが、時に應じて女や奴隷を手に入れるために賣買を行ふ商人＝marchand momentané 2) 鍛冶屋や壺作りの如きもので、自分の作った鉄製品、陶器、木製品等を小量の塩やコーラの果實と交換するもので遠く出かけることはない小商人＝Kleinhändler、3) マンディンゴ族やハウサ族の商人であって長距離の継續的な旅行を行ひ大小の地方的首長と取引を行ひ、武器、彈藥その他の物資を奴隷と交換する。これは高度の商業で首長に對して一年間も物資を貸付けておく場合もある。家族連れで移動してゆくものもあるが大ていは自身は大商業地に居住し、息子、奴隷をして商業旅行を企てしめる。＝Mande Diula-und-Haussa-Händler 以上の三種類が存在する。

これを考えてみるに如何にも自然な分類であって、農耕社會自體の内部における商業の發生を暗示するものがありはしないであらうか。即ち、曾てLowie[註16]の如きがfee＝Viehであるとし家畜こそ最もはっきりとした富の形態であると云ひ、Thurnwaldも又家畜こそ資本を廻転すると云うことの原型であると云っているのであるが、[註17]しかしそのやうに牧畜社會と農耕社會との接觸によって發生する商業の外に農耕社會自體の特殊的分化による商人の發生を考へてもよいと思う。少くともスーダンに於ける金を中心とする商業は牧畜、特に牛の牧畜とは關係なく發生した商人であり、商業秩序網であると考へられる。

(5) スーダンの性格

此處に至つて始めてわれわれは先に保留しておいた問題にかへらなければならない。即ち、如何なる理由でMande-Diula の商業圏はサハラの縁辺からコーラ樹の茂るサヴァンナ地帯との間に限られているのか。かくの如き多彩な運動を祕めた一つの地帯の性格は如何なるものであるか。

Ratzel によれば、[註18] 草原地帯においては際限のない廣さが移動への刺戟を與へ、しかも原住民の生活條件はほゞ全等であるから、[同] どのやうな形にせよ(商業網)体制を確立することなくしては安定の状態に達しえないのだと云う。又 Leo Weibel[註19]によれば道路が良好であり特に草焼きののちの草原は遠く展望がきいて馬を走らせて諸部族を問ふによいと云はれてをり、馬の利用と云うことも北は砂漠のため南は森林或ひは tze-tze 蠅のために妨げられていることを伴せ考へるとき、更には Meyer[註20] の云う如く、この地帯には交通を妨げるやうな山や川又大森林のないことが民族の容易な交渉の基をなしたと云うこと、これに加へるにこの地方では生活の経済的基礎がゆたかであると云うことなど、何れもこの地帯の性格を形づくるものと云はなければならない。

要するにこれらのことがらは單に歴史的事情の結果ではなくて、ステップからサヴァンナにかけてのいくつかの地理的條件に依るものであると云へないであらうか。そしてTimbuktu はこれらの地理的性格が諸部族の生命の中に注ぎこまれ、それが凝固し開花したところの西スーダンの花であらう。

註

(1) Meyer, Paul Constantin: Erforschungsgeschichte u. Staatenbildungen des Westsudan, Peterm. Mitt. Srg, Heft No. 121. 1897. S. 69.
(2) Ahmad Baba の時代に一六〇〇冊の手寫本を有する圖書館があつた。
(3) 以上 Meyer: a. a. O., S. 70~71に由る。
(4) ブラーシュ：人文地理學原理、飯塚譯。

(5) Meyer: a. a. O., S. 38〜45.
(6) Dittel, Paul: Besiedlung Südnigeriens.
(7) Herodot Ⅰ, Ⅳ, p. 195〜196.
(8) Meyer: a. a. O., S. 93.
(9) Eleanor de Chételet: My Domestic Life in French Guinea, Geogr. Magazo. June. 1935. p. 719.
(10) Meyer: a. a. O., S. 90.
(11) Thurnwald: Die Wirtschaft d. Naturvölker S. 328. (Lehrbuch 所収)
(12) Goldenweiser: Anthropology. London, 1937, p. 174.
"The symbolic meanings are so patently artificial that they must be conceived of as ex post facto, the geometrical patterns pre-existing and the symbolic meanings having been read into them."
(13) Herodot(Ⅰ, Ⅳ, 195)は原住民とカルタゴ(Karthagern)人との間の沈黙貿易についてのべている。
(14) Meyer: a. a. O., S. 73.
(15) Meyer: a. a. O., S. 90. の註より。
(16) R. H. Lowie: Primitive Society 1921, p. 224.
Among pastoral peoples flocks and herds constitute the only or at least the most conspicuous form of wealth, the ready means to matrimony and prestige.
(17) Thurnwald: Die Wirtschaft der Naturvölker, S. 319.
(18) Ratzel: Anihropogeographie, Stuttgart, 1909. S. 256, 287.
(19) Leo Weibel: Der Mensch in Wald und Grasland von Kamerun, Geogr. Z. 1914.
(20) Meyer: a. a. O., S. 21.

Ⅲ　地域と運動・Kolahandel

(1)　地域と運動

i　西スーダンと云う名称の下に包括せしむる地域は大略、北はサハラ砂漠の縁辺まで南は原始林地帯に至るまでの地域で、特にチャド湖以西を指すものとしたい。この地域の南北の限界については、古くはMüller[註1]から近くはFalkner[註2]に至るまで雨量や植物被覆乃至《ないし》動物の状態を中心として多くの研究がなされている。

殊にFalknerの方法は極めて科學的で、乾燥地帯の限界（草木の生育の可否を分つ）としてN－T＝12（但、N＝年降水量CM. T＝年平均気温C°）或ひはN／T＝15（但N：mm, T：C）と云つた簡單な指數[註3]を求めているが文化的な現象をも考慮に入れる際はさまで嚴密なるを要しないであらう。ここでは先づ西アフリカにおけるステップ及サヴァンナ地帯の一部を含むものと考へて置きたい。

ii　地域と運動

周知の如くにRatzelは、自然環境が民族に及ぼす影響を動的に把握し、自然は民族の移動を通じてその文化に作用すると考へた。即ち、彼に由れば、民族の生命も他のあらゆる生命と仝(同)様に、それが表現せられるのは運動、移動と云う形においてゞあり、可動性は一見静止しているやうに見える民族をも含むすべての民族に常に認められる性質であつた。そして可動性と云う概念の中には單に人間の場所を変更しうる能力だけではなく、身心を時には驚くべき程度に發達せしむる機構の全体をも含むのであつて極めて意味の廣い、實に人間歴史の基本事象の一つと考へられるものなのである。[註4]従てこの可動性、或ひは移動するものと土地との關係の全体的考察が、彼の地理學の對象をなしていたのである。

Ratzelが人間の行動へ及す自然の影響を考へた点は確かに卓見であるが、Ratzelの行動は主として一方的な移動・植民と云つたものに重点が置かれて居り、それも少しく圖式的に過ぎる如くである。此處でわれわれはMalinowskiが人間社會の中の基本的事實であるとした交互作用、或ひはgive and takeの原理、並びにThurnwaldが權利の精神的根據を人間相互の交互性に求めていることを想起したい。[註5]しかもThurnwaldによればこの交互性は單に力學的なものではなく、一定の文明化された制度と文化的態度とを共同に保持している

Gemeinschaft の装備(Getrièbe)としてうち建てられるものであると云う。[註6] そしてわれわれが若し此處に、Lips[註7]の云う地縁組織即政治組織と云う見解を採用するならば Thurnwald が政治組織の根柢に人間の交互性を置いた如くに、地域構造の底ひに仝《同》じく give and take の原理を置いてもよいであらう。と云うことは、人間生活をも含めた地域と云うものは、決して静的なものではなく give and take と云う運動を内に祕めたものであると云うことであつて、Ratzel の行動(Handlung)或ひは運動(Bewegung)と云うことも更に分析してみれば give and take と云う人間の交互性にその基礎を持つものではなからうか。

われわれは西スーダンの地域的性格を考へるに當つて、其處に流通している Kola-Handel に着眼する。思うに西スーダン内を南から北に網状に覆つているコーラ貿易の体制は、そのまゝに西スーダンと云う地域の体制であり、give and take の運動を内に祕めた動的な地域体制であるが故である。

(2) Kola-Handel の体制

i　ハウサ族

西スーダンに於て、Kola-Handel に従事しているものはハウサ族であるから、われわれは先づ最初にこの民族の性格を考へて見やう。

Völkerkunde の中において Ratzel はハウサ族の特徴を次の様に規定している。即ち、ハウサ族は最も典型的なスーダン民族であつて(typischste Sudanvolk)、地方々々によつてその程度は異なつているが Neger との強度の混血民族であり、その上に古代ベルベール人の血を交へている。この民族は自己と接觸する民族に自己の言語と習慣とを採用せしめ、最も異種の要素をさへも己の性質の中へ融かし込むと云う高い能力を持つている、[註8]と。恐らく元來のハウサ族は北方から下つて來たものらしく、言語や人類學的特徴もこのことを示してをり、サハラとの縁辺には今日もハウサの純種と考へられるものが島嶼状に殘存している。そして彼等はスーダンに入つてから、Neger をはじめあらゆる民族と混血した極度の Mischvolk となつたものと考へられる。

彼等は生まれながらの商人であつてジプシーの如くに殆ど移動して生活を營んで居り、金ある時は商人として活躍し、銀行家となり、賭博者の親元となり、都市建設者となるが、金のない場合は荷運び人として全スーダンにさまよひ、戰時には乍《たちま》ち掠奪者と化するものであつて、常に氣軽で、明るく、知的で、實際的であり、交通網を組織する名人である。政治的にはむしろフルベ族が實力を持つているが、経済的にはハウサが勢力を持ち、フルベ族の支配者や貴族はハウサ商人の財力に依存しているのである。(註9)

ii　Kola (sterculia cola)

何れにしろ、次に、コーラの實と云うのは Monteil によれば、丁度われわれのコーヒー或ひは老人たちの嚙み煙草に相當するものであり、ヒンヅー人の蒟醬《きんま》、シナ人の阿片の如き役割を果していると云う。(註10)つまりそれ自身としては、さしたる必需品ではないのであるが、丁度トロブリアント島のクラ環における腕輪のごとくに、一つの社會的な價値の象徵となつているものであつて、西スーダンではこれを嚙んでいればどんな惡い水を飲んでも當らないと云う迷信があるために猶一層愛用せられ、どのやうな貧しいものも日常これを嚙んでいないものはないのである。かくの如くしてこれは、契約、訪問、結婚、戰の宣告、服從、審理、呪術等を行う場合の媒介物として使用されるに至つている。つまり一つのコーラの果實を見ることは、そのコーラを象徵として保持している西スーダンの社會体制を見ることに外ならないのである。そして又この社會的体制が直ちに地域的な体制であることは取敢《とりあえ》ず次に一つの例を擧げておこう。

コーラ樹は主に熱く濕度の高い地域、Sierra Leone の海岸地方からニジェル河下流地域に至る、六〜八度 N. Br. の細長い地帶に産する。ところがこの地方で收穫せられたコラ實は直接に Mandingo, Haussa, Mossi 族等スーダンの商人によつて買取られるのではなくて、先づ一種の祕密結社をつくつている Lo 族が果實を祕密の場所から運び出す。ここに第一のコーラ市場が出來、Odjenne, Tute, Kani, Siana, Sakhala 等がこれに當るわけである。第二にこれ等の場所から今度は大ていは女たちによって本來のコーラ市場へ運ばれる。Tangrela, Maninian, Sambatigita 等がその市場で、此處で初めて上記のコーラ商人に買取られてスーダンに流通すると云うことになる。(註11) 即ち Kola-Handel は南部においては祕密な二重の地帶によって明瞭に限界づけられているのである。一方北方においては如何であらうか。一体住民がコーラを買入れる際に支拂うものは Kauri(子安貝)である。従て例へば Kauri の價値はその産地である海岸を遠ざかるに従って高くなるわけであり、コーラも又遠く運搬せられるほど高價になつてゆく道理である。

事實、例へば産地附近の Salaga では 1 Kola＝1～7 Kauri であるが産地を遠のくに従って、Kong では 2～12Kauri, Wagadugu では40～50Kauri, Say では、70～80Kauri, Sokoto では100Kauri, Kano では120～140 Kauri となつてをり、チャド湖畔の Kuka では實に2,300～1000Kauri に及んでいるのである。Kuka は産地から東方に遙かの距離であるから例外とすれば、1 Kola は砂漠縁辺に至って大体100Kauri となり、この價格がコーラ流通の終点をなしている如くである。そして砂漠に入るともはや重量のある Kauri は通用せず、従て Kola も需要せられない。つまり 1 Kola＝100Kauri において Kola の流通はその地盤である Kauri の流通が不能になることゝ重なつて社會的にも限界づけられているのである。

以上のことからして、コーラを中心とした社會体制そのものが地域的な限定を持つものであると云ひ得るであらう。

iii　ハウサ・カラワン

Kola の商業はカラワンの仲介によって行はれ、Haussa, Mandingo, Mossi, Arab, Mauren, Asbens の諸族がこれに従事するが、第一位に位するものはハウサ・カラワンである。これは Kano ↔ Gondja 間を往復するコーラ・

カラワンであつて、その接觸し通過する諸地域を豊かにし、刺戟し、住民に高い文化を與へている。

三月〜五月の間にはKanoだけからでも年々二〇組余りのカラワンがGondjaへ向けて出發し、その中で一番早いものは九月に歸つてくる。

カラワンは一〇〇〇〜二〇〇〇人にも及ぶ大規模なものであるが、これは二〇〇〜三〇〇人のグループが聯合して成立したものであつて、森林地帯に住む好戰的な掠奪を職とする部族の攻撃を免かれるためにはかかる多人數が必要なのであつて、Wolfの報告によれば最近にも三〇〇人から成るハウサ・カラワンが全滅したと云うことである。彼等はKanoを出發するに當り、買入籠の中に次の如きものを入れてゆく。即ち、ゆつたりとしたズボン、Túrkldis、前掛、インヂゴーで染め刺繍で飾られた女のTúrdedis等の衣服、及び革製品など。又その通路は普通、Kano—Gando—Sokoto—Argungu—Giuae—Dosso—Say—Gurma—SusuM'Bdjio—Mossi—Gurunsi—Mampursi—Dagomba—Sálaga(Gondjaの首都)である。

さて、荷運び人、奴隷、驢馬、騾馬、牛、馬をつれた大商人と小商人とが幾組が集つてカラワンが成立すると、商人たちは仲間の中から経驗あり、勢力的で、老練な男を指導者としてMādúguの稱号を與へる。Mādúguは旅行中は絶對權力を持ち、宿所を指定し、争ひを調停し、地方の有力者と交渉し、賦課税を各人に割當てる等のことを行う。カラワンはゆつくり然ししつかりとした秩序を保つて行進する。先頭には多くの駱駝(これは北方から雇はれて來るものであると云うが未詳、各々コーラの四籠を運ぶと云う)次に五〇〜六〇kgの重い荷を負うた女たちが更に手廻り道具を下げ、子供の手を引き乍《なが》ら續き、その後を一列になつて荷運び人が進む、一人びとり、或ひは荷を負うた動物を追ひ乍ら。そしてこの両側に荷主たちが武器を持ち馬に乗つて警戒する。Mādúguは行軍の殿《しんが》りにあつて歩む。うるさく附きまとふ乞食や二、三人の賤民に追はれ乍ら。(註12)

これがハウサ族によるコーラ・カラワンの体制である。そしてこれは北方の工業製品と南方の農産物との間に組立てられたgive and takeの体系である。しかも、カラワンは道々局所的にgive and takeの活動を營み乍ら行進する。繰り返して云へばコーラ・カラワンはその接觸し、通過する諸地域を豊かにし、刺戟し、住民に高い文化を與へているのであつて、これこそ西スーダンと云う地域の動的な象徴でなければならないであらう。

(3) 西スーダンの性格

先づ第一に西スーダン、殊に北方のハウサ族の故鄉であるステップ地帯は、L. Pietteによれば、元來黍、小麦といつた穀物等の異なつた穀物地帯であるし、(註13) P. Staudinger(註14)に由れば、ハウサ族の國々における最も重要な穀物はモロコシ(Sorghum vulgare)であると云う。又ニジェル河附近には米も栽培せられていて、所により旅行者のみならず原住民にとつて重要な食物となつている。

つまりこの如き穀物と、附近の遊牧民の提供するミルクとバターがステップ地帯の主食物となつて居り、これがサヴァンナ地帯、例へばIbo地方におけるヤム薯やキャサヴァを中心とした生活との大きな相異点であつて、後者が家族全員の不断の勞働を媒介として土地に密着し、數ヶ月間にわたるヤム薯の順次の収穫によつて定住的な生活を營んでいるのに反して、ステップ地帯の例へばハウサ族は、貯蔵に耐へる穀物と、至るところで入手しうるミルクとによつて移動商業を營むに至つているのである。

次にサヴァンナ地帯の局地的な市場においては、原住民たちはそれぞれ荷物を頭上に戴いて徒歩で往復していたのであつたが、ステップ地帯におけるハウサ・カラワンは云うまでもなく多大の畜力を利用している。と云うよりも諸々の家畜の力を利用出來るところがステップ地帯なのであつて、實際〝この地方は独特な特殊な生活條件に適應した動物界を持つてをり、この地方における草のゆたかさは特に反芻動物に豊富な食物を呈供している。開濶な平地においては動物は、敵から逃れたり、食物の豊かな遠隔地へ移動するために速かな運動性を要求されてをり、かくしてステップ地帯は走るに巧みな有蹄類の地帯〟(註15)なのである。

つまりこれ等の自然的な背景もその上に西スーダンと云う地域の性格が形づくられて居るのであつて、サヴァンナ地帯の市場にあつては比較的狭い(15～20km)範圍をその商圏とし、時間的にも四日を一週とするIbo週日に従つて短い周期による局地的なgive and take交易の活動が行はれ、その商品も殆ど日常必需品であつたが、ステップ地帯を中心とするハウサ・カラワンの体制にあつては、その移動の途々に局地的な小商業を營むと共に南部のコーラ樹地帯と北部の工業地帯との間に季節的な廣範圍のgive and takeの体制が確立され、その主要商品であるコーラも、もはや社會的な象徴にまでなつているのであつた。

かくの如くして西スーダンの性格は、その地域内の凡ゆるところにおいてハウサ・カラワンとの間にgive and takeの日常的・局地的運動を祕め乍ら、その全体においてはコーラを中心としたgive and takeの季節的・大地域的な運動を展開しているところの、二重に動的な全体性であると云へるであらう。いはゞ花畑の中の蜜蜂の如くにその全体が深密なSymbiose(共生)を形づくつているのである。

註

(1) Müller: Regenverteilung, Pflanzendecke und Besiedlung Ober-Guineas und des west. Sudans, Geogr. Zeitschrift XV.II.
(2) Falkner: F.R.: Die Trockengrenze des Regenfeldbaus in Afrika. Peterm. Mitt. 1938.
(3) Falkner: a. a. O., S. 214.
(4) Ratzel: Anthropogeographie, S. 73～75.
(5) Thurnwald: Ethnologische Rechtsforschung(Lchrbnch 所収), S. 283.
(6) Thurnwald: a. a. O., S. 283.
(7) Lips, J.: Die Anfänge des. Rechts an Grund u. Boden u. den Begriff der Erntevölken, Peterm. Mitt. 1927. S. 361～2.
(8) Ratzel: Völkerkunde I, S. 648. Ⅲ, S. 192.
(9) Meyer: Staatenbildungen des Westsudan, Peterm. Mitt. Erg. H. 1898. S. 26.
(10) Meyer: a. a. O., S. 85.
(11) Meyer: a. a. O., S. 87.

(12) Meyer: a. a. O., S. 88～89.
(13) Piette: Verbreitungsgebiete wichtiger Nutzpflanzen der Eingeborenen in tropischen Afrika, Peterm. Mitt, 1927. S. 143.
(14) Standinger, P.: Im Herzen der Haussaländer, Leipzip, 1922, S. 627.
(15) E. von Sudlißche. Geogr. 1927. Afrika. F. Jaeger. S. 255.

IV 牛とFulbe族

(1) 牛とFulbe族

i Fulbe族

P. C. Meyer の詳細な民族分布圖と Géographie Universelle 所收の家畜分布圖とを比較してみると、ステップ地帯は大体においてその全体に廣く家畜が分布しているが、ただ牛だけは必ずしも一様に隙間なく分布してはをらず、そして散在的に牛の分布しているところは何れもフルベ族の集中的な居住地であると云うことを知るのである。これは實に、フルベ族と牛との密接不離な關係を予想せしめるものであるが、それでは一体フルベ族とは如何なる民族であらうか。

フルベ族は Senegal, Niger, Tsad の三つの大盆地に最も多數生活してをり、その人口は、Barth に由れば六〇〇～八〇〇万人であると云う(註1)。

フルベ族には純フルベ (unvermischte Fulbe) と混血フルベ (vermischte Fulbe) とが区別せられ、前者は Adamaua, Sokoto, Gando 地方の中、森林や山岳でないところに居り、西部においては Dschilgodi, Timbuktu の周辺、及び Massina, Baghena, Futa-Djallon, Ferlo, Bunun, Firda, Niger 源流地方に居る。殆どすべての部族が遊牧生活を營んでをり、定住しているものは極めて稀である。これに反して混血フルベは相混合した民族の相異によって人種的・性格的に多様であるが、フルベと Tolof との混血 Tórobe 或ひは Tukulör、フルベとハウサとの混血 Pul-Haussa 等があり、むしろ定住生活を營んでいる。純フルベは耕作や商業を全く行はず、專ら狩獵と戰鬪、就中《なかんずく》、牧畜をその主要な生活としている。彼等は今日、その家畜(牛と少數の馬)を伴つて廣大な距離を移動して居り、ツェツェ蠅其他の害虫のいない、牧草の豊かな石灰岩質の高原地帯を好んでいるが、スーダン地方に乏しい塩を入手しなければならぬ關係上、その通路は往々曲げられている。現今、最も普遍的となつている移動の範圍は Kano ↕ Panda, Kátsena ↕ Niger の間である。(註2)

ii　遊牧民としてのフルベ族の性格

フルベ族は遊牧民である。そして Lips(註3) に由れば遊牧民族にあつては、牧地は常に部族全体の所有と考へられているが、然《しか》し森林やサヴァンナ地方の採集・狩獵民における如くに明瞭なる境界を持つているわけではなく、その侵害は然く嚴重に禁止されてもいない。從て彼等は家畜を他部族の土地に放牧しても採集・狩獵民におけるが如くに嚴しい罰をうけることはないのである。つまり彼等にあつては元來、移動による他民族との接觸の機會が多かつたと云はなければならない。又彼等にあつては一方、男子が家畜の世話をし、畜群の嚮導《きょうどう》をする關係上、一般に父系家族が成立し、曾ての集團的な社會形態がここに於て徐々に細分化し平等なる個人を中心としたものに移り行く傾向がある。(註4) 個人が平等であり、個人の才能・経驗が重視せられるから部族には全員より推戴された首長が選ばれることとなり他に長老會議と云うものが設けられることとなる。と同時に一方、牧地探索の途上に Sippe は分裂し易く、他部族と屢々遭遇する場合には更にその傾向を強め、其際に元來 Sippe 全員の所有であつた家畜が家族の所有、或ひは個人の所有となる場合が多い。(註5) 即ちかくして土地に對するよりも早く家畜に對する個人所有が成立するのであり、他民族に對するフルベ族の優位と云うこともこれらの点にその基礎を持つているのである。又、一般にフルベ族の氣質として傳へられている、暴力的で、自負心が強く、貪欲で、盜賊的で、狡猾で、熱狂的で、氣短かであると云うことも、(註6)上の如き背景の下において、遊牧者の必然的刻印として受取られるのである。〔因みに彼等は家庭生活においては純潔を重んじ、一夫一婦制で（例外としても三人以上の妻を持つことはない）子供に対しては早くから絶對服從を要求している。〕

iii　遊牧民の侵入

Thurnwald も述べている如くに、遊牧民の農耕社會への侵入には二つの様式がある。即ち平和的侵入と武力的侵入とである。(註7)そしてこのことはフルベ族の場合にも當はまるのであって、彼等は或時は無害な牧牛者として農耕Negerの村落附近に出現し、常の如くに牛を放っている。彼等は自身、弓と槍とで武装して家畜の番をしているが、その妻や娘たちは農民の部落に赴いてミルクとバターとを賣り穀物を買入れ、或ひは其處に住んでいる鍛冶屋から必需品たる槍などの道具類を手に入れる。つまり此處に於て両者の間には支配關係を伴はない共生(herrschaftfreie Symbiose)が生まれることになるのである。

ところがかう云った平和的な"Symbiose"の關係もそのまゝの状態では長くは續かない。と云うのは農民には往々にして饑饉があり凶作があるが、農民たちはこの時にいよいよ牧畜民のミルク、バター、仔牛の肉に依存しなければならなくなるし、其他、農民部族は常に他部族（狩獵民等）からの攻撃にさらされ、從って自己の保護者として遊牧民の力に依りかゝらうとする傾向がある。その際、移動生活に馴れ、家畜と云う財産と武力とを持った遊牧民は農耕民を指揮し、戰闘の際の從者をもその中から徴集する。即ち農耕民に對する支配者となるのである。他面、この關係は牧畜民の経済的優位を形づくっている私有財産制と家畜の形における富の蓄積とが、農耕民に高く評價せられて、終には"牛"を神聖なるものとして尊崇するに至らしめていると云う事情からも推知せられることである。かくして何れの面に於てするも此處に明瞭なことは遊牧民の平和的侵入が次第に農民の支配へと転化し、支配・被支配の關係を生むに至ると云うことである。

又、更に直接には遊牧民が戦士として農耕民を攻撃支配する場合であつて、フルベ族は開闊地《かいかつ》に於て好んで農民を攻撃し、騎馬者として徒歩の農民を苦しめ、往々包圍攻撃によつてこれを壊滅せしめるのである。そしてこの場合においても、遊牧民の性格であつた、個々人の强靭なる意力と首長の統一的指揮とが大いに與つて力を致しているのである。

以上、平和的・武力的の二つの場合においてフルベ族は常に農耕民を支配し、自ら支配階級を形づくつていることが明らかとなつた。

ところがこれに加へて、牧畜民と農民とは、平和的な〝共生〟の關係の下にある際には、互の友好關係を保持するために両者の間に婚姻を結ぶことが多く、ここに人種的にはフルベとNeger或ひはフルベとHaussaとの混合民族が生れ、社會的には遊牧民と農耕民との中間の階級が生れることとなるのである。又、戦ひによつて獲得された捕虜は、奴隷として最下位を占むることゝなり、ここに民族と民族との接觸に因る階級の出現と云うことが考へられるであらう。そして事實混血フルベ族においては特にカスト制度の發達が著しく、Barthに由れば指物師、唱ひ人、織物師、靴屋、仕立屋、乞食、Rohlfsに由れば更に鍛冶屋、屠畜者、染色業者が數へられているのである。(註8)もとよりこれ等のすべてが民族の接觸によるものではないにしても、民族の接觸によつてフルベ族の中に垂直的な階層の体制が成立したと云う事は認め得ることと思う。

iv　地域の体制

フルベ族は初め牛の放牧地を求めると云う純経済的な事情に基づいて農耕民の中へ移動して行つた。ところが一九世紀になるとこの平和的侵入が好戰的な征服へと一変したのである。今、フルベ族による農民村落攻撃の方法を示すならば、彼等は先づ第一に目的とする地方の最も中心となる村落を奪取し、次いでこれを支持点として徐々に地歩を擴げつゝ周圍の村々を支配する。そしてこれ等の村落にはそれぞれ小數のフルベが止住し、中央の首長と連絡を保ちつゝ農民を支配するのであつて、この時注意すべきことはフルベはこれ等、村落と村落とを結ぶ道路のみを支配し、それ以上のことは行はぬと云うこと、即ちフルベ族は自己の支配を交通網によつて確保すると云うことである。(註9) 若し又中心となる如き大村落のない場合はフルベは自らこれを建設するのであつて Sokoto, Yola の如き何れもこの如くにして成立した都市である。これ等は何れも地方首長の屋敷を中心としてその周圍に高い粘土壁をめぐらしたものであり、内部の家並も決して計劃的な、規則正しい秩序に従つたものではなく、むしろ無計劃な一氣呵成に建設されたものである。

Barth は、フルベ族が侵入者として建設した集落を四種類に区分している。即ち、1) 全集團の首長の居所として建設せられたもの、2) 地方首長の居所、或ひは貴族たちの居所として建設せられたもの、3) 隷属する自由農民と奴隷とが共に住んでいるもの、4) 奴隷のみが監視人の下に住んでいるもの、(註10) である。今ここに示された集落の種類と、先に述べた如く彼等は首長の居所を中心とした道路網を支配すると云うことを併せ考へる時、われわれは此處に最下位の農業奴隷から最上位の首長に至る垂直的な階層が、そのまゝに村落を異にする水平的な区別として表示されていることを知るのである。猶《なお》興味あることにフルベの傳説においては都市そのものが機能的に分類せられていることであつて、例へば Gober は戰闘首長の町 (sserki-n-yaki), Katsena と Daura とは交通及商業の町 (ssáraki-n-ká-ssua), Kano と Rano とは染色・織物を司る大臣の町 (ssáraki-n-bāba) と云つた如くである。(註11) 即ち繰返して云へば、フルベ族の政治体制がそのまゝステップ地帯の地域の体制となつていると云うことである。

Völkerkunde に於て Ratzel は、スーダンの意義をアフリカにおける二大民族群、ハム＝セム系民族(フルベ族はこれに属す)とネグロ系民族との接觸地帯として強調し、(註12) 其中におけるフルベ族の役割を、1) 過去においてはスーダンを砂漠諸部族の爪牙《そうが》から守り、2) イスラムの信者としてその信仰及文化を傳へ、3) 就中《なかんずく》、Neger に對する支配者として、彼等を肉体的精神的に徐々に向上せしめる〝酵母〟として高く評價しているのである。(註13) しかしわれわれは更にこれ等の事柄の底にひそんでいる事實、即ちフルベ族が農耕 Neger と接觸して生じた上下の階層が、そのまゝ地域の秩序に移されて、首長の權力を中心とする道路網の支配と云う形態をとつていると云うこと、そして更にこの如く結合した二つの秩序の背後にあつて、この秩序を支持しているものが「指導者としての個人の出現」「家畜と云う富の保持者としての優位」「機動性」と云つたものであり、何れもが牧畜民族本來の特性であると云う事を注意したいのである。

註

(1) Meyer: P. C.: Erforschungsgeschichte u. Staatenbildungen des W. Sudan, Peterm Mitt. Erg. H. 1896. S. 29.
(2) Meyer: a. a. O., S. 31.
(3) Lips: a. a. O., S. 361〜2.
(4) Thurnwald: Die Wirtscheft der Naturvölker S. 321.
(5) Thurnwald: Ethnologische Rechtsforschung S. 287.
(6) Meyer: a. a. O., S. 30.
(7) Thurnwald: Das Gesellungesleben der Naturvölker S. 266 ff. (Lehrbuch d. Völkerkunde, R. Thurnwald 編、所收) od. Muntsch, A.: Cultural Anthropology, 1934. p. 28-29.
(8) Meyer: a. a. O., S. 32. 及S. 33註より。
(9) Meyer: a. a. O., S. 34〜35.
(10) Meyer: a. a. O., S. 34. より引用。
(11) P. Dittel: a. a. O.
(12) Ratzel: Völkerkunde Ⅲ. S. 271.
(13) Ratzel: a. a. O., S. 191.

V　西スーダンの國家

(1)　西スーダンの國家群

Leo Frobenius は次のやうに云つている。

〃スーダンには一群の大きな版圖をもつた國家がある。その中、多くのものは一九世紀において猶《なお》開花していたが、又多くのものは既に崩解しており、或ひはもはや傳説の中においてのみ生きつゞけていた。東から西へ、Abessinien, Naphtha, Dar For, Wadai, Baghirmi, Bornu, 一群の Haussa 國家、Borgu, Songhai, Gurmi, Mossi, Mandestaaten, Djolof などがそれである〃[註1]、と。そして彼はこれらの諸國の興亡常なき有様に思ひを致して、それはこれらの國々における國家生活を貫き流れている生活のリズムが、成長・開花・結實と云つた風に、一が他を呼び乍《なが》ら常に繰返し再生して、決して安定に至ることがないからであるとしている。土地の豊饒性(Fruchtbarkeit der Erde)と收穫(Fruchtbildung)と代々の人間(menschliche Nachkommenschaft)とは、時の流れにおける三つの軸であつて、最も粗雜なものから最も精妙なものに至る凡《あら》ゆるものがこの軸のまはりに動いている[註2]と彼は云うのである。實際その通りなのであらうか。以下、徐々にその内容を明らかにしてゆきたいと思う。

一言にスーダンの國家群と云つても實は場所により時期により、殆ど千差万別と云はなければならず、その中には、Ratzel が Chad 湖の O.—S. O. に發見したところの彼の所謂《いわゆる》、政治的地理的のパレオントロギーを呈供するやうな損傷をかうむつていない Neger の國家や[註3]、一九世紀になつて發展した強大な Pul-Haussa の國家があるのである。が、従來の地理學者はそれらが何れもスーダンと云うまとまつた地理的個体(geographische Individualität)の中において、その影響をかうむり乍ら成立したものとして一應の説明を與へている。

例へばRatzelは彼のPolitische Geographieの中において、砂漠の縁辺と云うものは國家のために確乎たる何物か(etwas Befestigendes)を與へていると述べて居る(註4)し、Meyerは1)交通を妨げるやうな山や川、並びに大森林もなく民族の容易な結合を助け、2)これに加へてこの地方においては生活の経済的基礎がゆたかであり、就中、コーラ、木綿、蜀黍《しよくしよ》、金等の産出が激しい交通を促し、又諸部族の商業的衝動を刺戟し、ためにHaussa族、Mande-Diula族等の活動を見てをり、更にはこれ等の生産の基礎として奴隷が存在すると云うこと、そして最後に3)イスラムが一一世紀以來小止みなく南下をつゞけその接觸する地方に刺戟を與へていること、をその理由として擧げているのである。(註5)

これ等のことはすべて大切なことであり、その一つ一つが相倚り乍ら全体としてのスーダンの性格を形作り、一群の國家に對して、地域的な地盤をなしていること云うまでもない。然しわれわれは更に以上の如き諸要素が互に關聯するであらうその方式を求めてみたいと思うのである。

(2) Aktive Elemente

個々人が如何様に土地の上に住んでいるか、又それを如何様に耕しているか、それに對してどれほどの要求を持つているか、又如何様にそれを所得しているか、と云うやうな事どもが最も多種多様に政治的なものゝ中へ干渉的乃至關聯《かんれん》的に入つてくるのである、とRatzelは云つている。(註6)スーダンで云へばNegerは農地を要求し、フルベ族は牧地を要求し、Mande-Diula族は黄金を要求すると云うことであつて生活様式の相異が土地評價の相異を生むのだ、と云つてもよく、或ひは逆に土地評價の相異が生活様式の相異を導くのだと云つてもよい。兎《と》に角《かく》、結論としてここで云ひたいことは、生活様式の相異が土地評價の相異を生み、これをめぐつて發生する闘争が民族生活における推進力になつていると云うことである。

元來、農耕民族における土地への要求は單一なものであり、土地に對する私有観念はなく、只々、耕作と收穫と云うことを中心としてその生活が營まれていた。[註7] 既に Ibo 族の地方において観察した如くに彼等は何種類かのヤム薯を順次に継續的に收穫して、日々新鮮なヤム薯を樂み乍ら生活しているのであつて彼等にあつては農園勞働の行はれない日々は、あたかも空虚なものの如くに思はれていたのであつた。ところが一定地域に對して人口が増大し、土地との關係が複雑になり、土地の区劃が發生し又近隣部族との間の交換が行はれるやうになると各家族はそれぞれ自己の土地を要求するやうになる。[註8] 又農耕社會自体の内部における特殊化が行はれて生産の分業が成立すると、其處に地理的な分離が開始せられることになる。更にはかゝるところへ牧畜民族が侵入し、或ひは商業民族が進出して來るとなると、この土地に對する關係は一層複雑となり、一方に於て土地が平面的に細分せられると云う傾向を表すと共に、他方、仝《同》一の土地が異なつた民族によつて二重に要求せられると云う結果をも生ずるであらう。即ち、Ratzel が云う如くに、[註9] 土地はいつも仝一のものであるが、その上に生活している人間が多面的となり、自己の土地に對して世代から世代へと増大する要求を課してゆく、そしてこの要求が土地の分け前や土地との關係を複雑にし、土地を細分化しながらその價値を高めてゆくこととなるのである。そしてこの仝一の土地に對する異なつた價値をめぐる諸民族の闘争が彼等の生活の推進力となつているのである。スーダンに於てもこのことは明瞭に考へられることであつて、其の地において數多くの國家が成立し時ならずして崩解していつたと云うことの中には、單に地理的・社會的の静止した諸條件の影響ではなくして、かえつてそれらの諸條件が一つの推進力となつて民族を動かしていたのであると考へなければならない。

この如きことに着目してか O. Peschel[註10] はスーダン諸國家の第一の成立要素として才能ある支配者(begabter Herrscher)と云うものを考へて居るし、Retzel《ラッチェル》は更にこれを分析して能動的な要素(Aktive Elemente)と云うことを述べている。[註11] 即ち、変転する政治的現象の根本に横たはつている恒常的なものは、命數の短い〝國家形態〃でも、それぞれの〝地方〃でもなく、むしろ〝民族〃であり、〝國家〃ではなくして〝文化の状態〃であり、〝既に生成したるもの〃ではなくして〝動的な要素〟なのである。然らば西スーダンにおける Aktive Elemente とは一体何であらうか。それは先づ遊牧民族の興隆であり、その集中的な權力であり、植民運動であり、次にイスラムの侵入である、と Meyer は云つて居る。

スーダン地方には歴史の諸々の段階において様々な役割を演じてきたが、それらの役割をわれわれはスーダンと云う土地の自然的・文化的な状態が一つの Aktive なものとなつて中心より涌き上るところに見なければならぬのである。

(3) 西スーダンの國家

然し乍らこの Aktive なものにも自ら二つの区別を考へなければならぬ。即ち一は外部からの刺戟であり一はそれに對する内部の反應である。遊牧民の興隆と云うことは外部からの刺戟であり、それが或地点(都市)を足場として國家を形成するに至ると云うことは内部の反應である。併もスーダンに於ては刺戟の仕方がスーダン的であり、反應の表はれ方と範圍とが同じくスーダン的であると云はなければならない。

さて、西スーダンに於ける國家形成の歴史には凡そ四つの時期がある。即ち 1) 無數の小村落國家(Heidenreiche)、2) Ghánata, Melle, Sonrhay を代表とする北部の大國家、3) Haussa 國家の隆盛 4) フルベ族の支配、であり、第一期は一一世紀にイスラムが中部 Niger 地方に擴大する迄續いてをり、第二期は一六世紀の終まで、第三期は一八世紀の終まで、第四期は一九世紀初頭より始るのである。(註12) われわれは以下その個々のものについて考察してゆきたい。が、素より重点とするところは最も最近に發達し、この地方における最も進化した体制を示す、フルベ族による國家である。

i 村落國家

西スーダンの國家形成における出發点は村落(Dorf)であつて部族(Stamm)ではない。(註13) 村落を超えた部族の統一はむしろ徐々に發達したものであつて、部族はいたるところで村落國家に分裂している。そしてこれは互に無關係に生活し、自ら統制しているが、決して自分自身のイニシアティヴによつて更に大きい統一を形成することはない。村落は生活力のある國家細胞(Staatenzelle)であると共に未開國家(primitiver Staat)であり、時に才能ある個人乃至外敵の圧迫に對する共同防禦のために數個の國家細胞が合していいわば細胞國家(Zellenstaat)と云う組織を作ることがある。この場合、聯合する集落は三～四から一〇〇位迄である。これがスーダンに於ける最も多い政治形態であり、或場合には首長の周圍に平等に結合した同質的なものであり、或場合には他國人を交へた異質的なものゝ結合となつている。

然しThurnwaldによれば、(註14)上の如き場合も、首長制や權威などが継續的に組織化されていない時はむしろ國家に似た倭小組織体(Zwergorganisation)として考へた方が適當であると云う。

ii　Ghanata, Melle, Sonrhay

結論を云へばNiger河の彎曲部以西に次々と出現し交代していった三つの大國家、Ghanata, Melle, Sonrhayは、前章、Timbuktuにおいて考察した如くに、一つの交易都市を介して砂漠を越えて來往する北方商人と結びついたスーダン地方が、Mandingo族と云う商人の商業網によつて組織化せられたものに他ならない。即ち、RatzelのPolitische Geographieで云へば、國家が一つの点で土地と關聯していると云う低い段階、既に七世紀の始めから存在していたがMelleの沒落後強盛となり一五八九年、モロッコ人によつて首都Gogoが破壊せられ以後衰へた。われわれがこれ等の國家の歴史を讀んで知り得ることは、それが何れも國の首都であり、交換市である都市をめぐつて、モロッコ人、ベルベール族、アラビア人、トゥアレグ族の闘争が繰返されていること、これに對處してマンディンゴ族が自己に有利なる市場と体制とを確立しやうとしていること、及びこれ等の國家が殆ど先の所謂《いわゆる》村落國家の聯合から自然的に成長していることである。(註15)

市場をめぐる砂漠諸民族の闘争については、今はたゞスーダン地方に對する北方からの刺戟として解して置けばよく、これに對して商人であるMandingo族が如何に反應し、如何なる地域的体制を整へているかと云うことについては既に述べたところである。從て此處では、何故にこれ等の國家が自然發生的であるかと云うことを考へなければならない。このことは、Mandingo族の性質に由來するものであるが、Mandingo族はその性質によって同じく商人であるHaussa族と相違し、ひいてはNiger河以西と以東との國家の性格を区別し、自らの大國家の生命を短からしめていると云はなければならない。と云うことは、Haussa族が既に一二世紀の頃にイスラム化し、個人の自覺に立至っているのに反してMandingo族が今日猶呪術的な“Ma”なるものゝ崇拜者であり、トーテミズム的なtenné(呪物)の組織を持っていることであって、彼等は各部族毎に異なったtenné、例へば蛇、象、河馬、鰐魚等を持っているのである。換言すれば、Mandingo族による組織はtennéのそれであり、國家の組織においても村落生活から徐々にtennéの擴大と聯合によって、いはゞ呪術的・宗教的なものを中心として大國家を作り得たのである。(註16) この点はHaussa族が自らの経済的實力のみを以ては國家を組織し得なかったのに對して、一つの優れた点であったが仝《同》時にかゝる組織はNiger河以東の國々において特徴的な、工業の隆盛、活潑なる商業、交通(特に領域内を通過する)の發達、大集落等を自らに導く力を持たず、経済の發達と共に自ら崩解すると云う致命的な弱点を藏するものであった。Niger河以西の國家は、假令《たとい》その版圖《はんと》に於て大であっても基底をなすものは農業であり、僅にMandingo族による、黄金と奴隷の商業網がこれを組織化しているに過ぎないものである。

iii Haussa族の國家

これは國家と云うよりはむしろ商業者の聯合と云うべきであって、此處には何ら支配とか主權とか云ったものは考へられないのである。

たゞ一二世紀頃から西はSonrhay國に對抗し東はBornu族に對抗するためにHaussa族の住む諸都市が聯合し

たものである。即ち、今はHaussa族の國民的英雄Bannの七人の息子の町として傳説的に物語られているHaussa-Unionがそれである。

iv　Fulbe族による國家の形成

一九世紀の始めに西スーダンのすべての地方は戰乱の中に投ぜられた。そしてこのHaussa國家群の混乱せるとき、北方には既に早くよりFulbe族がその力を擴大しつゝあつたのである。この時彼等は狂熱的信仰家Mellam Othmanの指導によつて宗教的政治的な統一をはかり、Haussa族の軛《くびき》を脱しやうとしていた。一八〇〇頃、彼等は先づGobirを攻略、次いでKebbiを征服してGandoをその住地としたが、のち自ら新しくSokotoの町を建設してこれに移り、Fulbe國家の基礎を定めたのである。

さて、現在のFulbe國家の特色は、Fulbe族の政治的權力とHaussa族の経済的實力とが相も変らぬ農耕Negerの地盤の上に結合していることである。そしてこの結合を象徴するものは、Fulbe族の都市SokotoとHaussa族の都市Kanoとの結合でなければならない。

Sokotoは、Barthに由れば(註17)人口二万乃至二万二千であつてFulbe族の〝聖なる都市〟である。一八一〇年に建設せられたもので、平面形態は四角、五～六mの高い壁でとりまかれ、その狭い門は夕刻には閉ざされて了う。Sokotoは Haussa族の都市と異なつて人口が密で、粗末な小舎が雑然と並んでいる。周圍は耕地で多くの米、球葱を産し、珍らしくも灌漑設備がほどこされている。つまり、Sokotoは全然商業都市ではなくFulbe族の休息所、周辺の部族に對する砦なのである。一方、Haussa族の都市であるKanoは、純然たる商業都市であつて、人口は三～四万、しかもカラワンの集會期には六万の異國人がこの地に集中する。町はいくつかに区劃され北部にはHaussa, Araber, Berberの混血民族が住み、南部にはFulbeが住む。これは明かにスーダンにおける中心的な市場であつて、町の中は人々で雑踏しているがその中で商業に従事していないものは殆どなく、大廣場には日々に市場が開かれ家畜、土地の物産、スーダンの工業製品、ヨーロッパ商品など多くのものが交易せられている。この町は自らに盛んな工業を營み木綿衣服の製造、染色、刺繡、等が家庭内で行はれているのである。そしてFulbe族の國家においてはこの二つの町が相共に互の機能を果しつつ結合している。何故であらうか。

　われわれは既に牧畜者としてのFulbe族と、コーラ・カラワンの大商人としてのHaussa族の性格と社會体制とを考へたのであるから、此處でその二つから得たところを結びつけて見ればよいわけである。その時、この章の始めに戻つて、土地に對する要求の相異、土地評價の相異がやがて土地をめぐる鬪争を引きおこし、國家形成への一つのAktiveな要素となつていることを想起して置きたい。

　さて、Haussa族は生來の商人であるから、その目的とするところは商品である。スーダンと云う地域を廣く移動し乍ら彼等は農民との間にgive and takeと云う關係をどこまでも保つている。從て此處に要求せられるものは、give and takeと云う交互性を軸とした商業圏のみであつて決してその商品の背後にあるものを要求することはない。ところがFulbe族は牧牛者であつて、先づ第一に彼等は牧地を要求するのである。そしてこの際、獲物・勞働に對する要求は囘(回)互的であり、生活地域への要求は主權的であると云うThurnwaldの鋭利な分析(註18)を考へ合せるならば、西スーダンに於て先住の農耕Negerに對する侵入者の要求は、Haussa族にあつては囘互的なものであり、Fulbe族にあつては主權的であつたと云うことが出來る。

　即ち、此處にFulbe族は次第に農民の圧迫支配を始めたのであり、既に見た如く農民支配の階層的秩序と、土地支配の道路網の秩序とを併せて確立したのである。然しHaussa族に對してはFulbe族は何等衝突すべき点を持つて居らずむしろその経済力を利用する方が有利であつたのであつて、此處に一つのSymbioseを形づくることとなつたのである。そしてここにPul-Haussa族(Pul=Fulbe)に由る强力な國家が成立した所以があると思う。Ratzelは、國家の土地は二重に占有される。一つには政治的に、一つには文化的・経済的に、そして一方は他方を補ひ、相合していよいよ強力な支配が成立する、(註19)と云っているが、Pul-Haussa の聯合國家に於ては正に然りと云はなければならぬことである。

(4) 西スーダンの性格

既に明瞭となつた如くに西スーダンの國家には様々な類型があり、その成立も各々年代を異にしている。しかしそれらの変化の中心を貫いているものは何であつたか。フロベニウスはこの地方における生活の三つの軸を擧げ、ラッツェルは Aktive Elemente と云うものを見出している。われわれは又これを刺戟とその反應、作用と反作用と云う運動の中に把握しうる如く思うのである。初め地中海岸に勢力を扶植したフェニキアやカルタゴの都市が南に向つてその文化圏を擴大し、スーダン地方との間に塩↔黄金の交換体制が成立すると、此處に無數の村落國家群が發生し、次いで一一世紀頃のサハラの大混乱によつてアラブ人、ベルベール人の南下攻撃が開始せられると此處に相次いで Ghanata, Melle, Songhay と云つた大國家が成立し、又この頃イスラムが遊牧フルベ族と結びつくと忽ちここに一つの新しいエネルギーが生じて新に強力な Pul-Haussa 國家の成立を見たのであり、何れも刺戟に對する反應と解されよう。しかも西スーダンと云うステップ乃至サヴァンナの地帯はその植物界、動物界において変化に富み、その経済的基礎が豊かであるから、1) 刺戟に對する反應が速かであり、しかもその範圍が廣く、2) この地方における人間生活が多面的であるから、如何なる刺戟の種類にも直に反應する準備が出來ていると云うことが出來る。即ちこの地帯は南方の森林地帯縁辺をその限界として古くからの人類文化が幾重にも沈澱して居る地帯なのである。そして歴史が上の如くに Aktive な刺戟の交代を意味するものであるならば地理はそれに對する反作用の場所と範圍とを提供するものに外ならないであらう。スーダンは最も歴史的な地域であるが、その歴史は又最も地域的な性格を擔つたものであつた。かくて西スーダンに於ては歴史とは地域的な重点の変化に外ならぬものではなからうか。

註

(1) Leo Frobenius: Kulturgeschichte Afrikas, Zürich, 1933. S. 247.
(2) Leo Frobenius: a. a. O., S. 248.
(3) Meyer: a. a. O., S. 21. より引用。
(4) Ratzelc Politische Geographie S. 106.
(5) Meyer: a. a. O., S. 21.
(6) Ratzel: a. a. O., S. 49.
(7) Lips: a. a. O., S. 361.
(8) Ratzelはこれをinnere Kolonisation と称す。Anthropogeographie.
(9) Ratzel: a. a. O., S. 119.
(10) Peschel. O.: Geschichte der Erdkunde, 2 Aufl. S. 126.
(11) Ratzel: Euturirf einer neuen politischen Karte von Afrika. Peterm. Mitt. 1885, S. 245ff.
(12) Meyer: a. a. O., S. 23. 及その註。
(13) Meyer: a. a. O., S. 105.
(14) Thurnwald: Gesellungsleben d. Naturvölker S. 275.
(15) Meyer: a. a. O., S. 59ff.
od. Leo Waibel: Rohstoffgebiete des tropischen Afrika, Leipzig, 1937. S. 270.
(16) Meyer: a. a. O., S. 76.
(17) Meyer: a. a. O., S. 18ff.
(18) Thurnwald: Ethnologische Rechtsforschung, S. 285.
(19) Ratzel: Politische Geographie, S. 69.

第3章 砂漠

Ⅰ サハラ

(1) サハラ

Ratzelがサハラ砂漠について述べている箇所は、よくその地域の性格をとらへている如くに思われる。多少長文であるが凡《およ》そサハラの概念を得ることが出來るから引用してみやう。

若しもわれわれがアフリカの北岸から二―三日南方へ旅行すると、丁度暗い部屋へ入って後の戸が閉されて了《しま》ったやうな感じを受ける。

サハラの政治的・文化的な綜体的印象は貧しいものだ。何しろわれわれは砂漠に居るのだから。併《しか》し、それでも其處は土地の自然が貧弱である程に人間の文化も貧しいのではない。

砂漠は、政治地理學者にとつては常に先づ負の大いさ(negative Größe)として映ずる。國家や植民地はその線で停止して了う。カルタゴもローマもエジプトもギリシア植民地のキレナイカも何れもこの地帯へひろがつては來なかつた。モロッコも只一度ティンブクトゥまでその力を擴大したにすぎない。トルコ人はトリポリからやつと一八四二年以來その支配をフェザンのオアシス群にまでおしすゝめ、アルジェリアやチュニスは砂漠民族をそのなすがまゝにしてある。中にはフランスやトルコの支配を認めている様な部族もあり、其處には衛戍《えいじゅ》地の置かれている様なところもある。然《しか》し砂漠は自由であり、流浪している家族的な遊牧民のものである。只このものだけが、この土地から何物かを、しかしほんの僅かばかりを作り出すことを知っているのである。砂漠は氣候學的生物學的な概念であつて、それは豊かな降雨と植物被覆との停止するところに始まると云はれている。それは又確實な國家構成の停止するところに始る。かくしてそれは又政治的概念でもある。砂漠は一つの國家をも成立せしめないから國家はそのために周辺部へとおしやられている。しかも遊牧的な民族の潮流は、常に砂漠を超えて周圍をとりまいている開化した地方へ流れ込んでゆかうとまちかまへている。そのために緣辺部の國家は砂漠の方へ向つてダムを築かなければならない。しかし强國は、海を支配する様に砂漠を支配しやうと努力する。砂漠を貫通する交通路を手に入れ、その出發点と終点と及び少くともその重要な中継地とを所有しやうと努力する(註1)、とRatzelは云つている。

われわれは以下、猶《なお》少しくこれを分析してみやう。

(2) 一一世紀以前

まことにサハラは貧しい荒涼たる地方である。たゞ小數の遊牧民が流浪し、限りなく起伏する砂丘と、其處此處《そこここ》に散らばつている駱駝の骨、或ひは惡くすると賣られてゆく奴隷が途上に斃れている姿を見なければならぬ。然しそれにしてもサハラにも一つの地理的な個性が認められなければならない。サハラと雖《いえど》も地中海に隣し、スーダンに隣して、自己自身の性格を持ち、機能を營んでいる。

歴史的にはサハラの性格は二つに分つことが出來る。そしてその分界線をなすものは一一世紀である。われわれは先づ一一世紀以前のサハラを考へて見よう。

サハラと云つた様なnegativeなものが一つの個性を獲得するためには、どうしても外部からのpositiveな力に待たなければならない。このことはサハラにあつては常に地中海よりの刺戟と云うことによつて理解せられる(註2)。そして、此處にはしなくも、PlatonのTimaiosに端を發するAtlantis島の問題が想起せられる。即ち、この島に存するポセイドンの城(註3)を中心とした文化圏が当時(B. C. 一三〇〇以前)に存在したと思われるのであるが、その際にこの島の位置(註4)が問題となつて來るのである。これについてはP. BorchardtとA. Hermannとを中心とした學者が北アフリカ説を稱《とな》へ、R. Hennig, A. Schultenを中心としたものは主として南スペイン説を稱へて互に烈しい論争を交しているのであるが、今、われわれは、この論争を流用し、P. Borchardt, A. Hermannの北アフリカ説の根據となつている諸事實から、北アフリカ乃至《ないし》サハラの最古の状態を考へて見たいと思う。従て目下は両者の主張する如くにAtlantis島がGabe灣の西、Schott el Djèridの中にあつたと云うことは(註5)二義的なものと考へたい。

Platonの記述に由れば、この城にはEuenorがその家族と共に棲んでいた。ところへPoseidonが來て娘のKleitoと結婚し、五組の双生兒を生んだと云う。その最初の双生兒はAtlasとEumerosとであつた。此處で云うまでもなくPoseidon(註6)は、古代地中海文化を象徴する神であり、彼にとつて海、馬、牡牛が聖なるものと考へられて居たのである。そしてP. BorchardtによるとEuenorは古いリビアの名前でベルベール族の祖先Goliatと關係があり、今日もMedea地方にはOuennoughaと云つた名が聖泉・土地に多くつけられている(註7)と云う。又、Eumerosはこの地方の言語では、Gadairosとなり、これ即ちセム語のGadir(註9)即ち、城砦(註10)、柵を意味するものであると云う(註8)。(Borchardtは以下九人の名前をすべて解譯するが以上の二つだけが言語學者DrexelやM. Küsters及びH. Stumme(註11)によって承認せられている)即ち、此處に考へられることは海上航海者であつたPoseidonと柵、城砦によつて表現せられるベルベール系部族との結合と云うことであり、Hermannによれば更に上の五組の双生兒はリビア系の文化領域を表現し、トリトン海のポセイドン神を共通に崇拜しているものであると云う(註12)。ところでIbn Khaldoun(註13)によると、中世においてサハラではGhadames山を境としてベルベールとニグロとが境していたと云うことであり、サハラは当時、現今よりも濕潤《しつじゅん》であつたから、Negerが地中海近くまで進出してHackbau(註14)を行つていたことは充分考へられる。Leo Frobenius(註15)も又、間接にかゝる考を支持している。そこで次の如きことが考へられる。即ち、ポセイドンの城は古代における信仰及商業、交通の中心地であり、地中海々上民族の侵入港であり、此處に於ては又、遊牧民と農民とが相接していたと云うこと。更には此處に於て、金、銀、鉛、鉄、錫、銅が或ひは附近で採掘され或ひはスーダンから運ばれて來たと云うこと。そして交易には附近の塩を用ひたと云うこと。(註16)（P. Borchardt によればポセイドンの城は一五〇〇—一三〇〇、v. Chr. に存在していたであらうと云う。）以上は多くの推論の結果でありA. Schulten(註17)の如きは、Atlantis島をプラトーンの詩的空想であるとして居るが、兎《と》に角《かく》、古代に於て北アフリカを中心に、ベルベール系の遊牧民と農耕ニグロと海上の商業民族とが相接し相協力していたと云うこと、及びこの地方とスーダンとの間に交易が行はれていたと云うことは一つの意味を持つている。つまり、一一世紀以後に見られる如くにサハラと地中海岸との關係が對立的、或ひは對立的結合ではなく無條件のいわば合一であつたことである。即ち、サハラと云う一つの性格よりも、例へばポセイドン城を中心とする、農・牧・商の結合によつた一つの文化圏であつて、その南限はむしろスーダンとの境界に存する塩↕黄金の沈黙市場(註18)であつたと考へられるのである。

ニグロはサハラに於ても、Gautier の云う如くにローマ時代まではHackbau を行つて穀物を作り(註19)、その基礎の上にベルベールは遊牧と行商を行ひ、海上商人は都市を建設したのであらう。

(3) 一一世紀以後

以上の時期をサハラが独立の個性を持たなかつた時とするならば、一一世紀は正にサハラ成立の時期である。

i 駱駝

プラトーンのAtlantis島はラクダについて何の記載をもしていない。Fezzan(註20)の岩絵にもその古いものには現はれていない。

初めて北アフリカ（除エヂプト）へラクダを持つて來たものはFlamand に由れば五〇〇B.C. に入つてきたペルシア人であると云う(註21)。それ以前にはこの地方では馬、驢馬、牛が交通運搬用として用ひられていたが、ラクダは一一日間も水を飲まずに行進しうるに對してこれ等の動物は二日目ごとに水を飲まねばならず、牛は今日も西 Tuareg 族が運搬用に利用しているが一日に三〇kmを歩むにすぎない。從てやうやく砂漠化したサハラにとつてラクダの必要なことは切なるものであつた。ところが五〇〇B.C.に一應輸入せられたラクダも前一世紀には未だ極めて稀なものであり、四～五世紀(A.D.)から徐々に廣く用ひられ始め、七世紀のアラビア人の侵入を経、一〇三五頃の Beduin の侵入によつてラクダは始めて一般に影響を及ぼすこととなつたのである。(註22) 即ち、ラクダに騎乗する Beduin 族の侵入は、始めて所々のオアシスに農耕を營むニグロを攻撃し得るに至り、こゝに古代以來連續したニグロの Hackbau は壊滅的な打撃を受け、これと共に生活していたベルベールも亦、純然たる遊牧民として更に南方へ追ひやられることとなつたのである。

ii　棗椰子《なつめやし》

次に今日のオアシス文明の中心を形作つている棗椰子は、元來はアラビア原産(註23)と考へられるのであるが、これが一方はフェニキア人の仲介によつて地中海岸に廣く傳へられ、一方は陸路、シリア、メソポタミア、ペルシア、印度、及びエヂプト、リビア、サハラ地方へと傳へられたものである。フェニキア人の傳播した棗椰子は海岸地方にのみ植樹せられ、これは都市の装飾用であつて、氣候の關係上果實も食料とはなり得なかつた。(註24) ところで現今の如くに廣くサハラに分布する様になつたのは何時であらうか。Fezzan,(註25) Kufra(註26) には非常に古く傳來したと思はれるが、ローマの將軍マリウスによる Sallust(今日の Gafsa)(註27) 探檢に際しては石榴《ざくろ》、オリーヴ、無花果《いちじく》が記載されているが棗椰子には何等觸れて居らない。從てこれもやはり、Araber のサハラ侵入に由來するものと考へなければならないのであつて、彼等にとつてこの〝聖なる木〟を至るところに持ち運び、氣候の許すところにて合理的に入念に栽培したのである。そして、Edrisi(註28) は既に Wargla, Beni Mzab, Tafilet のオアシスに棗椰子の存することを述べ、一四～一六世紀のイタリア海圖にはきまつてこれが描かれる様になつたのである。

即ち、現在のサハラの性格を象徴している、ラクダと棗椰子は共に一一世紀における Beduin 族の侵入を境として急速に全サハラに分布することとなつたのである。そして J. S. Keltie(註29) によればこのアラブ人の侵入と共に北アフリカにおける、新しい生活、農業の進歩、商業の發達、美術の隆盛が力づよく開始せられていつたのである。と云うことは、新たなる個性サハラの誕生を意味するものに外ならない。

iii　サハラの統一

新たなるサハラの統一は棗椰子を中心として形成せられたものである。既に J. Brunhes(註30) も云つている如くに、Mzab オアシスで財産と考へられる唯一のものは棗椰子であり、既に立つている椰子の木から数ヤード離れなければ新に椰子を植えてはならず、椰子の蔭をなすところには新に井戸を掘つてはならぬと云う嚴重な規則によつて厚く保護せられているのである。と云うのも棗椰子こそオアシス生活の中心に外ならぬからである。大ていのオアシスでは棗椰子の實こそ榮養の中心であり、特に砂漠の旅行者にとつては、生のまゝ或ひは乾燥し圧縮した棗椰子は第一の必需品となつている。(註31) ところが更に棗椰子の價値を高からしむることは、多くの果樹や穀物・野菜が焼けつく様な太陽の熱さから免れるために往々、棗椰子の樹冠の蔭においてのみ生育すると云うことである。(註32) 即ち南部地中海地方では、杏、無花果、扁桃、葡萄、Agrumen, Pfirsiche、桑など何れもこの木の蔭に作られ、又所によつてはオリーヴ、林檎、なども仝様にして栽培され、又南へ下れば、小麥、黍、豆類、玉蜀黍、大麥などが作られているのである。そしてこのことは遊牧民族に於ても仝様であつて例へばベドウィン族は、六ヶ月間は棗椰子で生活し、殘り六ヶ月間はラクダ乳と蜂蜜で生活すると云はれている。(註33)

椰子は砂漠住民にとつてかくも貴重である上に生育が晩《おそ》く、栽培の困難なものであつたから、戰に於て敵の棗椰子を切り倒すことは最も殘酷な攻撃であつたのである。(註34)

以上のごとくして一一世紀以來、廣くサハラの全域にひろがつた棗椰子はオアシス生活の中心となつたのであるが、これは又、農耕 Neger と遊牧民とを結合する媒介ともなつていた。即ち、棗椰子の收穫時は自らにして部族の集合を結果し、この時、重要事項が裁定され、訪問が行はれると云う部族的な祭日が執行されると共に市場が開催せられて遊牧民との間に農産物・工業産物と牧畜産物との交換が行はれるやうになつたのである。(註35) 然もこの時は遊牧民族から攻撃される機會も多く、むしろ農耕民の方から進んで同盟を結ぶこととなり、農耕・遊牧と云う二つの形態が契約によつて結合することとなるのである。(註36) 例へば古くは Herodotus の傳へる Nasamonen の遊牧部族が夏には Audjila Oase へ行つて椰子を收穫すると云うこと、(註37) Rohlfs に由れば Tiaikelt Oase では秋に Tuareg 族が近くの地方からやつて來て棗椰子と羚羊《かもしか》やアンチロープの肉と交換してゆくこと、(註38) アルジェリアの Uëläd Zeyan 族は冬の間だけ Oase にて生活し、夏は家畜をつれて山地へ登つてゆくこと、(註39) など多くの例を擧げることが出來る。即ち一つの give and take の關係であり、保護と被保護の關係であつて、かう云つたところから例へば Tuareg 族のカスト、貴族・從士・隷属者と云つたものの生まれる余地があつたのであらうが、(註40) 然しこの体制も Oasis を中心とした自らなる制約があつて大きな体制を形成するには至らなかつた。

以上、棗椰子が生活の中軸を占めるやうになつてからのサハラの性格は、農民と遊牧民との結合によつて自足的な、Palmenkultur と云う個性を持つに至つたと云へるであらう。

iv 隊商路

ところがかう云つた風に棗椰子を中心として新しいサハラの性格が形成せられつゝあつた時にも、これを横断してスーダンと結びつかうとする大きな要求がなかつたわけではない。

例へば一一七〇年頃の著述家 Rabbi Benjamin von Tudela (註41) によれば、彼は砂漠横断旅行の危険を述べたのち、かゝる危険を免れたものが携へてくるものは何かと云うに、それは、鉄、銅、各種の果實、莢果《きょうか》、塩及び金、高價なる眞珠である、と云つている。彼の旅行路の出發点は Al Uah であり、東西の横断路を今日の Rhat に至るものであるから持ち歸るものも一方はスーダン、一方はトリポリ地方のものが混じていると思はれるのであるが、何れにせよかゝる大規模な交易が古代から中世を通じて中断せられなかつたことを知るのである。そして、P. Borchardt に由れば、Dachle—Kufara—Sawila—Sebcha Amadghor, Dachle—Uwenat—Waujanga—Borku—Kanem, Massana—Berber—Dongola—Kufara—Sella—Tripolis, Rhat—Ghadames—Tunis, Rhat—Kano, Rhat—Gao Gao 等の幹線は確かに B. C. 六世紀頃にまで遡るものであると云う。[註42] 即ち、このことも亦《また》、ラクダの廣般なる分布とその歩みを更に擴大しつゝ發達してきたものの如くである。

(4) サハラの性格

既に明らかとなつた如く、サハラの性格は一一世紀を境として一変している。一一世紀以前のサハラは Neger がずつと北方にまで進出して Hackbau を行ひつつ穀物を栽培する、云はゞ地中海岸に存在する商港の後背地とも稱すべきところであり、地中海文化圏に属すべきものであつた。ところが一一世紀以後のサハラは棗椰子《なつめやし》とラクダとを中心として一つの地理的な個性となつたと云うことが出來る。そしてこのサハラの個性は即ち〝棗椰子文化〟の個性とも稱し得るべきものであつて T. Fischer[註43] によれば、それはオアシス住民を互に結びつけて、共同の活動を引きおこさしめず、又、住民に完全な定住生活をも許さず常に半定住の状態に置き、仝《同》一の生活様式、仝一の慣習、仝一の考方、仝一の欲求の狀態に止めているのである。それ故サハラの全地域にひろまつているものは仝様な文化狀態、仝様な生活様式であり、これが種族の相違をも覆つているのである。そしてこの物質的、精神的文化の仝一段階への固定と云うことは神信仰の仝一と云うことをもひきおこしているのであつて、何れも棗椰子を中心として展開している生活様式、及びかゝる生活様式を許容している地帯の特質に由來するものに外ならないのである。

そして更に云えばかくの如く簡易單純な生活様式をもつた小群が、オアシス毎に分散居住していると云うサハラの文化創造的ならぬ、negative な性格が逆にかへつてそれを通ずる交通路を保持せしめているのであつて、この故にこそ地中海岸に發する刺戟が内部に吸收せられることなくそのまゝの形でスーダンの地方に對する刺戟として現れているのである。

〔未完――提出期限にまにあわなかった〕

註

(1) Ratzel: Politische Geographie.

(2) Platon の対話篇，Timaeos 中に現るゝ島，その範圍については，Dombart, T.: Die Größenausdehnung von Atlantis, Peterm. Mitt. 1927. S. 143.

この問題については，Hennig, Leo Frobenius, Stuhlmann, Borchardt, Hermann, Schulten 等により論ぜられている。

(3) Meer der Atalanten 即ち Tritonsee の出口に Poseidon の島があり，その上にたてられた城。

(4) Borchardt, Hermann 説によれば Gabe 灣内の入江，Schottel Djerid の中に在りし小島，Hennig, Schulten によれば南スペイン。両説は一つにはヘラクレスの柱の位置を異なつて考へているところより相異が生じている。又地理學的立場と文献學的立場の相異でもある。

(5) Borchardt, P.: Versuch einer Erklärung von P. B., Peterm. Mitt. 1927. S. 31～32.

(6) Schuchhardt: Alteuropa, Berlin 1919(Borchardt, a. a. O., S. 23. より)

(7) Borchardt: a. a. O., S. 23.

(8) Borchardt: a. a. O., S. 24, Eumeros＝Gadairos, Gadir(セム語)―Gader(ヘブライ語)―agadir(カルタゴ語)＝Mauer Plinius, Hist. nat. Ⅳ. 36によれば Gadir＝zaun, Gehege.

(9) Borchardt: Erwiderung, P. M. 1927. S. 150.

(10) Küsters, M.: Libysche Wortstämme in "atlantischer" Namen, Peterm. Mitt. 1927. S. 284.

(11)

(12) Herrmann, A.: Atlantis u. Tartessos, Peterm. Mitt. 1927. S. 145.

(13) Ibn Khaldoun: Histoire des Berbères, Algier 1862, I, p. 121.
Borchardt: Atlantisfrage, P. M. 1927, S. 27. より。

(14) P. Borchardt: Erwiderung, P. M. 1927. S. 150.

(15) Leo Frobenius: Kulturgeschichte Afrikas S. 103～104.

(16) Borchardt: Atlantisfrage P. M. 1927. S. 32.

(17) Borchardt: Ins Atlantisfrage, Nordafrika und die Metallreichtümer von Atlantis, P. M. 1927. S. 280ff.
Schulten, A.: Tartessos u. Atlantis, P. M. 1927. S. 284.
P. Borchardt の試みは methodische Fehler, die ganze Dichtung für Wahrheit zu nehmen より發しているとしている。

(18) Herodotos 既出。

(19) Borchardt: Erwiderung, P. M. 1927. S. 150.

(20) Frobenius: a. a. O., S. 92ff.

(21) Borchardt: Nordafrika u. die natürlichen Reichtümer von Atlantis, P. M. 1927. s. 326ff.

(22) Borchardt: a. a. O., S. 327.

(23) Fischer, T.: Die Dattelpalme, Peterm. Mitt. Erg. H. 64. 1881. S. 11.

(24) Fischer: a. a. O., S. 13.

(25) Rohlfs: Quer durch A., Peterm. Mitt. 1880. S. 447.

(26) Zeitschrift d. Gesell-für Erdk. 1880, S. 145.

(27) Fischer: a. a. O., S. 16.

(28) Fischer: a. a. O., S. 18.

(29) Keltie, J. S.: The Partition of Africa, London, 1895. p. 26. & p. 28.

(30) Brunhes, J.: Human Geography, 1920. p. 449.

(31) Fischer: a. a. O., S. 28.

(32) Fischer: a. a. O., S. 27.

(33) Fischer: a. a. O., S. 28.

(34) Ritter: Erdkunde XIII, S. 203 に由れば Beduinen は Dattelpalm を神によつて栽培されたものとしている。
メソポタミアにおけるツトメスIII、トラヤヌス、ユリウスの如き、Fischer, a. a. O., S. 20. 棗椰子の繁殖には果實を植えるものと挿木と二法ある。前者によれば實をとるまでに一二〜一五年、後者によれば一〇〜一五年、棗椰子は三〇年で最もよくみのり八〇〜九〇年でやゝおとろへ二〇〇年位生きつゞける。

(35) Fischer: a. a. O., S. 84.

(36) Ritter: Erdkunde XIII, S. 797.

(37) Herodot: IV. 172, 182.

(38) Rohlfs: Peterm. Mitt. 1866, S. 12.

(39) Fischer: a. a. O., S. 84.

(40) Handbuch der Geographischen Wissenschaften.

(41) Rabbi Benjamin von Tudela については M. N. Adler: The Itinerary of B. of Tudele, London 1907.
Borchardt, P.: Die großen O-W. Karawanenstraßen durch die Libysche Wüste, Peterm. Mitt. 1924. S. 219. 所収の1節より。

(42) Borchardt: a. a. O., S. 223.

(43) Fischer: a. a. O., S. 84.

第III部

TINBUKTU

沙漠と草原との結び目

沙漠と草原との結び目――ミモザの花咲く

1

TIMBUKTU は、伝説に織りなされた「沙漠の女王」、「アフリカのアテネ」、また「政治上のカメレオン」と言われている(註1)。

何故であろうか。

2

この町は十一世紀の終り頃、トゥアレグ族によって建設せられたもので(註2)、始めは家並もまばらな、貧しく見すぼらしい町であったが、次の世紀に入ってから次第に成長し、やがて、都市としての面影を示すに至っている。もっとも、一一五四年に出版せられた Edrisi の地図には、未だその名称が載っていないが(註3)、しかし、一三五三年には Ibn Batuta がここを訪れて住民の高い教養を讃えており、一三七三年に出版せられた Catalen の地図には既にその姿を留めている。そしてこの頃から TIMBUKTU の歴史はやや明瞭になると共に、周辺諸民族による掠奪と支配、繁栄と衰退との目まぐるしい交代が、われわれの眼の前に示されてくる。この町の最盛期は一四六九年に

Sonrhay国の王Sonni Aliの支配下に入ってよりのことで、さらにその後継者AskiaがMelle国を亡ぼしてより暫くの間はこの国の最も華やかな時期で、したがってまた、この町の最も繁栄した時代であった。スーダンにおけるイスラム文化の中心地として大学や図書館が建てられ、中でもAhmed Babaの如きすぐれた学者を生んでいる。ところが一五六〇年になると、沙漠をこえて北方からモロッコ人の攻撃を受け、終いには全く打ち破られてその支配に服し、以後、彼らの子孫であるRuma族は城門と交通路とを支配することによって近代に至るまでここに勢力を振ったのである。政治的にはこれ以後もしばしば、フルベ族、マンディンゴ族、トゥアレグ族等による争奪がつづくが、経済的にその実権は十八世紀の終りまでモロッコ人の手に握られていたようである。しかもこの間にも近隣諸部族との争乱は絶えず、ついにかかる状態のままで一八九四年にフランス軍によって占領せられることになったのである。(註4)

古来、かくの如くに幾度かその支配者を変え、幾度か荒廃の運命に逢わなければならなかったTIMBUKTUの町は、海抜二四五メートルの台地の上、ニジェル川が沙漠の縁に触れてその方向を転ずるところ、この川の氾濫原の北縁に位置している。その政治的状態に従って、都市の大きさもまたその市街の中心も変化しているが、一八五三年には平屋根やテラスを持った粘土作りの家が九八〇戸、その外に天幕小舎が数百戸あって、七つの区画と三つの回教寺院とを持っていた。(註5)道路は極めて狭く、二人の騎馬者がやっと並んで通り得る位。住民の数も浮動しているが平均して一万人に満たず、しかも今日は在りし日の繁栄を偲ぶよすがもないのである。

3

かつて、ブラーシュは「沙漠の縁辺にもまた列をなして都市が並んでいる。サハラの両側の岸辺にもそれぞれの港がある。隊商は、苦しい沙漠横断の試練の後、そこに休息と安全を見出す。護送者と駱駝とが募集補充され、四方への取引の中心となり、人々が相会しそしてニュースが取交される場所である隊商合宿地を見出すのである」と言い、また「相互の地域間の様々な運動の結果として異種の生活様式の接触する線に沿うて人口濃密の部分がつくられ、やがて都市が発生する」と言っている。(註6) そしてかかる都市の例として、サハラの南側においては、Khartum, Kuka, Agades, Kano, Sokoto, Zinder, Timbuktu の名を挙げているが、まことにその通りであろう。しかし、これらの都市の性格は唯それだけであろうか。二つの地域、すなわちここでは沙漠と草原との様々な接触とは一体どのようなものであろうか。以下しばらくそれについて考えてみたいと思う。

まず、ブラーシュは、これら沙漠周辺の都市を、商取引の行われるところ、隊商の休息所と規定しているが、事実はどのようなものであろうか。今、試みに同じく沙漠周辺の都市として数えられているソコトとカノについて考えてみるならば、ソコトは純然たる遊牧民であるフルベ族によって建設せられた。彼らの「聖なる都」であり、その名は「休息の場所」という意味であるが、一方、カノは、生れながらの商業民であるハウサ族の建設したスーダン有数の商業都市であって、殊に一～四月には各地から六万人余の異国人が集まって商業を営むという典型的な交易場所なのである。(註7) すなわち、一般に都市には二つの類型があって、スーダンでいえば、「聖なるソコト」、「商業の都カノ」であり、ニジェリアでいえば、「聖なる都イロリン」、「商業の都イバダン」という、聖と俗、(註8)憩いの場所と交易の場所との間の対立がそこに露わになっているのである。そしてここには深く本質的な相異が考えられるのであるが、(註9)これについては暫く措き、今は沙漠周辺の都市、なかんずくTIMBUKTUがそのいずれに属するかを明らかにしなければならない。

既にその歴史に明らかな如く、この町は最も早くトゥアレグ族によって建てられたものであるが、間もなくその南方の町Djenneの商人がここへ代理人を送り交易を行うことによって繁栄を見るに至ったものであり、(註10)その後もモロッコの商人たちと密接な関係にあったし、またその住民の状態をみるも、季節によって五千〜二万人の間を浮動しており、構成についても、(1)モロッコ系アラブ人、(2)Sonrhay 国からの多数の商業移住民、(3)西スーダンの諸民族、(4)Wed Nun から来たユダヤ人等、極めて複雑で、使用せられている言語の種類も多く、殊にユダヤ人はこの都市内における居住・商業権を買い入れて移住してきたものである。(註11) かつて、この町の環境は全くの荒地の中に位置し、町の名称も Sonrhay 語では洞穴を意味しているというが、(註12) おそらくはその洞穴における神秘的祭儀を中心として部族の集合する、元来は人里離れたところであったのではなかろうか。(註13) この町はまた、往々、自身の飲料水にも薪にも欠乏し、主食物さえもこれを南部の都市 Djenne, Sansandig からの供給に依存している位であって、決して始めから休養の場所などになり得るところではなかった。すなわち、これらの事情を考え合せるとき自ら明らかである如く、この町は純然なる商業都市でなければならず、その限りにおいてブラーシュの表現のあてはまるところと言わなければならない。

今や、TIMBUKTU は商業都市、沙漠と草原との境にある交易場所として規定せられるのである。

4

古くヘロドトスは、アフリカ内陸においてカルタゴ人と原住民との間に行われている「塩」と「金」との交易について述べているが、(註14) 今日、その場所は恐らくニジェル川流域の或る地点であったろうと推測せられている。そして更に中世においても、例えば Rabbi Benjamin の記述によれば、当時、サハラを横断する隊商路は依然として活発に利用せられ、隊商が沙漠旅行の危険を冒してスーダン地方から持ち帰って来るものは「金」であり、その際、携えてゆくものは、鉄、銅、種々の果実、なかんずく「塩」であったと伝えている。(註15) しかも、近年サハラの隊商路を精密に調査したP. Borchardtによれば、これら何条かの横断路は、今日より二千五百年位前から確実に(mit Sicherheit)使用せられていたということであって、[註16]われわれはここに二つの地域の交渉が遥かにしてまた根深いものであることを知るのである。

したがって、われわれは以下、「塩」と「金」とについて考えてみたい。まず、「塩」は最も古くこの町の北西に当たるIdshilから運ばれ、年々二万匹の駱駝が各二〇〇キログラムの塩塊を持って来たのであるが、十一世紀からは七〇マイル北方のTeghâsaから運ばれ、更に十六世紀以後は専らTaudeniの塩が輸入せられている。これらの塩はここでカヌーに積み換えられて南方のDjenneあるいは広く全スーダンに分配せられるのであり、[註17]これについても多くの問題があるが、今は暫くこれに触れることなく次の「金」の問題に移りたい。「金」は西スーダンにおいては、上セネガルとAschante地方に産し、そのうちTIMBUKTUへ運ばれて来るものは主として、Bambuk, Bure, Bondu, Lobiの諸地域産のものである。これらの金産地において、原住民は直径一メートル位の竪穴を深く掘り下げ、男がその中で椰子油のランプをともしながら採掘し、女子供は外に居て掘り出された砂を洗いわけ砂金を拾い出すという原始的な方法をとっている。[註18]しかし、かくの如くにして採集せられた金も、それが交易の対象として運ばれ得るまでには、実は必ずしも容易ならぬ幾つかの過程を経、条件を充たさなければならないのである。ということは、これらの産金地もまた、元来、未開の地域であり、そこはレヴィ・ブリュールのいわゆる、Loi de participationの支配するところ、[註19]社会的連帯感情の強度に瀰漫《びまん》した地域であるからであって、したがってここに価値以前の世界から価値の世界への分離が実行せられなければならない。そして例えば、かつてBure地方にあっては、掘り出された最大の砂金は「本来王のもの」であり、時に有力者の死に際してはこれとともに金を埋葬したということ、また、石英脈の中から掘り出される形の異様な金塊は呪術的な力を有するもの(Fetischgold)と考えられていたのであって、[註20]ここにおいてはまず燦然《さんぜん》たる黄金が王あるいは有力者の人格と結合しないしは何らかの呪力と不可分

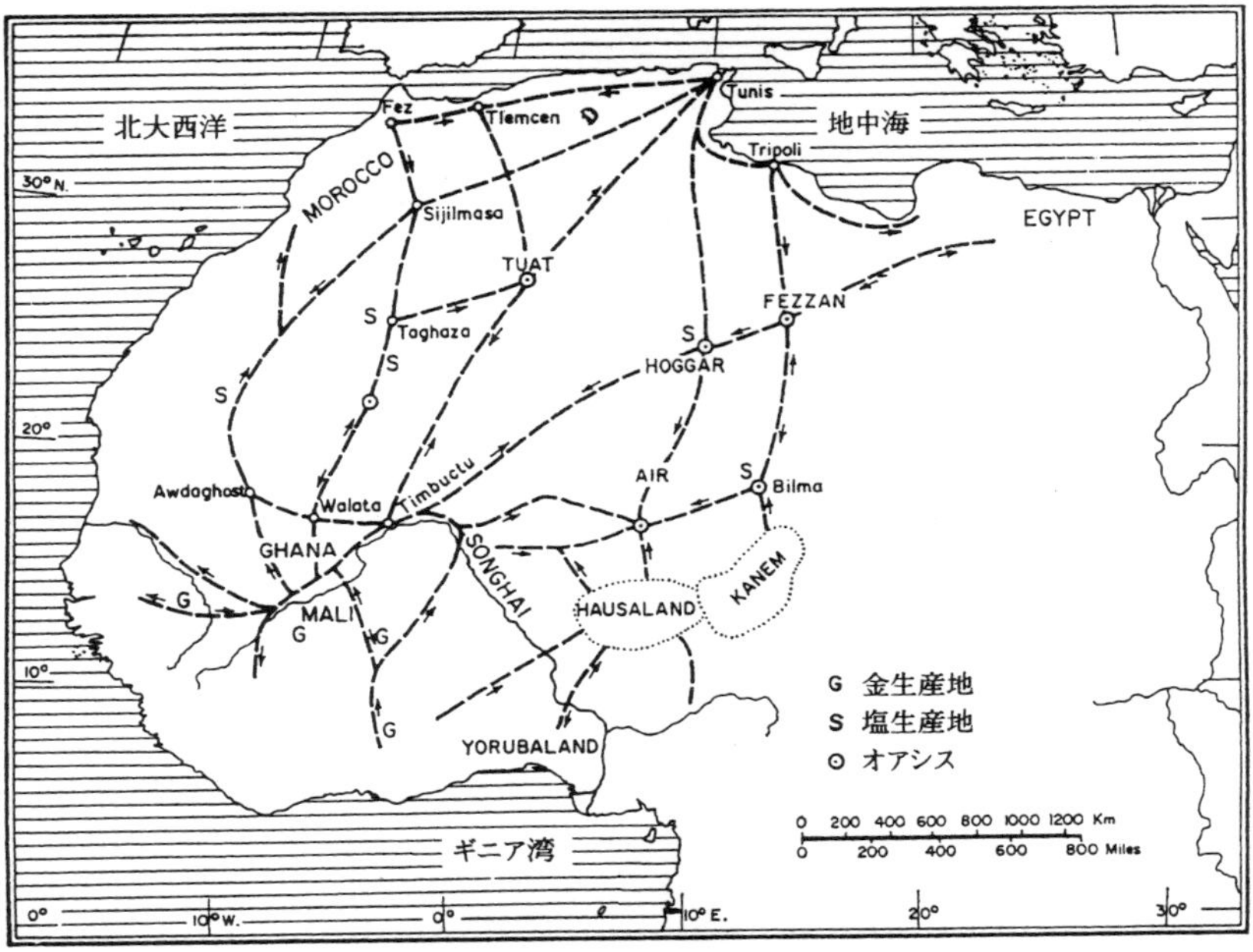

サハラ沙漠周縁の都市とサハラ縦断交易路

(R. Truelove, 1975 A History of West Africa, AD 1000–1965, Nairobi: East African Publishing House)

(著者初出論文の図「サハラ沙漠周縁の都市」と差し替えたことをお断りする.)

であるという、Thurnwald のいわゆる量(Hof)[註21]に包まれていたと言い得るであろう。ところがかように金を附加せられていた集団的な凝集力の関連が、徐々に分解して、やがて金が家族あるいは個人所有の対象となるまでに変容し、そこに彼の言う「持ち運べ得る価値のシンボル」(gangbares Wertsymbol)が成立することになったのであって、[註22]しかもこの事情の背後には、やはり、各々の価値を支えている社会そのものの変化が考えられなくてはならないであろう。まことに、かくの如き「持ち運び得る価値」が成立するためにはそれに応ずる社会の体制が準備せられていなければならない。そしてBure 地方が政治的には既に早くより一種の共和政治を行い、四家族によって公正な支配が行われていたということの意味が、ここに反省せられるとともに、一方、この「金」を北方へ輸送するマンディンゴ族の一支族 Diula にあっても、彼らの同族になおも深く滲み込んでいる tenné と称するトーテミズム的な社会結合の束縛から既に早く脱却していると同時に、首長の専制的支配力からも離脱しているということが大きな意味を持ってくるのである。(註23) すなわち、ここにおいて、価値の分化と社会体制の分化とが互に平行に進行しているということをみるのであり、「金」はかくの如き二重の手続を経てようやく交易の対象となってゆく。

われわれは次に如何にしてこれらの金が沙漠の縁辺にまで運ばれてゆくかをみなければならないのであるが、その問題は後に譲って、交易のもう一つの条件である「時期」の問題を考えてみたい。一体、TIMBUKTU の近傍は、春には家畜を斃す有毒な蠅が多く隊商は極度にこれを恐れているし、また、二、三カ月滞在する商人たちの食料、あるいは二次的な交換品目として南方からカヌーで運ばれてくる米、コーラ実、植物性脂肪、小麦、香料なども出来るだけニジェル川の増水期を利用しようとする。ところでこの町における水位は十一月—一月が最も高く、五月—六月のそれよりも五メートル余り増水する。(註24) したがってカヌーはこの時期を利用し、沙漠のカラワンもこれにつれて十一月に最も多く集まって来る。すなわち交易の時期は互に予め既知のものであり、自らにして約束済のものであるといわなければならないであろう。そしてここに、交易価値としての「金」の成立と、社会体制の変化と、交易時期の決定という三つの条件を満しつつ、双方の商人の無言の契約によって、二つの地域、沙漠と草原とが更に強く持続的な関係に入ることになると言い得るのである。

私はここに Binger によって試みられた西スーダンにおける商人の分類を思い起す。(註25) すなわち、彼によればこの地方の商人には、(1)平常は農業を営んでいるが必要に応じて女や奴隷を手に入れるために商業を行う一時的商人、(2)一般に鍛冶屋か煉瓦工ないし木具製作者などであって、彼らが自分の製品を持参して、小量の塩やコーラ実と交換するいわば小商人で、住地から余り遠くまで出掛けることのないもの、(3)Mande-Diula 族や Haussa 族の商人であって長期間継続的な商業旅行を企て、大小の地方首長と取引し、武器、弾薬その他の商品と戦の捕虜または奴隷とを交換する大商人で、彼らは首長の支払を契約によって一年以上も猶予し、あるいは家族連れでスーダンを移動し、あるいは自身は大商業地に定住し息子や奴隷等をして行商せしめる、スーダン内部の遠距離商人とも称すべきものがある。そしてわれわれは今、この分類の中にスーダンにおける商人の発生を読みとろうとするのである。

しかもまずここに注意したいことは、例えば Lowie が言うように家畜というものが富の形成に対して最も顕著な作用をなし、(註26) fee は語源的には Vieh であり、ラテン語 Pecunia(貨幣)も同じく Pecus(家畜)に由来するというような、また Thurnwald が言う如く、最も早く発生した価値は家畜であり、原初的な意味での資本ということも家畜において成立したというような、(註27) つまり牧畜社会と農耕社会との接触の中に価値ないしは商業の生成を考えるという立場をとらずとも、さらにもう一つ別の商人成立の系譜が考えられるということである。換言すれば、狩猟あるいは農耕社会自体の内部において、生活の特殊化、分業の専業化の結果として発生する商人が存在するということ、なかんずくこの地方で行われている耨《どう》耕農業(Hackbau)においては、女子労働の占むる割合が大であり、したがって男子には他の業に就くべき閑暇が多いということが考えられなければならない。(註28) そして事実、西スーダンにおいては Goldenweiser が指摘している如く、荷運び人という分業が発達し、道路と市場とをその統制下に置く高い組織が生まれているのである。(註29) また、われわれはニジェリア地方において、狩人・鍛冶屋・壺作り等の職人が商人に転化しやすいという事実をも多数見ているのである。したがって、今、この如き見地から再び Binger の分類を見るならば、その中に極めて自然発生的な、しかも遊牧社会の要素を交えざる幾種類かの商人を認め得るのである。

かくの如く、「塩」と「金」とをめぐって発生した商人と商業秩序の網目とは、今や、西スーダンを覆う体制となっている。かつて、Ibn Khaldun は、人間生活の様式は遊牧と農業と都市生活とに尽きるといったのであるが、この最後のもの、すなわち、商人としての生活がここに考察してきた TIMBUKTU を中心とする諸部族の生活であり、また西スーダンの全面を覆っている商業網の基礎である。

5

ここに至ってわれわれはさきに保留しておいた問題に立ち返りたいと思う。すなわち、第一にはDiula族によって運搬せられる「金」がそのままでは決してサハラ沙漠の内部にまで入ってゆくことはないということ、換言すればスーダンにおける土着商人の活動する「距離」には一定の範囲があるということである。そしてこのことは第二の問題、すなわち、例えばBure地方で採集せられた金はDiula商人に買い取られ、駝鳥の羽に包まれて、「gris-gris」、すなわち、「護符」として北方へ運ばれてゆくということと相い関連して考えられなければならない。というのは、ここでは「距離」も「形」も共に単なる抽象ではなくて、西スーダンにおいて営まれている社会生活の奥底から分化してきたものに外ならなかったからである。護符という「形」、距離という「形」を支持しているものは西スーダンの社会である。しかもMeyerがいうようにこの地帯には交通を妨げるような山も川も大森林もなく、生活の経済的基礎が豊かであり、イスラムの侵入によって、文化的に向上していること、あるいはLeo Waibelがいうように(註30)、草原地帯においては特に草焼きの後に道路が良好となり、民族の交渉を助長しているが故に、Diula商人による「金」の運搬は草原内をひろく拡大して行われているのである。しかもここにF. Ratzelが、草原地帯においては至るところ生活条件が同等であり、土地の際限ない広さが移動生活への刺戟を与えているから、もろもろの民族はその体制を確立すること以外に安定に至る途はない、といっている(註31)ことを思いおこすのであるが、その安定に至る(zur Ruhe kommen)体制というものは、先の地方的な個々の社会をも包む、いわば地域の体制ではなかろうか。それはまず第一には、沙漠と草原という二つの地帯の大きな性格の相異として現れ、第二には例えばTIMBUKTU

を結び目とする両者の結合として現れているものであって、かくの如き大きな体制の結合を考えることによってのみ、「金」と「塩」、「馬あるいはカヌー」と「駱駝」との変換が凝滞なく行われるのではなかろうか。しかも、それにしても、護符として運ばれてきた金は北方の塩と交換せられる前に、一度 Ghanata 国の古都 Walata へ集められ、ここで板状あるいは輪状に鋳直され、ここに新たなる「形」をとり各々一ミトカルの重さに規正せられるということ。(註32)一方、これに対する「塩」もまた、長さ一メートル、重さ二七キログラムの板状の「形」として交換せられるのであり、しかもなお、この交換が古くは沈黙貿易の形で、TIMBUKTU の閉ざされた城門外で行われていたことを思うとき、「形」の持つ意味はいよいよ重要なものとなる。つまり互に異なった「形」を支持している二つの体制が、TIMBUKTU を介して結びついているのである。元来、自然の輪廻と歴史の沈澱とを貫いて生々たる造形力を示している地域の体制は、どこまでも独自なものであるとともに、また常に「隣」を持ち、相互の刺戟と反応とを媒介として成立し変貌してゆくものではなかろうか。(註33)

6

TIMBUKTU はかくの如き地域的な生命の焦点であり、草原と沙漠との間の一つの結び目である。涯しない沙丘と灰色の草原との只中に位置した低い丘であるが、なお、そこここに棗椰子の茂みをもち、時にはミモザの花の咲く、それは「沙漠の女王」であり、また「スーダンの花」であろう。

註

(1) P. C. Meyer; *Erforschungsgeschichte und Staatenbildungen des Westsudan*, Peterm. Mitt. Erg. H. Nr. 121 S. 70. Ahmad

Babaの時代にはここに一六〇〇冊の手写本を蔵する図書館があった。

(2) *Encyclopedia Britannica,* 11th Edit. もっともここの「附近」には極めて古くから集落があった。

(3) F. S. Keltie; *The Partition of Africa,* London, 1895, p. 26.

(4) 以上Meyerより。

(5) Meyer; a. a. O. S. 72.

(6) 飯塚浩二訳、ブラーシュ『人文地理学原理』岩波書店、一九四〇。

(7) Meyer; a. a. O. S. 72.

(8) Paul Dittel; *Die Besiedlung Südnigeriens,* Leipzig, 1936. S. 110.

(9) P. Borchardt; *Platos Insel Atlantis,* Peterm. Mitt. 1927参照。この相違はまず遊牧民と商業民との都市形成様式の相違として考えられる。

(10) *Encyclopedia Britannica,* 11th Edit.

(11) Meyer; a. a. O. S.

(12) *Encyclopedia Britannica,* 11th Edit. の註。

(13) Leo Frobenius; *Kulturgeschichte Afrikas,* 1933. S. 73. サハラの諸部族が入社式を行う場所も洞穴のあるところが多い。

(14) 青木巌訳、ヘロドトス『歴史』生活社、一九四〇—一九四一。

(15) P. Borchardt; *Die großen o-w-Karawanenstrassen,* Peterm. Mitt., 1924, S. 219より引用。

(16) P. Borchardt; a. a. O. S. 223.

(17) Meyer; a. a. O. S. 73.

(18) *The National Geographic Magazine,* June, 1935.

(19) 山田吉彦訳、レヴィ・ブリュール『未開社会の思惟』小山書店、一九三五。

(20) Meyer; a. a. O. S. 93. 蛇、象、ワニ、河馬などの呪術的象徴を中心とした社会結合の組織をここではtennéという。

(21) Thurnwald; *Lehrbuch der Völkerkunde,* 1939. S. 51.

(22) Thurnwald; a. a. O. S. 328.

(23) Meyer; a. a. O. S. 78.

(24) *Géographie Universelle,* Tome XI Afrique, p. 465.

(25) Meyer; a. a. O. S. 90.

(26) R. H. Rowie; *Primitive Society,* London, 1921. p. 224.

(27) Thurnwald; a. a. O. S. 331.

(28) Ed. Hahn; *Das Alter der wirtschaftlichen Kultur der Menschheit*, 1905, S. 30.

(29) A. Goldenweiser; *Anthropology*, London, 1937, p. 137.

(30) Leo Waibel; *Der Mensch im Wald und Grasland in Kamerun*, Geogr. Zeitschrift, 1914.

(31) F. Ratzel; *Anthropogeographie*, Stuttgart, 1909, S. 286.

(32) 上掲 Goldenweiser(p. 174)の指示を更に解釈して「形」あるいは「紋様」更にはその「複合形」を媒介とする社会と環境との結合は注意せられなくてはならない。

(33) この問題は別に考えなくてはならないが、まず Hassinger; *Geographische Grundlagen der Geschichte*, 1931, S. 3. に言っている如く景観が歴史的形成的に作用する。あるいは歴史の進行に構成的に組み入っていることと考えられる。しかし更に正確には古典的であるが、C. Ritter; *Einleitung zur all. vergleichenden Geographie*, 1852. において解せられる如くに地域の個性(個性の論理を体制と考えて)が、自然的とも歴史的ともいわれるべき背景から隆起したものと考えなくてはならぬ、そしてその作用が形成的、積分的なものなのである。

附記　右の小文はコンゴ盆地より地中海に至る西アフリカの地域的秩序に関するものの一断片である。

（本稿の初出は、『立命館文学』第七三、七四号、一九四九年）

注——本稿収載にあたり、原文を新字新かな遣いに改めました。

第Ⅳ部

パ・タン村

北部ラオスにおける村落社会の構造

第*1*章

村落社会の背景

1 村落の周辺

最初の問題はラオ族、ことに北部ラオスにおける彼らの生活は、一体どのような生活の場でいとなまれているかということと、ラオ族の生活ドラマの舞台装置を概観することとである。ラオ族の生活空間である河谷平野の面積、集落のサイズ、家と間取りの型などが、時として予想以上に彼らの社会と生活の上に影響を及ぼしているからである。もちろん、いまここで新しい環境決定論、環境の諸側面と文化の諸相とのあいだの対応関係について分析する用意はないが、先ず視覚的に村落生活、村落社会の背景をさぐってみることにしよう。

北部ラオスの要衝ヴァンヴィアンからナム・ソン Nam Song（ソン川）の河谷を遡ること約一七km、ナム・ソンの本流を渡るとそこにパ・タン村がある。パ・タン村の名称は、村の南端ナム・ソンとナム・パ・モーム Nam Pha Mome（パ・モーム川）との合流点に屹立するパ・タンと称する岩峰の名に由来する。ラオ語でパ pha は巨石、岩峰を意味し、タン tang は据える、坐わるの意であるからパ・タンは〈据えられた石〉ということであろうか。この石灰岩質の岩峰に裂け目があり、そこに黄金の仏像が祀られているといい、また、この峰の頂に小祠が建てられているともいう。しかし、双眼鏡で見た限りでは、それらしい仏像も小祠も識別することはできなかった。

村はその東西両側を二条の山脈により限られている。すなわち、東側には南からプー・ポン Phou Phong（プーは

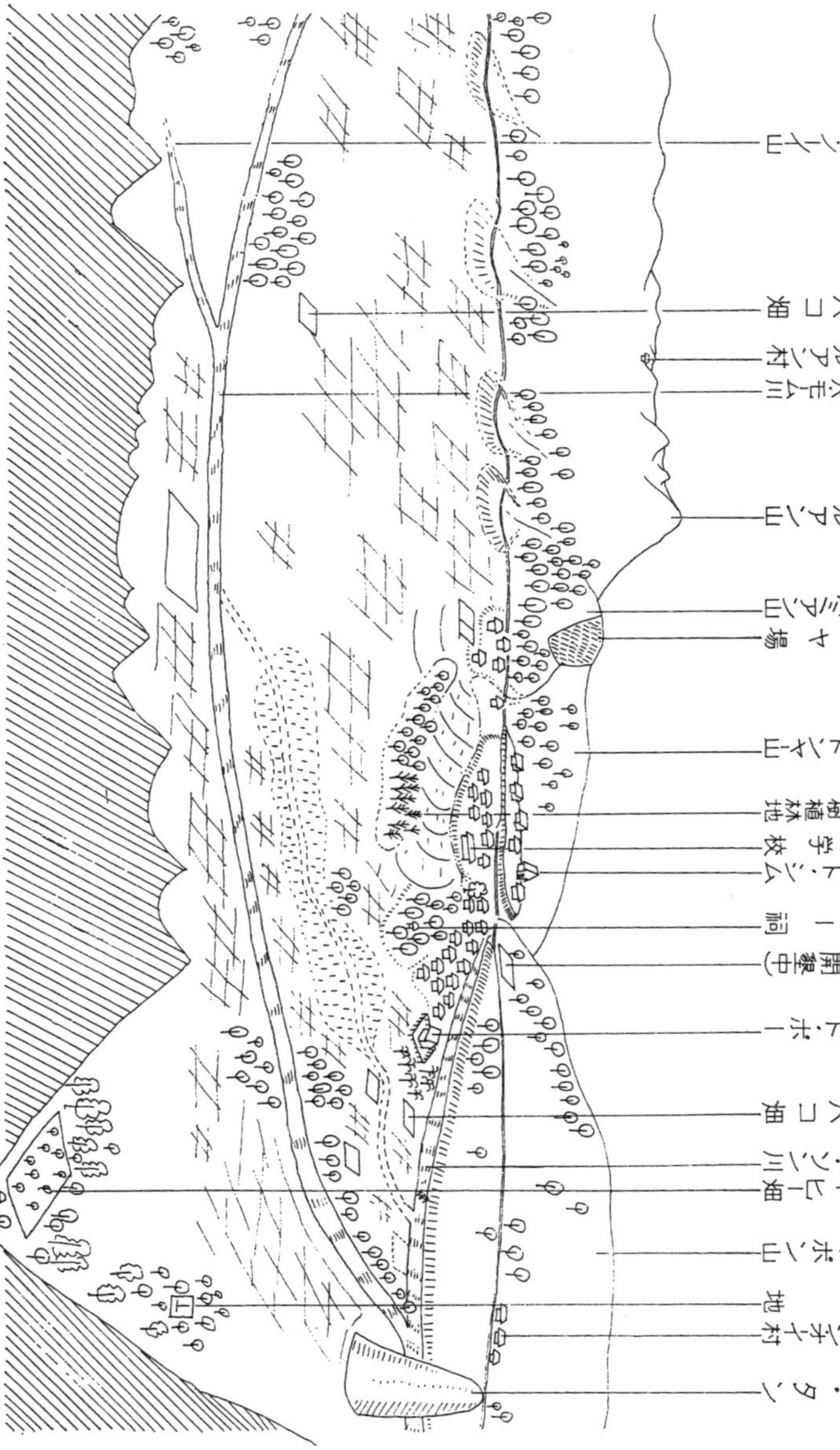

第3図　パ・タン村の鳥瞰（西部山地より東方を望む）

ラオ語で山の意)、プー・トンヤー Phou Tonja、パ・ルアン Pha Louang の峰々がつらなる。プー・ポン、プー・トンヤーは森林をまとった低くなだらかな山(前者は海抜七五〇m)であるが、パ・ルアンは高く鋭く、海抜一〇〇〇mぐらいまでは森林地帯となっているが、それから上は草地か裸地で、所々、石灰岩の岩肌が青灰色にきり立っている(最高点で一八三七m、平均一五〇〇mぐらいの峰がつらなっている)。この山の頂にヤオ族の村パ・ルアン Ban Pha Louang があり、海抜一〇〇〇m以上の急峻な山肌に彼らの焼畑の痕跡がのぞまれる。もちろん、ヤオ族の村そのものは鋭い岩峰の間にかくれて平地からは見えない。村の西側には南から、パ・サン Pha Xang、パ・ヴィー Pha Wie、パ・ナム・ピン Pha Nam Ping の峰々がつらなる。何れも鋭く鋸歯状の尖峰をもつ石灰岩山脈で、海抜高度はそれぞれ一〇〇〇m、一五〇〇m程度である。前述の岩峰パ・タンは、パ・ヴィーの一部が河流の侵蝕によって主脈から切り離され、孤立するに至ったものである。これらの山々は何れもふかぶかと森林をまとっているが、山頂、山腹の所々に石灰岩の露頭が見られる。パ・ナム・ピンの峰のうちにもヤオ族の村があり、時に彼らによる焼畑の煙を見ることがある。一、二月頃、朝日はプー・ポンの峰から昇り、夕日はパ・ナム・ピンの鋭い峰々の間に沈んだ。

二つの山脈とその間にひろがる細長い河谷平野、これがパ・タン村の生活空間である。この河谷平野の東からナム・ソンが南流し、北からナム・パ・モームが西の山裾に沿って流下し、パ・タン附近でナム・ソンと合流する。ナム・ソンはプー・ポン、プー・トンヤーの間に横谷をうがち、乾季にもかなりの水量をもっている。川幅約一五~六m、しかし、瀬をぬって斜に徒渉することができる。水はつめたく、透明である。ナム・パー・モームはデン・ディン峠 Deng Ding 附近に源を発する渓川であるが、パ・タン村附近では幅約六~七mの浅い渓流となっている。川沿いの所々に森林が残り、或いは荒地となっており、ナム・ソンとの合流点附近には川柳が疎生している。この川は雨季にはかなり氾濫するらしく、乾季にも当時の河床が露に屈折していた。

パ・タン村は、ナム・ソン沿いのごく低い段丘面とプー・トンヤー西麓台地に立地し、そこから北にむかって延長

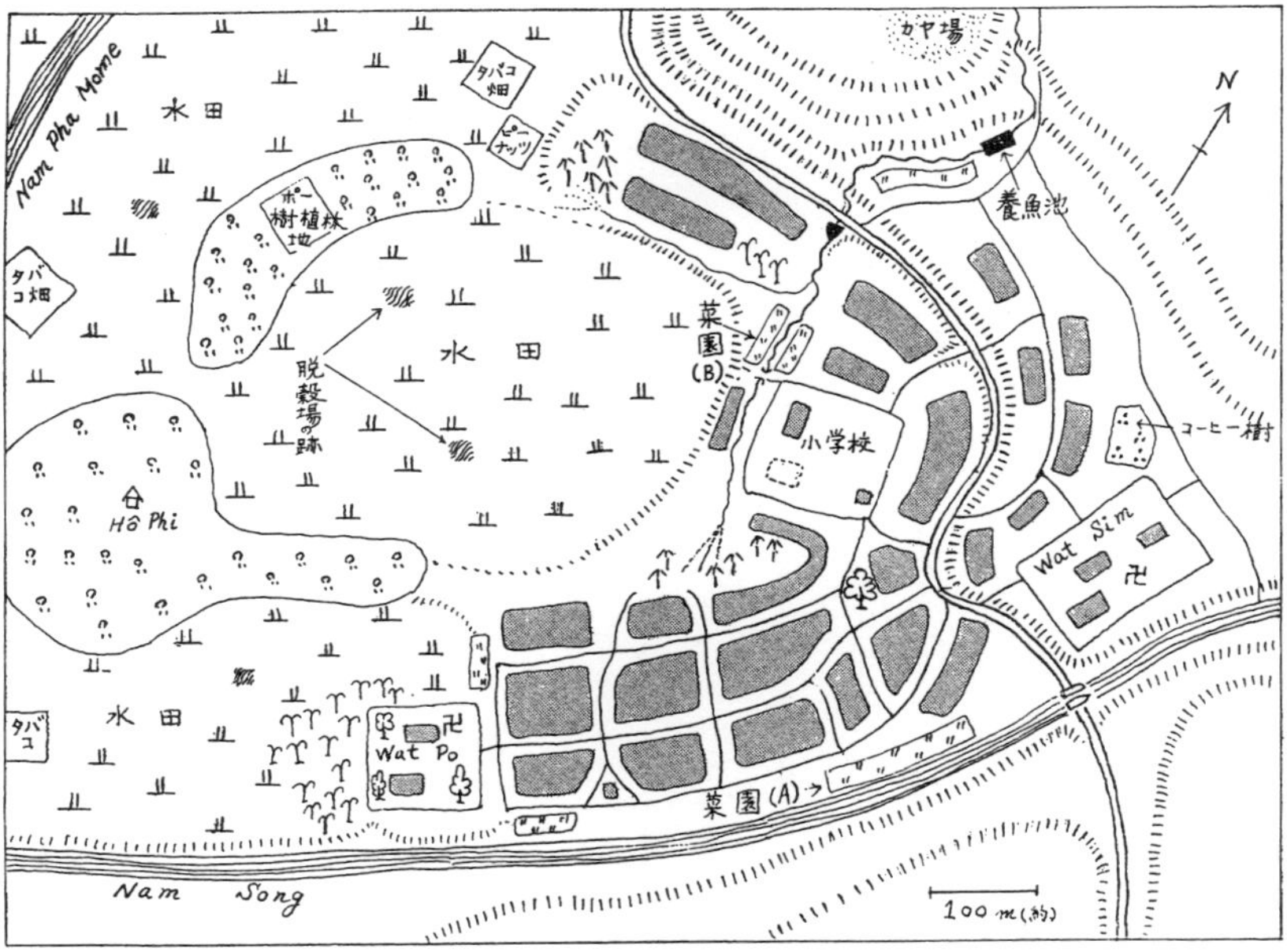

第4図　パ・タン村略図（縮尺は集落内部にのみ適用）

している。すなわち村落形態はU字型をなしている。そのうち、ナム・ソン沿いの部分が比較的古く、村の地割り、或いは家屋の配列にやや規則性がみられる。これは村づくり当初における若干の計画性を示すものと思われる。村のこの部分の南端にワット・ポー Wat Po がある。寺の境内は竹垣で囲まれ、豚や水牛の侵入をふせぎ、なかに本堂と僧房があり、二、三本の菩提樹（Mai Po あるいは Mai Bodi という）が茂っている。寺には便所があり、これは垣の外に設けられている。この寺の南側がココヤシ林である。この、いわば〈古村〉の東端に一本の巨大な菩提樹があり、樹齢一〇〇年以上と称する。〈この村は歴史の古い村である、何となればこのように大きい菩提樹があるのだから〉と村人がいうが、この菩提樹こそパ・タン村の歴史の証人なのである。

プー・トンヤー西麓台地にも家々が無秩序に並んでいる。ここは、いかなる洪水からも免れうる安全地帯であるが、それだけに川から遠く、水汲み、水浴には多少不便である。ラオ族は〈水の民〉であり、いかなる場合にも水とともに、水に接して生活してきた。それ故、村のこの部分は〈古村〉よりも新しく開かれたに相違ない。台地の南端にワット・シム Wat Sim がある。木柵をめぐらしたなかに本堂、講堂(村人に説教するところ)、僧房があり、本堂は白い漆喰でぬられ、さらに唐草模様の装飾がほどこされている。この寺の名称をシム Sim と称するのは、本堂土台の四隅にシムと称する石が置かれているからであり、四つの石の間が聖所なのである。ちなみにパ・タン村における聖なるもの(ラオ語でサクスィット Saksit)は二つあり、その一がこの聖所、その二は菩提樹である。このようにラオ族における聖の観念は仏教と関連が深い。

この台地は国道13号線によってたち切られてはいるが、これを越えて西部にひろがっており、そこに若干の家々と学校がある。学校は一棟、一教室であるが、のち更に一棟増築中であった。

村は国道に沿ってさらに北に延び、そこにも一群の家々がある。この部分はいわば〈新村〉であり、概して家は小さく最近の建築になる簡素なものが多い。

二つの寺の他にパ・タン村には村のいわば氏神がある。氏神、つまりホー・ピー Ho Phi(ラオ語でホーはファン Huan と同じく家の意、ピーは精霊、神である。したがってホー・ピーは精霊の祠)は村の西に続く森林のなかにあり小さく極めて粗末なものである。カヤ葺き、切妻、高床の小さい建物で、高さは地面から一二〇cmであった。ホー・ピーを日本の築造物と対比すれば、村の小祠、村社ということになるが、これは特定の一族の守護神であるのではなく、村の神社、村落のいわば守護神なのである。村の土地、村の場の精霊を祀ったものである。ラオス北部にはピー・パー Phi Pha すなわち大岩、巨石の精霊、ピー・マイ・ニャイ Phi Mai Njai すなわち大樹、老樹の精霊に対する信仰があるというが、この村には見あたらなかった。また、ホー・ピーに対する信仰は、仏教以前においては村人一般に普及していたに違いないが、今日のそれはかなり稀薄であり、時にここに供物がささげられているのを見る程度である。

一般に供物としては鶏頭の花と二本のローソクを束ねたものが用いられる。(註4)

以上が視覚的にみた村の概観であり、この村の周囲の河谷平野が一面に水田化され、山麓の所々に焼畑が開かれている。焼畑はそのほとんどが東部山麓にあり、西部は山あいの谷間に一〜二カ所見られるにすぎない。ただし、面積からみると後者が大である。しかし、これら耕地に関しては後述しよう。

ここで、パ・タン村における生活を通して感ぜられた局地的な気候について触れておこう。一般にラオスでは、一年を三季にわかち、十一月から二月迄を寒季 ladu nǎw(寒い季節)、三月から六月迄を暑季 ladu hɔ́:n(暑い季節)、七月から十月迄を雨季 ladu fŏn(雨の季節、あるいは涼しい季節 ladu jen)としている。(註5) 従って、筆者の滞在は寒季から暑季にかけてであり、他の季節に関しては経験がない。ところで一月のパ・タン村は気候的にかなり快適であり早朝にはむしろ寒さを感じた。この頃村人も朝ごとに焚火をたいて暖をとっていた。気温は最高二八、二九度から三〇、三一度程度であり、最低一四、一五度から二〇度前後であった。この頃強く感じたことは山風、谷風の卓越で、朝は夜明けより八、九時頃まで、夜は夕刻より九、十時頃まで強風が吹きまくり、その度ごとに菩提樹の葉がざわめき、筆者の家の簡単な扉(竹の網代編み)は吹きとばされる程であった。二月から三月に入る頃は昼間の暑さが甚しく、最高三五、三六度になり、それにも増して乾燥の甚しいことが注目された。つまり、ほとんどの菜園は干上ってしまい、朝夕の灌水程度ではこれを維持し得なくなっていた。ナム・ソンに水上菜園がつくられたのはこの頃である。三月中旬から時に驟雨《しゅうう》があったが、三月十九日には南方から積乱雲が移動し、夜半にかけて大雷雨があった。雨はこの頃から、筆者が村を去った四月十三日までの間に数回、いずれも驟雨があった。しかし降雨時間は短かったから雨量としては僅かなものであろう。ただ降雨後はナム・ソンの河水が濁り、ためにこれを飲料水としている村人のうちに若干の病人が現れるようになった。雨季は同時に村人にとっての不健康季でもあるが、気温そのものは暑季より低く、従ってこの点では生活し易いという。村人の話によると六、七月は最も雨が多く、ナム・ソンをはじめとする河川が氾濫し、交通は杜絶する由であった。なお、八、九月は雨も少なく、暮らし易いという。以下、念のために、パ・タン村における気温表を記す。もちろん、はなはだ便宜的なもので、室内壁ぎわ(竹の網代壁)に吊したシックス寒暖計によったものである。一九五八年一月十四日(Max. 32.5, Min. 14.8……以下同様)、十五日(31.1, 14.3)、十六日(30.5, 14.3)、十七日(29.9, 12.2)、十八日(28.8, 17.6)、十九日(29.0, 17.6)、二十日(30.1, 18.2)、二十一日(26.1, 17.9)、二十二日(28.2, 19.4)、二十三日(29.8, 23.7)、二月六日(28.9, 20.5)、七日(32.0, 19.1)、八日(30.1, 16.9)、九日(27.7, 17.5)、十二日(23.5, 16.3)、十三日(24.2, 16.3)、三月十四日(35.5, 23.0)、十五日(34.6, 22.3)、十六日(36.1, 22.3)、二十日(34.7, 22.6)、二十一日(34.1, 22.3)。滞在期間中、周辺の村へ出かけて不在の時もあり、記録を忘れた日々も少なくなかったため極めて不完全なものであるが、この時期の気象状況を知る一助にはなるであろう。

2 民家と屋敷

パ・タン村における民家の一例として第5図を示す。この家は村の小学校入口に接して台地上に建てられたもので、元来は新たに転任してきた先生、すなわちタオ・トンチャン Thao Tongchan のために建てられたものであるが、同氏が村内の父の家(タオ・シェンカム Thao Sieng Kam)に同居したため空屋になっていた。そこで、筆者は滞在期間中この家を借用し仕事場として使用し、夜はナイ・コム Nai Kom の家の一室を借りて休んだ。このようなわけで、この家は村の民家のうちではやや簡素な家の部類に属し、夫婦と子供一人程度の居住を予定して建てられたものである。しかし、一般の若夫婦向きの家よりは大きい。また台地上に建てられているため、床の高さは村の標準よりかなり低い。しかし、これによってパ・タン村における民家一般を代表させることもできないわけではない。

先ず、間取りについてみると、この家は(1)居室(hon nók)(2)寝室(hon no:n)(3)台所(hon ko-kin)(4)椽(laviang)から

成っている。寝室は一つ、居間と台所は、竹の網代壁で境されている。台所には割竹の縁で囲まれたイロリ(tao fai)があり、勝手口(ただし出入はしない)と物置き用のスノコ敷きがある。居間はこの種の家としては広いが、これは小学校の先生という職業を考慮してのことであろう。米倉はなく、また便所もない。ただし便所のないことはパ・タン村はもとより、少なくともヴァンヴィアン以北における一般的な現象である。

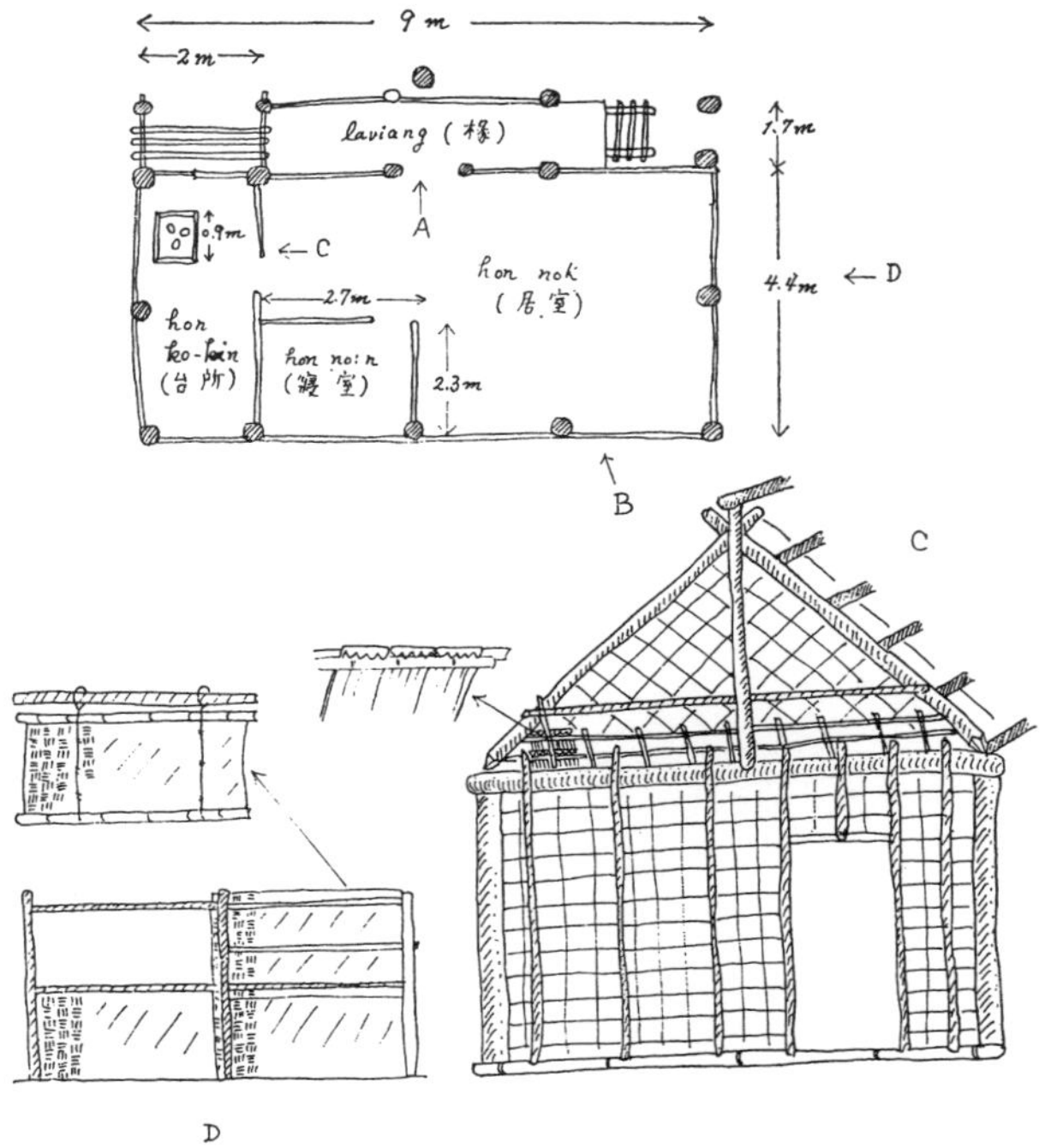

第5－1図　パ・タン村民家の１例

次に家の各部分について述べよう。始めに屋根の形についてみると、この家は切妻を主体とし、その前後を若干葺き下した形、一種の入母屋である。屋根の傾斜は比較的ゆるやかで、材料は竹である。竹片を瓦のごとくに使用しているのであるが、その際の節の利用法は巧妙である。もっとも、室内から見れば隙間は至るところにあり、そこここに青空がのぞいている。家具がほとんどないので、雨漏りをしたからといって特に困ることはない。棟はごく簡単な千木によって固定されている。壁、破風、床はすべて木の枠に竹を編んで結んである。扉、窓も同様である。竹の網代編みにはほぼ一定の大きさ

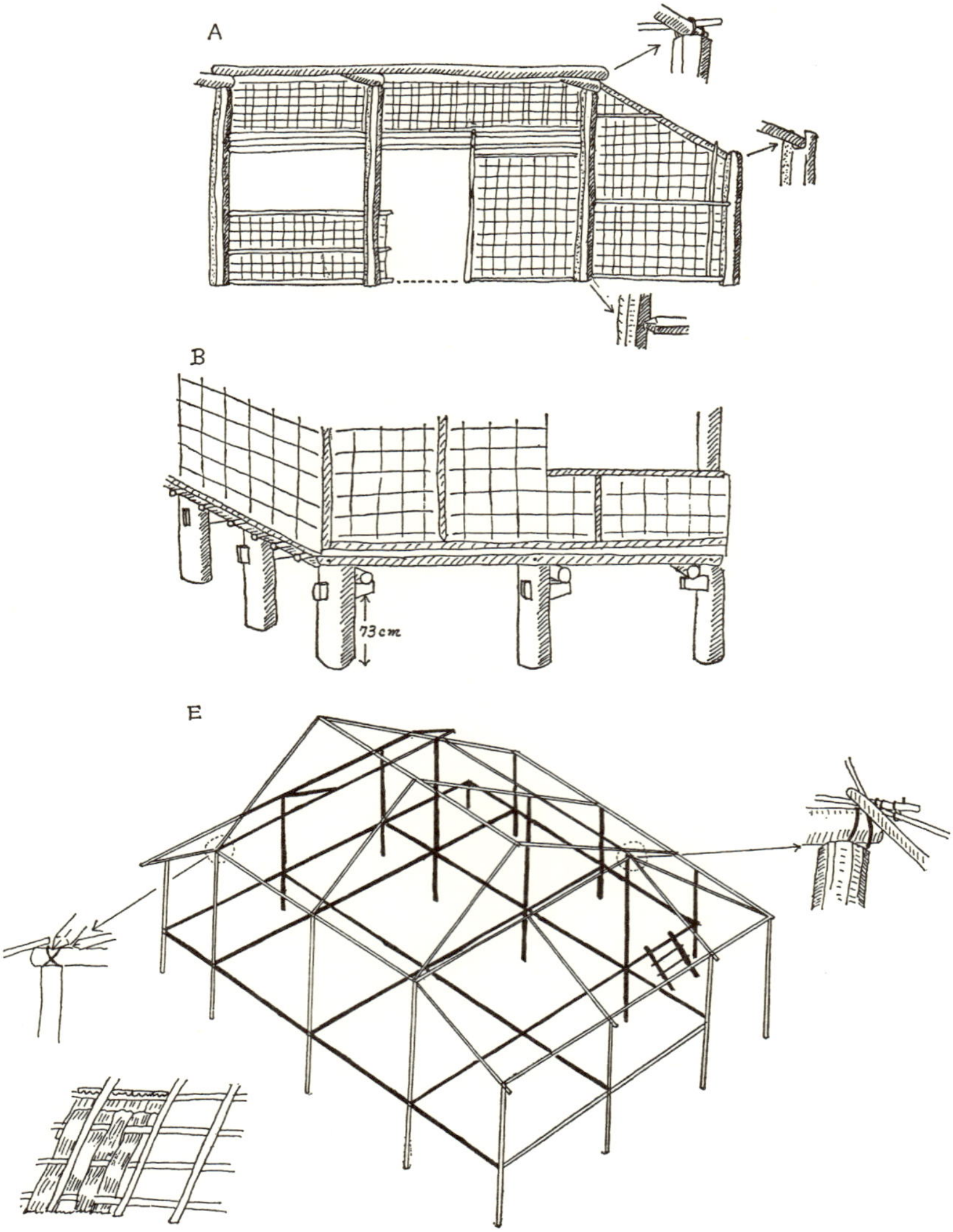

第5－2図　パ・タン村民家の１例

があり、これが家屋建築の際のユニットとなっていることは、わが国における畳のそれに似ている。しかし、わが国の畳が家屋の規格化を強力に推進しているようには、竹網代編みは家屋サイズに影響をおよぼしていない。これは極めて安価なものであり、かつどのような寸法にも鋏で簡単に裁断し得るし、二枚重ねて用いることも容易なのである。第5図Aは室内から東側入口を示したもの、窓と入口扉は描かれてないが、何れも木枠に竹網代を張ったものを取り付ける。柱、桁、梁の接合部は竹縄(割った竹をよりあわせたもの)で結び、釘は使用しない。また柱はクワーン(Kwan)と称する斧で形どりしカンナは使用しない。図Bは床まわりを示す。高床の高さが一般の民家に比して低いのはこの家が台地上にあるためである。また、柱の下に大きい自然石を敷いている家もあるが、パ・タン村ではむしろ掘立て式の方が多い。図Cは室内から台所への通路を示した。部分図は竹瓦の使用法。図Dは家の南側と窓を示す。窓は押し開き式である。最後に図Eはこの家の骨組を示すもので、これだけに木の柱を使用している。

以上、一戸の家を素材としてパ・タン村における民家一般を代表せしめた。しかし、当然のことながら、パ・タン村には幾つかの異なった家屋タイプがあり、屋根材料、屋根型についてみても、第1表のごとく多様である。すなわち、屋根材料としてはカヤ葺き(ニャー・カー Nja: Ka: 草にて葺く)の外に竹片をわが国のコバ葺きのごとく並べたもの、瓦葺き(瓦 Din Ko はかつてこの村で焼いたというが今は焼かない)、トタン葺きがある。これらのうち、カヤ葺きが最も古く、竹片葺き、瓦葺き、トタン葺きの順で新しく、目下はトタンの流行期に入っている。トタンは釘を打つだけで極めて簡単に葺き替えられ、カヤや竹のように腐りやすくないという点で至って好評である。もちろん、トタンは日本製品である。また、妻入り、平入りの別は表のごとき比率であるが、これも概して小さい、粗末な家ほど妻入りが多く、発達史的にみ

第1表　屋根材料と型式

	カヤ葺き	竹板葺き	瓦葺き	トタン葺き	計
ツマ入り	15	11	1	3	30
ヒラ入り	36	17	6	7	66
計	51	29	7	10	96

て妻入りの古さを証するものかもしれない。

第6図は、パ・タン村における家屋の間取り型式の若干について示したものである。もちろん、これですべての型がつくされたわけではないが、その概要は覗えよう。図のうち1―aは最も小さい家、分家当座の夫婦と子供一人程度の家で、寝室一つ、イロリ一つ（最も簡単なものは竹を輪に組んで灰を盛る）のみである。1―bは1―aと同型であるが台所まわりがやや拡げられている。2―aは寝室二つ、イロリ一つ、および簡単なヴェランダを備えている。2―bはこのヴェランダ部分が拡げられて機織りの作業場、物置きに利用されたもの、2―a、2―bがパ・タン村における間取りの標準型である。3型は2型における生活に余裕が生ずれば必ず採用されるもので、この型の特色は台所が別棟になっていることである。寝室はここでは3―a、3―bとも二室であるが家族人員によっては三室のことも少なくない。3―a、3―bの区別はヴェランダの位置によった。なお、これら諸型式は現実の家の間取りであり、概念的な類型区分ではない。要するに家族人口、経済水準の変化に応じて間取り型式は変化するが、その方向は(1)寝室数の増加 (2)ヴェランダの附設 (3)台所の別棟化

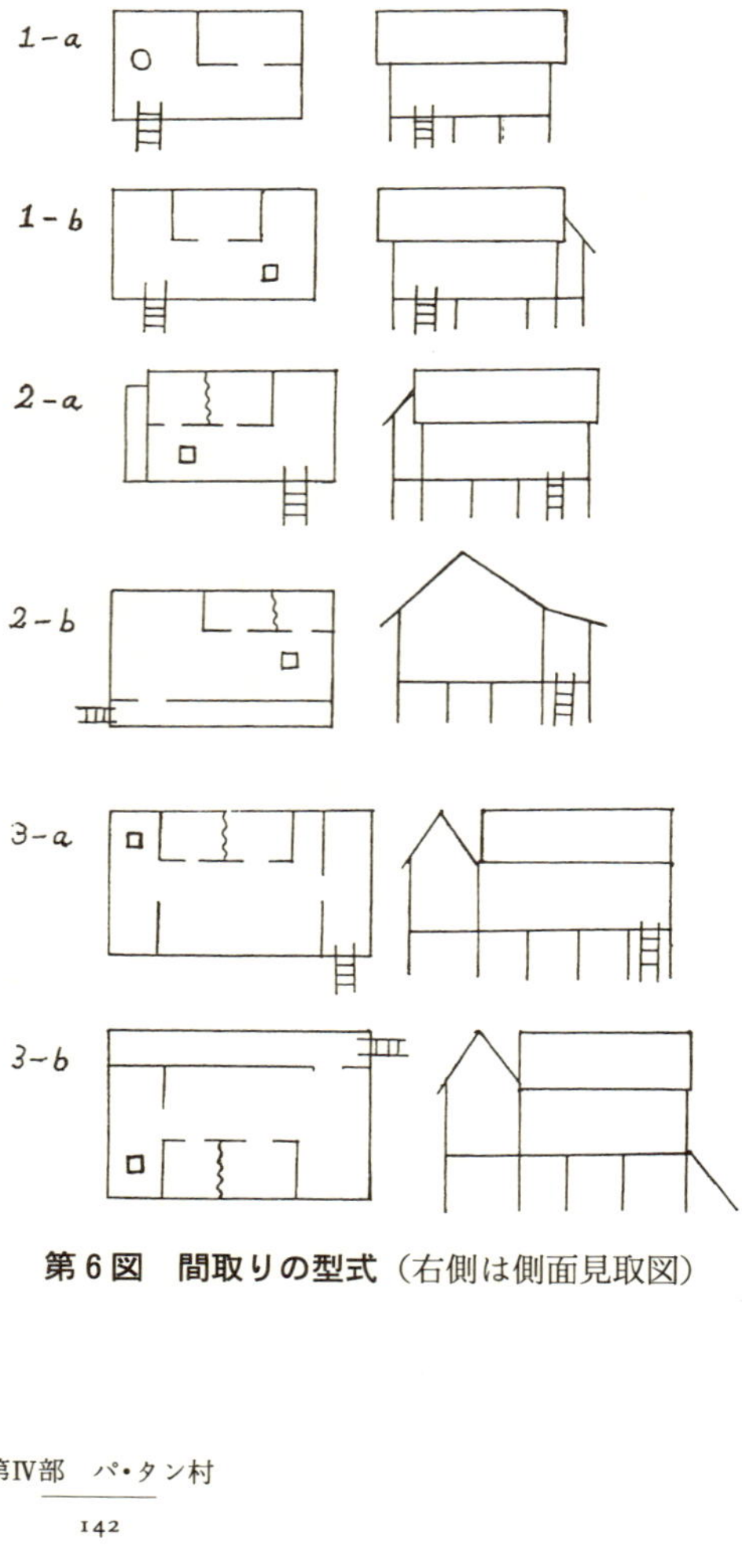

第6図　間取りの型式（右側は側面見取図）

の方向に沿うものということができる。他の村には一戸のうちにイロリを二つ持つ家もあるが、パ・タン村にはみられない。

次に第7図は家屋の装飾についてみたものである。すなわち、パ・タン村における家屋の装飾は極めて貧弱で、僅かにツマの部分に図のごとき飾りがみられるに過ぎない。同図c、fのごときは明らかに装飾的であるが、a、dは装飾性に乏しく、b、eは単に竹を編んだものに過ぎない。しかし、僅かながらも装飾的な部分はこの部分のみであり、家屋の他の部分には全く美的、装飾的意図を欠いている。家が単に住むための用具と化して、機能的に簡略化されていることはパ・タン村周辺における家屋の一特質である。ラオ族はその南下移動にあたって、かつて彼らが持っていた(今日の黒タイ族、赤タイ族に見られるごとき)家屋の装飾性、或いは単なる実用性をこえた技巧を失って

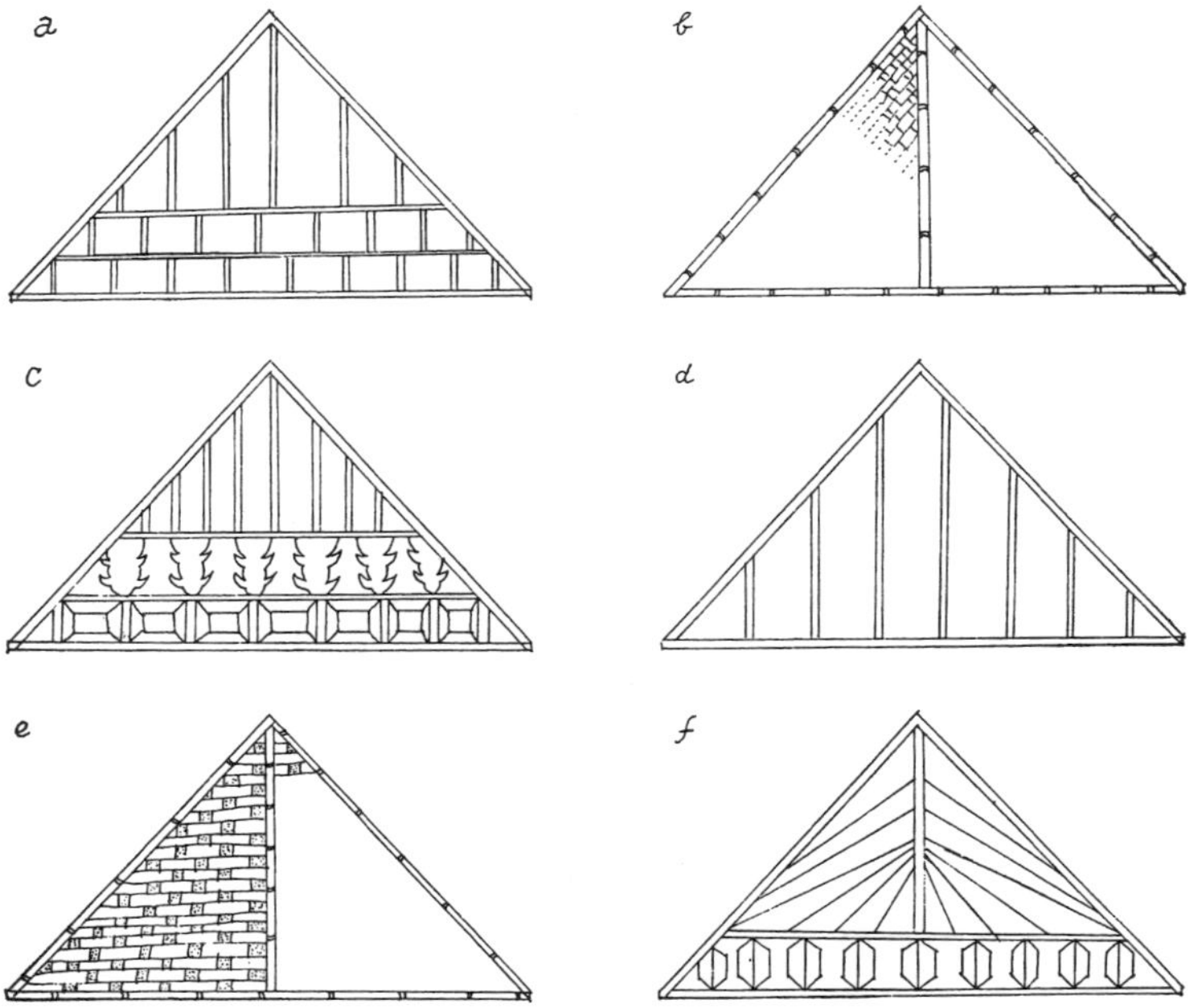

第7図　破風の装飾

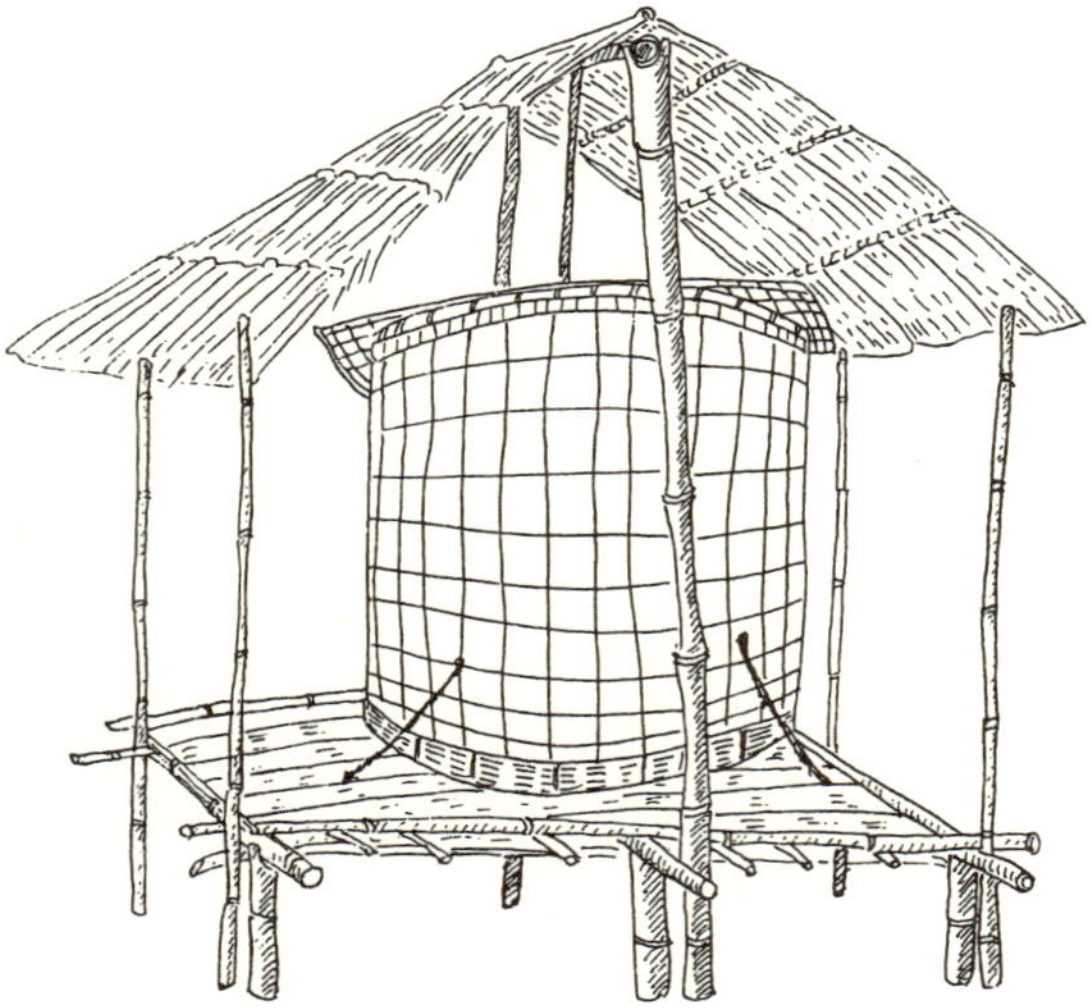

第8図　米倉 Pôk Khâw
最も簡単なものの1例、Nai Tui の米倉、米籠の高さ、135cm、直径110cm、床の高さ57cm

しまったのであろうか。

民家は若干の附属建築物とともに屋敷を構成している。この場合、屋敷に竹垣をめぐらすこともあり、特にこれを設けないこともある。後者の場合には屋敷の範囲が不明瞭であるか、或いはこれを欠いているわけである。屋敷内部に見られる附属建築物は米倉、納屋であるが、納屋を欠く場合が多い。その場合、納屋、つまり農具、農業用品収蔵庫は主屋からやや離れたところにあるか、水田の近くに設けられている。

米倉には二種あり、その一は木造、高床づくりの堅牢なもので、一方の壁に水牛の頭蓋骨が飾られている。その二は竹材でつくった簡単なものである。しかし、家によっては何れの型の米倉もなく、竹を編んだ、大きい米籠(パー・カオ Pa:Khaw という)を用いていることがある。もちろん、これは標準以下の貧しい世帯に多い。

屋敷に竹垣をめぐらしたものと、屋敷地の明瞭でない単なる家屋との関係をどのように考えたらよいであろうか。先ず考えられることは、村落の歴史的な新古の関係である。すなわち、概して歴史の古い村には竹垣のある屋敷が多く、新しい村、街道沿いの列村にはこれが少ない。パ・タン村についてみてもナム・ソン沿いの古村に若干見られるが、国道沿いの北部にはこれが見られない。竹垣をもたない家、すなわち単なる民家は屋敷にまで成長していない未発達なもの、或いは簡略化した家なのではなかろうか。従ってパ・タン村においても、比較的富裕な家に屋敷構えが明瞭であり、貧しい家にはこれがない。ところで、屋敷はどのような機能をもっているであろうか。第一にそれは作業場であり、ここで米を精白し、機を織り、竹籠を編むなどさまざまな農作業が行われ、またそのための資材用具がここに置かれる。米倉、納屋はその主なものである。第二にここは一種の家庭用樹園であり、ココヤシ、ビンローをはじめポー樹(この皮でナワをなう)、パパイヤ、パインアップルその他の果樹が栽培されるところでもある。第三に屋敷の垣は家畜と密接な関係がある。すなわち、これは一つには作業場を水牛、牛、豚の侵入から守り、清潔にたもつためのものであり、殊に豚が精米の場所に近づくことは甚だ好ましくないとされている。牛、水牛がみだりに家屋に近くうろつくと、家屋その他を損傷する怖れもある。垣はこれらの家畜から家屋と作業所を守るためのものである。従って寺には必ず垣がめぐらされている。もっとも、パ・タン村では見られないが、時には家畜(牛、水牛)を垣内に閉じこめる必要がおこることもあるらしい。交尾期或いは仔牛などを飼育する時と思われるが詳細は不明である。垣をめぐらした屋敷は典型的な、また、高度な農牧文化の表現と考えられるが、パ・タン村の現状はこうした状態の解体を思わせるものである。つまり、農業と牧畜とを隔離しながら結合せしめるもの、それが垣であり屋敷であったが、今日は両者の結合関係が異なった方向に動いているということである。

このようにみると、パ・タン村内部においても屋敷から独立家屋にいたる系列を考えることができる。すなわち、(1)竹垣をめぐらした屋敷 (2)竹垣がないか、不完全であるが、主屋と附属建物の配置が屋敷としての機能を果しているもの (3)主屋のみから成るが、その床下が作業場として囲まれ、時にそのまわりを柵で囲ったもの (4)主屋のみ孤立し、作業場をもたないもの、従って唐臼は近隣のそれを借用しているものである。

民家、屋敷以外の建築物に寺(本堂、僧房、講堂)と村の小祠、すなわちホー・ピー、および学校があるが、これらについては既に触れた通りである。

パ・タン村における生活はおよそ以上のごとき舞台装置のうえに繰りひろげられているのである。

なお、第9図はパ・タン村周辺において、筆者のみた最も豪壮な民家の一例。ティアン村 Ban Thieng にあり、この家に二泊したことがある。家、家敷は堅固な木柵をめぐらし、その四方に∧形の太い丸木の梯子が立てかけられていた。これが出入口である。他に幅ひろい扉もあったが、それは家畜の出入口で、平常は使用していない。家敷内にはココヤシ、ビンローの樹叢があり、主屋と大きい米倉があり、鶏小舎もある。

屋敷中央に、ラック・バーン Lac Ban と称する木柱が立っているが、これは屋敷地の守護標である。主屋は大きく立派で、極めて堅固に建てられており、すべて木造、竹は使用されていない。寝室四の他に客用のベッドがあり、広いヴェランダには机、椅子が置かれていた。

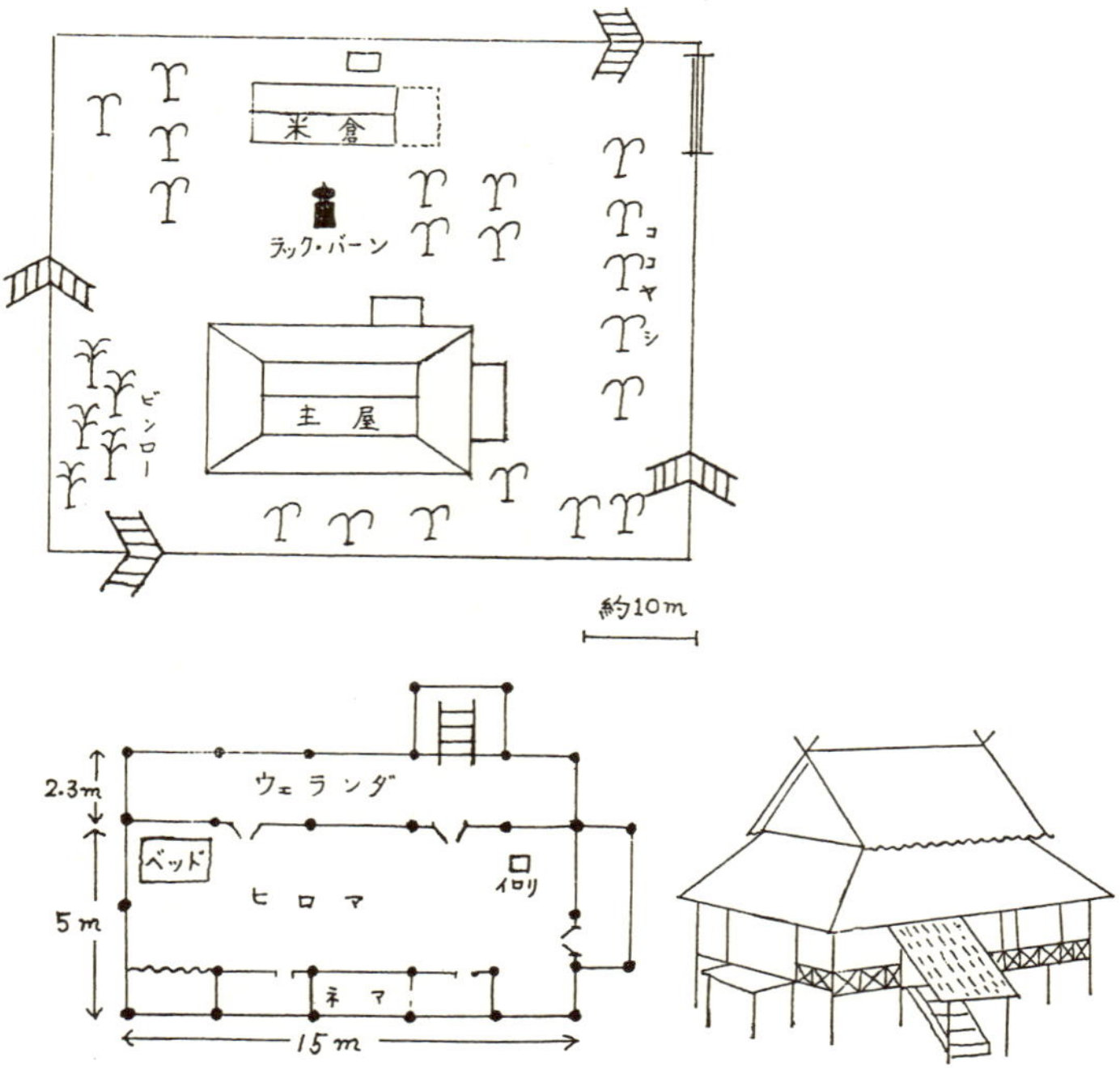

第9図　屋敷構えの民家（Thieng 村）

この村、つまりティアン村は、タイ・エ Thai Et 族の村だろうということであり、村の民家はすべて立派なものであったが、そのうちでも、この家が最も大きいものであった。なお、この家は、筆者の助手となったコム Kom 氏、ポー・ボア Po Boua の妻の実家である。おそらく、ラオ族一般の民家も、かつてはこのように立派なものであったのだろう。ここには、在りし日の部族文化の力強さが生残っているようである。

第2章 村落生活の秩序

1 村人の生活

パ・タン村における村落生活のあり方を、以下、主として村人の日常的な行動をとおして理解しようと試みる。ところで〈behavioral approach〉ないし〈participant observation〉ということはたしかにすぐれた方法ではあるが、実は言い易く行い難い方法でもある。まして筆者の場合のごとく短期間の、しかも単独の調査では少なからぬ不備と遺漏とが伴わざるを得ない。だからといって、フィールド・ノートに記録された断片的な資料を棄て去ることはいかにも惜しい。何とかして、断片的ではあっても、村人の行動の一つ一つの意味づけがなされなければならないであろう。それによって、或いは村落社会の生きた姿がとらえられるかも知れないし、また将来の調査のための何らかのヒントが得られるかもしれないからである。

村人の日常的な行動は極めて雑多なものである。この雑多な行動の集積を分類・整理してゆくと、そのさきに当の社会・文化にひそむ規則性にゆきあたるだろうか。或いは、逆にこれら規則性の多様な表現として、日常行動の多様性を理解することができるのであろうか。一方の極に行動の規則性、社会組織の秩序があり、他方の極に雑多な日常行動があるのだろうか。その中間に、ある変異を含み、何れかへの傾斜をもちながら、しかもそれ自体の均衡を保っているところ、規則を規則たらしめ、雑多な日常行動を推進せしめている具体的な〈行動の場〉があるのではなかろうか。

一方、調査者の〈問い〉に対する村人の〈答え〉は区々であり、時にあいまいでさえある。それは全く頼りにならぬようでもある。しかし、それはあまりにも規則性という尺度、しかも往々にして極めて西欧的なものである特殊の尺度によって測られるがゆえに頼りなく思われるのではないか。筆者はここで、村人の多様な、時としてあいまいな〈答え〉さえも生かされるごとき現実的な生活の場を考えてみたいのである。

2 観察の条件

筆者がパ・タン村において、村落生活を観察した条件について述べよう。(1)観察期間は村に住みこんだ一九五八年一月十三日より同年四月十四日までであるが、途中三回連絡のためヴィエンチャンに戻ったから正味三カ月にはならない。この期間はこの地方における乾季にあたり、ラオ人の用語では寒季 ladu nǎw から暑季 ladu hɔːn にわたる。村落生活の中心的関心事である水稲栽培はすでに全く終了し、新たな水田耕作の準備には未だ間がある、いわば農閑期であった。従って、ある意味で村落生活は多様に分化し、村人は思い思いの仕事にたずさわっていた。周辺諸種族との接触も雨季をひかえてとみに活潑さを加えていた。しかし反面、水田耕作をめぐる重要な行事は見られず、最も生々とした農村生活の生態を経験することはできなかった。(2)筆者の〈家〉は村の小学校に近い丘上にあったから——夜は村人のポー・ボア Pô Boua の家に泊った——村落生活、村人の行動を観察する地点としては村の中心部からやや外れており、最適地とはいい兼ねた。しかし、日に何回か、少なくとも二回は村内を廻り歩いたから、ある程度、この時期における村生活の様相はとらえ得たものと思う。もちろん、家庭生活の内部に立入って観察するまでには至らなかった。(3)行動の観察は、あくまで個人識別の基礎の上になされなければならない。しかし、パ・タン村は戸数九九の大村であるから、村人全員を記憶し、識別することは短期間には不可能であった。また、あまりにも類似した——声調 tone の差のみで区別するごとき——名前があって、互いに極めてまぎらわしかった。従って、ここでは必要な範囲において個人の行動を問題にし、取り敢えず無記名の行動から考えてゆくことにする。また、三カ月の調査期間内にもおのずから季節の推移があり、それに応じて村落生活の様相も若干の変化をみせたが、この点も一応考慮の外におくことにする。

3　さまざまな生活行動

先ず村人の日常行動の観察記録を列挙することにしよう。ただし重複はさけることにする。

「村人は早起きである。しかし、パ・タン村は谷間の村で日の出が遅いから村人の起床は六時前後。男女何れが早く起床するかは不明である」「山地のため朝はかなり冷えるから焚火をして暖をとる者がある。焚火の場所は村内に少なくとも五、六カ所。女は火にあたらない」「Nam Song の岸辺で洗面する者がある。歯ブラシを使っている」「水汲みは主婦か娘の仕事、しかし、子供がすることもある。水は Nam Song の川水。ただし、村北部の人々は附近の涌水を汲む」「水汲みにはバケツと天秤棒による。水汲みの竹筒 Bac Nam はこの際は使われない」「高床の床下に唐臼がしつらえてあり朝ごとに米つきをする。主婦もするが、娘と子供たち二、三人ですることが多い」「主婦は屋内で炊事の仕度」「Nam Song 沿いに菜園を作っている者は、早朝に灌水する。竹の長柄のついたヒシャクを使う。女の仕事」「男はパ・ミアン山 Phu Phamian へ草刈りにゆく。屋根に葺く Nja Kha という草」「食事の時間は一定していない。しかし、小学校ができて子供が学校に通うようになったため朝食時間が一定しはじめている」「握り飯 Khâw Pan をたべながら走って学校へゆく子供たち」「銃を下げて鳥射ちにゆく男がいる」「銃を肩に犬をつれてゆく男、自転車にのってゆく男もいる」「捕鳥のワナ Heo を仕掛けにゆく男もいる。これは早朝」「Nam Song にヤナを組む作業をはじめる。二カ所にヤナが仕立てられている」「投網 Heh を持って、魚とりにゆく男がある。投網を持っている家は非常に多い」「子守りをしている母親。男も子守りをする。背負う場合と抱く場合とあるが、いずれの場合にも子供を布で被い右肩で結ぶ」「オムツは使用しない」「Wat Po の裏手の空田でカエル、コオロギ捕りをしている者が多い。たいてい女二、三人から一五、一六人位、幼児づれもいる。短いスコップ或いは柄の長い鋤 Siam を使う。雨後の朝は特に多く、蛙のいる穴がわかるのだ」「Nam Song でカエル、コオロギを洗っている男、もちろん食用である」「屋根の葺き替えを手伝っている男がいる。三、四人から一〇人位で仕事をする」「新たに菜園をつくるのは男、手入れし収獲するのは女」「三、四歳の子供が竹竿で Mac Nău の実(小粒のレモンのごときもの)を落している。母親が手伝っている。四、五粒落せばそれ以上はとらぬ。貯蔵はしない」「便所はない。しかし、村人にとってその場所は大体きまっている。男も立小便は遠慮している」「家の改築、修理をしている者が多い。専業の大工(村に一戸ある)の手を借りずに三、四人で行っていることが多い」「山から Nja Kha 草を運んでくる。それを先ず水に浸け、のちやや乾燥してから、細竹を芯にして屋根材を編む」「Nam Song 上流で竹を切り、筏に組んで流してくる」「この竹に割目をつけて裂き建築材とする。またこれを編んで竹床、竹壁に使い、切揃えて一種の屋根材とする」「Nam Song, Nam Pha Mome 対岸の森から木を切出し、薪につくって運ぶ。Nam Song を渡るには刳り舟を使う」「薪を積上げて柵を仕立て一柵いくらと請負って仕事している男がある」「Nam Song で洗濯する。石鹸を使い棒で叩いて洗う者もある」「竹細工をする。塩を入れる大小二種の籠、ニワトリ籠モミ入れ等が主要なものである」「箏 Nju を作っている男もある」「狩に行った者が戻ってくる。獲物は時に村人に売る。二時間位で売切れになる」「川岸で豚を殺している男」「大工は家の前で徒弟二人を使って製材、或いはカンナかけ。机、柵をつくり舟で運んで売却する。何れも注文生産である」「Nam Pha Mome の流れを堰止めてカイボリをする。男女それぞれ七、八人。水が少なくなったところで魚を三角形の網 Win でとらえビク Muon に入れる。主としてパ・キアン Pla Kian という魚をとる。カニもとる。魚とりの弓 Lem Nin Pla を使う者もいる」「Nam Song の川原では、小石をおこし水を導いて魚をとる。主として女二人づれで Win を使う」「女二、三人、大籠を肩にかけ山菜をとりにゆく。Nam Pha Mome のかなたの森へゆくことが多い」「ハエ Hae（焼畑、畑）の手入れにゆく男がいる」「パ・タンという巨岩の麓でハエをつくっている男。村の水田の最南端であるから、ゆくゆくは水田にするつもりだろう。丈夫な竹垣をめぐらしている。ターレオ Taleo[註6] は建てていない」「タバコ畑の手入れ、ピーナッツ畑の手入れ、施肥は入念にしている」「パ・ヴィー Pha Wie の谷間では焼畑にするための伐木が進められている。男五、六人が作業中、三月中旬にここに火が入れられた」「ここの上手にコーヒー畑があり男一人その手入れをしている」「Nam Pha Mome 附近の沼地で老婆一人、青みどろ状の川のり Kai を採っている」「布団綿用の Nun という草の穂をつんでくる。大籠に入れて山から背負ってくる女」「棉 fai do:k は四月にならないと採集できない」「一種の弓 Ka Kon で棉をほぐし、棉の実をはじき出している女」「棉を水に浸し棒で叩いて繊維をのばし、糸繰り器にかけて糸をつくる」「機織りをしている女は甚だ多い。主婦と娘の仕事ではこれが最も重要なものの一つ。製品はすべてヴィエンチャンに運んで売る。ただしプー・テン族、苗族用の織物もつくる。機はすべて横機」「ココヤシの青実を落している者がある。売却する程の量はない」「時には Wat Po の裏手で、ココヤシを根元から切倒してしまうことがある」「ビンローの実を落している女。竹竿を長くつなぎ、その先に鉤《かぎ》をつけて落す」「女はよくキンマ Keoma を噛む。全くこれを用いない主婦は二、三人か。娘たちは噛まぬ。またここでは男は使用しない[註7]」「男はタバコを吸う。村でタバコを栽培し不足分はプー・テン族が売りにくる。バナナ Pa Kuaj の葉に包んで吸う。この村では子供は吸わない」「臼、立杵で米の粉をつくっている。一種の〈はるさめ〉Khâw pun をつくる」「Mac Kami の実を落す娘たち」「その幹にナタで傷をつけ樹液をとり〈鳥モチ〉をつくる少年」「寺に食物をはこぶ老婆。この村では僧は村の中を托鉢して歩かない」「Nam Pha Mome で少年二人魚を釣っている」「釣れた魚を竹筒に入れて持ちかえる」「太いつる性の樹 Kuapa:n を木槌で叩きナベに入れて煮る。強力な接着剤をつくっている男」「間食はほとんどしないが時に Mac Toua という甘い黄色のスープをつくる」「Kam Tan, Chin Chua, Pô Boua の娘ミシンを踏む」「床下でトバクの開帳。男女大勢あつまっている」「午後には Nam Song に入って水浴する。薪拾いの帰途 Nam Pha Mome で水浴している男女もある。人が見ていなければハダカになる」「家の片隅でノミ取りをする夫婦」「ピーナッツをゆでて売りに来る女がある。殻のままゆでて三角の紙袋に入れてある。いって食べることもある由」「小学校の新校舎建築工事がさかん。Sieng Kam の指揮」「村外れの森で Topou という大木の枝をおろし、木の葉をむしりとっている娘たち。食用」「Mac Nuat という、グミに似た木の実を採ってくる女」「豚、ニワトリに飼料を与える女」「牛、水牛の種つけをしている。村の若者が牛を追い、鼻に指を突込んで奇声を発している」「夕刻、ニワトリを籠に入れてハエに運び柵に放す男」「夕刻、カゲロウに似た羽虫 Tomau が一斉に地中から飛び立った。村人は大急ぎでこれを捕えた。食用」「村の商店に買物」「Nai Ku(小学校の先生)、自分の屋根の葺き替えに生徒を使ってトタンを運ばせる」「夕刻、竹のクマデを使って庭さきの掃除をする少年」「夕食はすっかり暗くなってからイロリ端で円卓を囲んでたべる」「燈火はイロリ火が多く、石油ランプを使っている家は五、六戸ぐらい」「夜中、明日の行事を大声で村中にふれ歩く男がいる」「仕事熱心の男は庭にタキ火をたき、その傍で籠を編む」「相談事(当時は新校舎建設の問題、そのための労力提供、賃金支払法が最も重要)は夜 Kon Keo の家近くの広場に集まって声高に話し合う。この件については村長 Chanontah, Pô Boua, Sieng Kam がまとめ役をする。集まる者一五、一六人から二〇人」「この村では平野村のようにリン・サオ Ling Saw(若い男が未婚女性の家を訪問して話り合う)の習慣はないという。しかし Pô Boua の娘のところにやってきた男がいた。一一時頃までローソクをつけて話していた。家人はこういう時は早く寝室に引取ってしまう」「火種を貰いにくる女。枯竹に火をつけて持ってゆく」「事件(たとえば近隣の村で大虎が殺された)があると松明《たいまつ》をつけて見物にゆく。闇の中に松明の焔がつづく」「夜、歌をうたう声をほとんど聞かない。弦楽器の音を二度聞いた。ケーン Kein(笙)はこの村にない」「ラジオ(村に六台)を聞きにくる男もいるが少ない」「就寝の際には細長い敷布団はなく毛布(たいてい日本製の粗品)を用いる。(北方の村では手織に刺繍をした綿布をかけるがここにはない)」「寝室はたいてい三部屋、夫婦と一〇歳以上の子供は別室で寝る」「疲労した時、アンマを呼ぶ者がある。ただし専門のアンマがいるわけではない」

以上いずれも無記名、無日附の行動であり、重複するものや行動の微細なニュアンスを一切省略してしまったのであるが、しかし、これによって村の日常生活、村人の日常行動の輪劃を知ることはできるであろうか。

4 行動の背景と秩序

A いかに断片的なものに見えようとも、村人の行動はすべて自然的、社会的背景によって支持されている。それはまた幾つかの原則のもとに秩序づけられ、配列されている。以下、こうした観点から叙上の日常行動の意味をさぐってみたい。

先ず第一に、日々の行動の時間的秩序であるが、これは朝から夜まで取り立てて特異な点はみられない。すなわち同じく水田農耕を基盤とする日本農村のそれと極めて類似したものということができる。食事は日に三回、そのうち朝食、昼食にはきまった時刻がないこと、朝食前に男子は草刈りなどの労働をすます点なども取り立てて注意することはなかろう。午前の労働、午後の労働といった区別は明瞭ではない。また、宗教的な行事と結びついた特別な時間もない。強いていえば朝よりも夕刻にニワの掃除をすることが多いが、これも規則、慣習というには至らないようである。時計を持っている者は極く稀であるから、太陽の傾き加減により行動に大体の折目をつけるだけであり、僧院の昼餉《ひるげ》を告げる太鼓の音が、或いは一つの基準になるかも知れない（小乗僧は午後は食事をしない。そのため一一時頃太鼓を鳴らして昼食の合図をする）。しかし、それよりも今日では小学校の始業、終業に鐘を鳴らすから――しかも生徒はこれによって行動するのだから――これが一つの目じるしとして役立っているであろう。要するに、日々の行動をさらに時間に従って配列する必要は、ここには見当たらなかった。

次に行動の季節的推移であるが、これは前記の事情によって十分に観察することができなかった。しかし、これには四～五月から十一月に至る稲作労働の卓越する時期と、十一月から四月に至るいわば農閑期との二期を区分することができる。筆者はこの第二の時期、すなわち乾季に村に滞在していたわけである。

さて、水田耕作については次のごとき順序が認められる。すなわち六～七月に雨季の到来と共に耕耘、整地などの稲作労働が始まる。本田の準備と併行して苗代をつくり、種モミを容れたファーイ Faːj と称する俵を二日二夜水に浸けてから播種する。播種はたいてい午後（午前中に苗代をととのえる）、主として男がモミを播く。しかし、女は決して播かないというわけではない。播種の後二十五日で田植えをする。苗運び、田植えには男女共に働き、手の足りない時には手伝いを入れる。田植えには特別な服装をすることはなく平常のままで、田植歌も歌わないという。その後は肥料も使わず、草取りなどの面倒な手入れは一切しない。こうして四カ月たつと稲刈りであるが、たいていは十一月になる。この村では家族労働によることが多く、手の足らぬ時にのみ手伝いを頼む。しかし、刈り取った稲を積上げ脱穀の準備をするのは大変な仕事で、これは村人同士の手伝いが行われる。既にすっかり水の引いた水田の一角に脱穀場をつくり、そこで厚板に稲穂を打ちつけて脱穀する。ここでは水牛に踏ませる方法は行わない。脱穀が終るとモミのまま米倉に収納する。この間、〈苗代つくり〉と〈脱穀場びらき〉にはそれぞれの稲作儀礼が伴うがここでは省略する。次に陸稲栽培にうつる。陸稲は四～五月頃、すでに整備された焼畑（ハェ、hae）の所々に穴をあけ、それぞれ五～七粒のモミを落す。四カ月たって、たいていは七～八月に成熟し、稲刈りが行われる。この際は特別な儀礼を行わないという。

以上、要するに四〜五月から十一月に至る半年が稲作労働の行われる時期であって、残余の半年が農閑期である。農閑期は同時にほぼ乾季と重なるが、この時期における村落生活の特色は、第一に村落生活の多様性が現われ、村民はそれぞれ生活の手段を求めて各種の労働に従っていること、第二に周辺諸種族との間の商業活動が活潑に営まれること——塩、衣類、アヘンの交易は主としてこの時期に行われる——第三に焼畑耕作のための準備がなされ、伐木・焼却・整地などの作業はこの期間内に終了することである。第四に都市近郊村或いは自動車を利用しうる限りの山地の村々では、この時期は出稼期でもあり、村の男たちは田植えまでの期間を都市ですごすことが少なくない。

一方、パ・タン村における季節の祭りには次の四種があり、いずれも乾季に営まれている。

(1) Bun Pra Wat(或いは Maha Sat) これは四月初旬の二〜三日、たいていは土、日曜が選ばれるが、この日、村人は寺に詣り、僧にさまざまな物を寄進するとともに、自らの娯楽の日でもある。

(2) Bun Pi: Mai(註8) 四〜五月(たいていは四月だが年によって五月、一九五八年度は四月十一〜十二日)の二〜三日(Luang Prabangでは七日間)、村人が寺に集って僧と仏像に双頭の竜の口から水を注いで洗い、さまざまな物品を寄進する。また夜間には村人の踊り Ramvon が踊られる。いわゆる〈水祭り〉、〈水掛け祭り〉であるが、パ・タン村では一般の村人に水を掛けることはしない。

(3) Bun Khaw Wa Sa 雨季の三カ月間、僧侶は常に寺に留まり、常のごとく村々をめぐって転法輪を行ずることがない。禁ぜられているのである。この祭りはこの期間に入るに先立って執行される祭りである。一般には、(2)と(3)との間に Bun Ban Fai、いわゆる Rocket Festival が行われるが、パ・タン村ではしないという。

(4) Bun Ok Wa Sa これは Bun Khaw Wa Sa ののち三カ月目に行われる祭りで一日のみである。この時から僧は再び村々をめぐり歩き、布教に従事することができる。この祭りは主として僧が中心になって営み、村人は彼らに若干の物品を供するだけである。

パ・タン村の生活には以上のごとき季節的なリズムがあり、労働様式の変化とそれを縫いとる様々な祭りがみられるのである。

B 村人の日常行動を空間的に秩序づけているものは、村における生活空間の構造である。それにはa 家 b 集落 c 村域 d 周辺地域の別が認められる。

a 家 生活空間としてみたラオ人の家は主屋・米倉・納屋およびそれらを囲む竹垣からなっている。これらを一括して屋敷と呼ぶべきであるかも知れない。納屋がなく、米倉の床下、主屋の屋根裏などに農具その他を収納している家の方が多い。また屋敷に竹垣をめぐらしている家はパ・タン村ではごく稀である。垣をめぐらした家は概して立派な家で、こういう家では屋敷内にココヤシ、ビンロー、ポー[註9]の木などの木立がある。広いニワはなくとも床下に豚、ニワトリの入らぬ様に柵をめぐらした家もある。便所のある家は一戸もない。主屋はすべて高床づくりで、その間取りは何れも単純なものである(第10図)。すなわちヘヤはヒロマと寝室に仕切られ、ヒロマにはイロリがある。寝室は家族員数に応じて一～三部屋あり、稀に四部屋のところもある。また、ここに〈家のピー(精霊)〉pi huanが祀られているが、外来者には決して見せない。ヘヤの一方を張出し、そこを

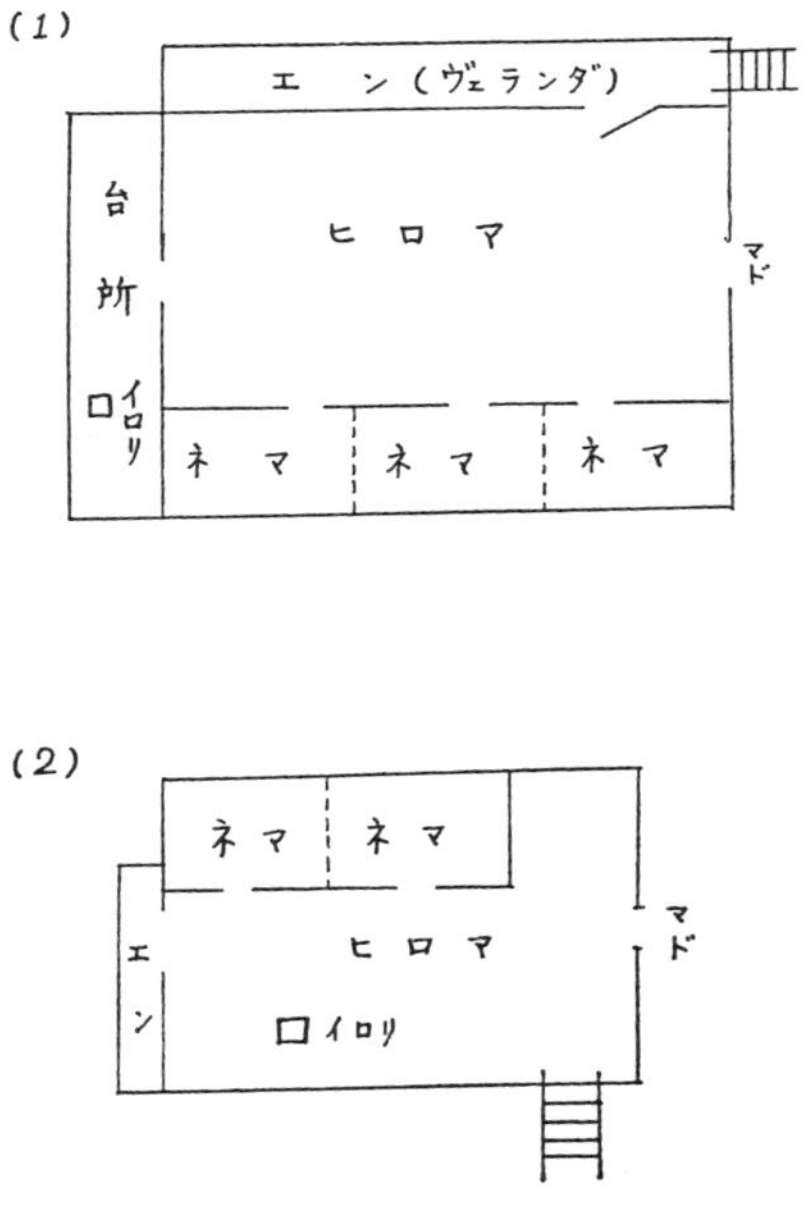

第10図　間取りの2例
(1) パ・タン村 Tondi 家
(2) 同 Tui 家

台所として、もう一つのイロリを切ってある家もある。またヘヤの別の側を張出し、そこに機を置き仕事場としている家もある。

大部分の家では床下に唐臼がしつらえられ、ここで朝ごとに米が精白される。台所に木箱を置き土を盛って野菜をつくっている家、或いは台所の近くに竹竿を立て、その先端を茶筌状に開き土を盛って野菜栽培をしている家もある。ワケギ、トウガラシ栽培が主なものである。要するにラオ人の家の構造は単純であり、ヘヤの機能も概して未分化であるということができる。このことはパ・タン村において家の修・改築が頻繁であり、竹とごく僅かの木材を利用して至極簡単に家を建てることができるということ、またその反面、家の寿命が比較的短かいことと関係があると思われる。[註10] 家はもちろん家庭生活の場であり、生活拠点ではあるが、外部からの攻撃に対する〈とりで〉ではない。

家をめぐる家庭生活については、ここでは触れないことにする。

b　集落　すでに述べたようにパ・タン村は集村であり、戸数九九、人口五〇七人（一九五八年二月現在）の大村である。学校一、寺二を持っている。形態的にみるとこの集落は Nam Song 川と Louang Prabang 街道とに沿って馬蹄形をなし、その両端にそれぞれ寺があり、中央に学校がある。このうち村の西部、Wat Po 附近が最も古い部分、いわば〈古村〉で、かなり整然とした地割りが施行されている。恐らくは、かつて計画的な村づくりが行われたものと思われる。[註11] 北部、すなわち Wat Sim 附近の台地には家がややまばらに並び、古村に次ぐ歴史を持つ。北東部は最も新開の部分で疎末な家が多く、未利用の宅地が多い。この地区ならば今日でも自由に（村有の宅地に余裕があるから）家屋を新築することができるという。一方、古村の宅地はすべて私有地であり、それぞれの場所に応じて地価が評価されている。[註12] 学校、寺の土地もまた村有である。村の南西部にあたる森のなかにピー祠 phi huan, ho phi（ho は huan＝家）がある。ただし祠といっても、高さ一二〇㎝の小さい〈ほこら〉である。

さて、このような集落は、村人にいかなる生活の場を提供しているであろうか。〈村としてのまとまり〉を形づくり、維持するために、それはいかなる役割を果しているであろうか。実は、こうした問題を考えるためには当然、村落社会の構造を明らかにしなければならない。しかし、ここでは一応その点を考慮の外におき、あくまで断片的な村人の行動を通して観察してゆきたい。

〔i〕先ず第一に寺をめぐる村人の行動は、目に見えない結び目となって村の人々をつなぎ合わせている。日々の食物を寺へ運ぶ老翁と老婆、寺の境内を清掃する男、村内をめぐり歩く黄衣の僧の姿は、たとえ潜在的にもしろ村人の心を寺へ結んでいる。しかも、村人のなかにはかつて僧籍にあり還俗した者が少なくなく、彼らを通じて仏教の影響が村人のなかに染みこんでゆく。しかも、パ・タン村における祭りはすべて寺に関係した祭りであり、祭りにおける敬虔な祈りと祭礼の際の娯楽、近在の村々から着飾った人々が集まり、屋台店が並ぶ賑わいは村落生活に不可欠のものである。筆者は新年祭 Bun Pi Mai に参加して、ことさらにこの感を深くした。ところでパ・タン村には二つの寺——Wat Po と Wat Sim——があるが、これは専ら大村の故であるとともに村人の誇りでもある。この辺には寺を持たない、寺を維持し得ない村も少なくないのである。(註13) ただし二寺を持つからといって、二寺の各々において同時に祭りが営まれるのではなく、毎年交互に祭りの場となるわけである。また寺ごとの壇家ないし勢力範囲はなく、何れの寺も全村民によって維持されている。〔ii〕ピー祠は寺に比較して村民に対する影響力が弱い。もちろん仏教以前においては、これが村の精神生活の支柱であった筈であるが、今日では時に村人が供物——多くはローソク二本とケイトウの花——を捧げて祈願をこめる程度である。重病人が出てもここへ詣る人はむしろ稀であるように思われる。〔iii〕小学校がまたパ・タン村の生活に活気を与えている。一人の先生と七〇人の生徒のかもし出すリズミカルな動きは、村人の教養に資しているにとどまらず、日々の生活に規律を吹きこんでいる。このことは小学校のない村と比較した場合に明瞭に看取することができる。パ・タン村の小学校は二〇年前に建てられたのであるから、この気風は二〇年来の新風ということになる。反対に二〇年前までは寺が現在以上に村の政治、教育に関与していたということである。〔iv〕村長、助役(村長の助手)はいるが役場はない。従って村の政治を視覚的にたしかめることはできない。村長が一戸一戸訪ねて相談事をまとめ、夜間に明日の作業予定を声高に触れ歩く。或いは同じく夜間に多数の村人が集合して村政――といって村の行事予定について――を議論する。ここでは話し合いによる村政処理が常態である。(註14) 村長には特別の権威、権力はない。〔v〕村人同士の共同労働の機会は、当時は新校舎の建設、家屋改築、屋根の葺き替えなどにみられた。新校舎建設は、共同労働といってもSieng Kamが請負った仕事で、資金を村と政府で折半し――といっても政府で持ったのは屋根のトタン板のみ――村人の奉仕によって行われていた。甚だしく悠長な仕事ぶりで一月二十一日に棟上げが終ったにも拘らず、四月中旬になっても完成せず、かろうじて屋根を葺き終った程度であった。また、この期間に、移転改築した家が四戸あり、多くの家で屋根の葺き替えをしていた。カヤ葺きからトタン葺きに変える家も多く、トタン葺きが大流行していた。(註15) これらの作業はいずれも近隣或いは親族相互の助け合い、すなわち〈ゆい〉suaj kanによって行われていた。〔vi〕村内の樹木、殊に果樹はそれぞれ持主がきまっている。しかし、なかには持主のない、従って村有の果樹もあって――例えばMac Nau, Mac Kamiなど――子供づれの母親がしばしばこれらの果実を落していた。しかし、必要なだけ二つ三つ拾うだけで、沢山落してひとり占めにしようとする者はない。秩序以前の慣習的行為であろうか。〔vii〕パ・タン村がNam Songとルアンプラバン街道との交点に立地する村だということは重要な意味をもっている。先ずNam Songについてみると、村落生活の多くの面がこの川と結びつきこの川によって維持されていることがわかる。飲料水として、灌漑水として、また水浴、洗濯のために村人にとってNam Songは不可欠のものである。昔から今日に至るまで、雨季の交通はこの川によるのだし、魚撈、運搬(竹筏流し、木工製品の輸送など)、さては水牛の水あびまで、村人は多角的に川と結びついた生活をしている。一方、道路もパ・タン村の発展にとって重要である。

殊に最近著しく改修工事が進んだので、近隣諸村、諸種族との交渉が増大し、Vang Vieng 郡第二の大村としてのパ・タン村の地位がいよいよ高まってきた。村に商店の増加した事実はこのことを裏書きするものに外ならない。ただし、この点については後述することにしたい。〔viii〕村が大きいからといって村内に特殊な地域区分、地域集団はみられない。ただし強いていえば〈古村〉と北西部の〈新村〉とは多くの点で相異があり、Wat Sim 附近の〈台地部〉はそのいずれとも異なる。そして、Nam Song を渡った村の入口附近は、いわば〈商店街〉であり、五、六戸の商店が並んでいる。

c　村域　村域という言葉を、ここでは村人の主たる生活領域という程の意味に用いよう。この附近の村々の間には村境があるが、元来鋭い峰々に狭まれた谷間の村のことであるから境界は山側にはなく、谷間の平野部のみにある。しかし、パ・タン村の場合には北隣のパ・ホーム村 Ban Pha Home、南隣のスアン・オーイ村 Ban Suan Oi との間に村境はない。何となれば両村ともパ・タン村から分岐した子村だからである。これら三村の間には未だに人的な結びつきが強く、母村の被護の下に子村が今なお成長し続けているのである。殊に Ban Suan Oi など戸数僅かに六戸では到底一人立ちできる村

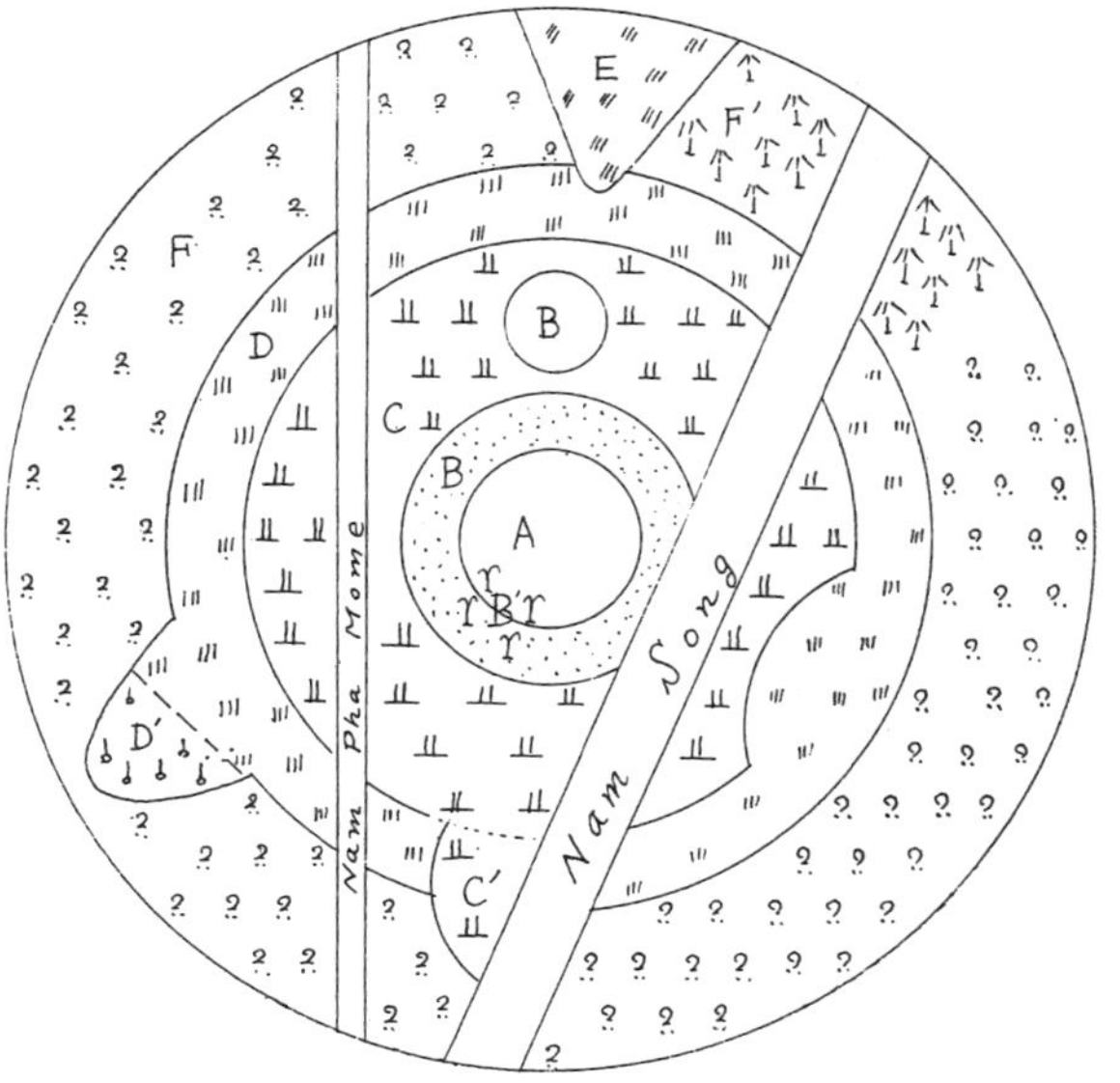

第11図　パ・タン村の土地利用
A. 集落　B. 菜園　B′. ココヤシ林　C. 水田　C′. 新田
D. 焼畑　D′. コーヒー園　E. カヤ場　F. 森林　F′.竹林

ではない。

ところで、村域内における村人の行動はすべて直接に生産活動と結びついたものであり、村落生活と自然との密接な関連を示している。従ってこの場面における村人の行動を理解するためには、それを土地利用図と対照させる必要がある。というより、村人の雑多な生産活動の投影されたものが土地利用図なのである。

第11図は、土地利用のダイヤグラムであり、村の土地利用はこの図のように同心円状の構造をなすものとして理解することができる。すなわち、集落を中心に菜園、水田、畑(焼畑)、森林がこの順序に配列されている。もちろんパ・タン村の生活舞台はナム・ソン、ナム・パ・モーム両河に沿って、殊にナム・パ・モームの河谷平野沿いに細長く延びているのであるから、土地利用図も正しく同心円状になっているわけではない。以下、これら個々の地域について解説しよう。

菜園　集落を形づくる民家附近の土地は菜園として利用されている。しかし、菜園の立地には自ら適地があり、村内にはおよそ四つの菜園地がみられる。村北部を流れる小川に沿って一カ所、その下流に二カ所、およびナム・ソン沿いに一カ所である。菜園が最も利用されるのは雨季があけ乾季に入ってからであるが、これらの場所は何れも水利に恵まれており、簡易、小規模な灌漑によって経営されている。ただし、灌漑とはいえ小溝に水を導きこれを主婦がヒシャクで朝夕二回灌水する程度のものである。菜園は何れも家族ごとに所有され、竹垣をめぐらして豚、ニワトリの侵入を防いでいる。一家族当り四〜五坪程度が標準であるが、なかには若干大きい菜園もあり、また四分の一坪程の微小なそれもある。つまり、村人にとって手近に菜園化し得るところはすべて利用されているわけであるが、家族の消費を上廻る必要はないから、乾季の初めには上記四カ所の菜園グループが耕作され、乾季が進み三〜四月の最も乾燥、暑熱の甚しい時になると、適地を求めて菜園の土地利用はいよいよ細分化されてゆく傾向がある。ナム・ソンの水中に櫓《やぐら》をたて土を盛って、菜園とするのもこの時期である。

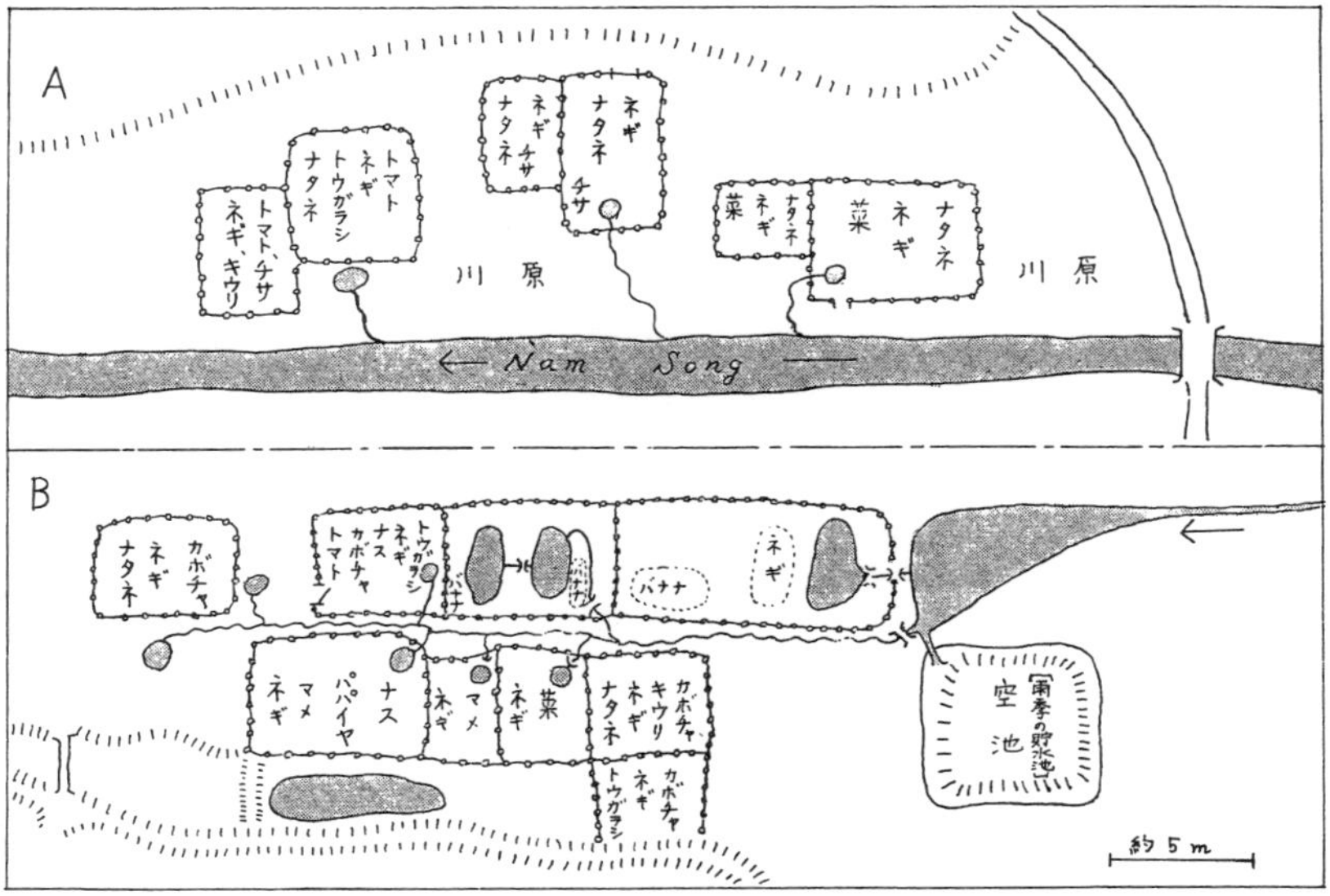

第12図　菜園の灌漑

要するに、菜園は各家族ごとの手近な野菜栽培地であり、主として主婦或いは娘たちの労働によって維持されている。従って、栽培作物はカボチャMac U、ナタネ Pha Kha、ナス Mac Pet、ネギPha Tian、葉菜 Pha Kha、トウガラシ Mac Pet、豆類がその主なものである。しかし、なかにはケイトウ、マリーゴールドのごとき花卉《かき》栽培が行われているところもある。もちろん、これも家庭の消費にあてるだけである。

村の内部におけるもう一つの土地利用として果樹園、コーヒー園、竹林その他をあげることができる。果樹園ではパインアップルが主に栽培されているが、目下これを試みているものはトンディー Tondi 家のみである。パパイアは屋敷のそこここに作られているが少数である。コーヒー園はワット・シム北側にあるが（シェン・オンの経営）極めて小規模、かつ試験的なもので、コーヒー豆を採取するには至っていない。ココヤシ林はワット・ポー南側にあり、また村のそこここに疎生している。しかし、これも青実を切り落して果汁をのむ程度で、到底プランテーションというわけにはゆかない。竹林は村の各所に叢生し、用材源となりまた筍を食用とする。もちろん竹には多くの種類があり、その用途を別にしているとともに、筍もまた異なった調理法を行う。そのうち特に変ったものは、乾燥して焼いてたべることである。

水田　ラオ族は農民であり、彼らの農業は水田経営を中心に組み立てられている。パ・タン村においても、ナム・ソンおよびナム・パ・モーム河谷にそって細長く水田が拡がり、さらに、周辺山麓の小扇状地が棚田として利用されている。これら水田は、すべて一毛作田であり、雨季とともに稲作労働を開始し、乾季に入って終る。もちろん、気候的には二期作が可能であるが、村人の語るところによれば、〈われわれラオ族は怠け者だから二期作はしない〉のであり、稲作経営そのものも粗放的で肥料は全く使用していない。しかし、北隣のパ・ホーム村[註16]では村の事業として政府の補助を得て灌漑施設を実施しつつあり、完成の上は二期作を行うという。従って、怠け者であるということが、二期作を行わない主要な原因と考えるわけにはいかない。大まかにいえば、その原因は彼らの生活様式のうちにあると思われるが、具体的には余剰米を(余剰米が生じたとして)輸送する道路、運搬手段が極めて不備であったこと、日常生活の上で物資の蓄積が乏しく、また乏しいなりに平穏な生活が維持できること、村の政治的統一が弱く、政治力によって村人を動員し灌漑施設を造営することができなかったこと、そして灌漑施設なしには乾季の稲作が不可能であることなどが考えられる。今日の水田耕作はほとんど家族中心に経営されているが、家族が家族の繁栄のために努力することは、実は大きい社会的な力を生み出すには至っていないようである。ラオ族社会は極めてデモクラティックな社会であって、個々の家族の力を結集する権力、政治力に欠ける点が少なくなかった。植民地勢力の侵透、小乗仏教の弘布がさらに地方権力の発達を阻害した点もあるであろう。現に今日のラオ村民は、いかなる種類の税金、貢納からも免かれているが、といってそれだけ富裕な生活を送っているわけではない。個人と家族の生活は、これらを包む文化のうちで午睡しているかのようである。一方、稲作は必ずしも水田に限らず、焼畑によって行うこともできる。しかも焼畑には今日なお多くの適地が残っており、その意志さえあれば開墾することができる。すなわち、必ずしも水田耕作を集約化する必要はないのである。そしていうまでもなく、少なくとも第一年度における稲の収量は、水田に比し焼畑における方が大であることが多い。ラオ族、ことに山地のラオ族にとっては分村、移住が比較的容易であり、村人口の膨張に悩むことはない。水田農業が粗放的であるのは一つにはこのためであろう。しかし、この問題はさらに山地におけるラオ族と他種族との関係、その中におけるラオ族の地位を考えることによって、一層明瞭に理解されるであろう。すなわち、ラオ族はやや誇張して述べれば農民・商人であり、雨季の農業と乾季の商業との組み合せの上に生活の秩序を築きあげているのである。乾季には彼らにとって別の仕事があるわけである。この点については後述したい。要するに、いかに村人の言明とはいえ怠惰だけが水田一毛作を続けていることの理由ではない。

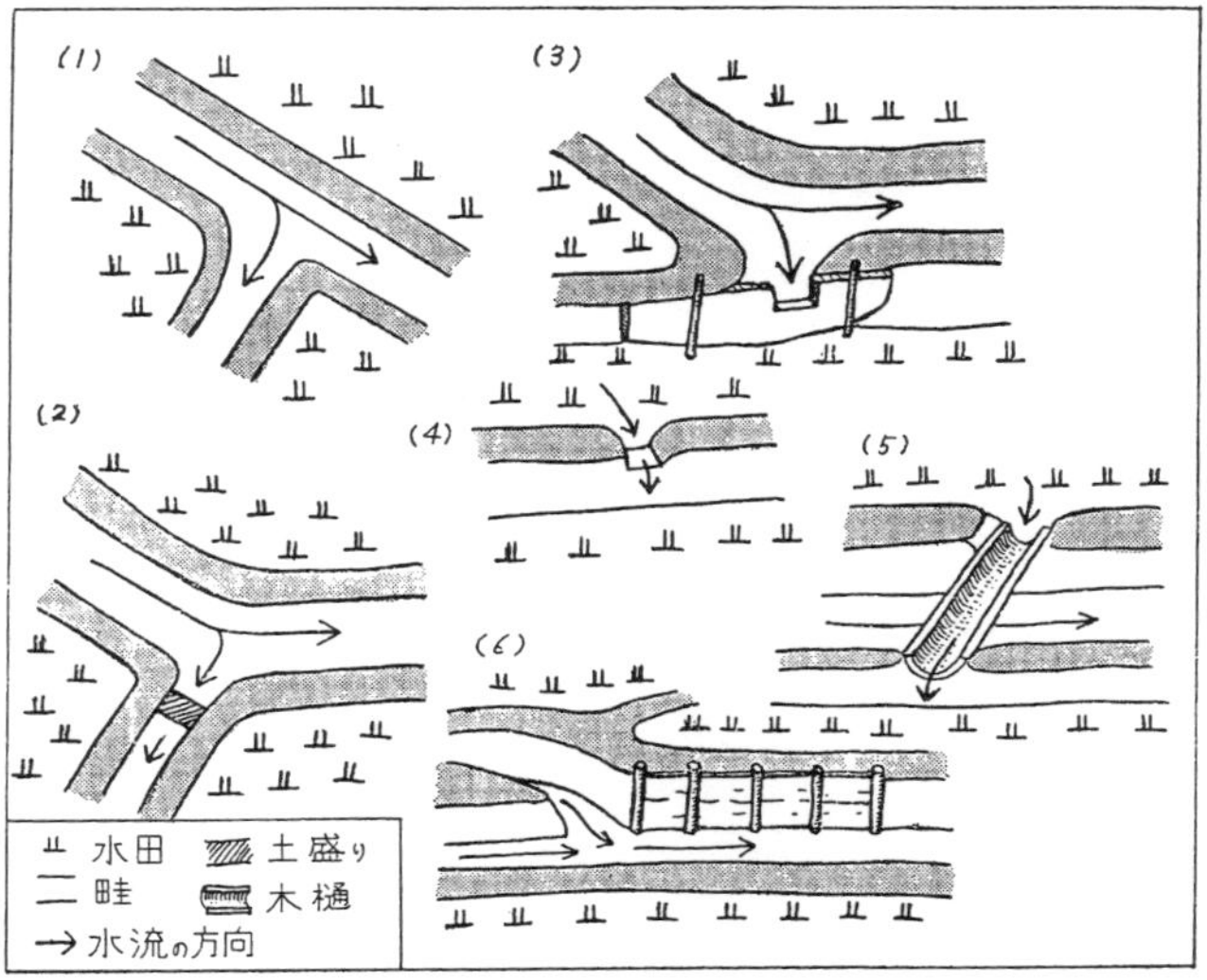

第13図　用水の配分法

要するにパ・タン村における稲作には水田 na と畑 hae, hai とがある。水田に乾田 na wa:n と沼田 na dam とあるが、ここでは後者のみであり、そのすべてが一毛作田 pen pu:k sanit diaw である。栽培されている稲の品種は多く、ウルチ稲 Khaw Chao、モチ稲 Khaw Nio、陸稲 Khaw Hae にそれぞれ次の品種がある。

Khaw Chao Nôi, Khaw Chao Tàj, Khaw Chao Njai(以上ウルチ)、Khaw Dam, Khaw Khaw, Khaw Putou, Khaw Wanto:n, Khaw Ipua, Khaw Nio Deng, Khaw Keo, Khaw Nam(以上モチ)、Khaw Nia, Khaw Mun Sing, Khaw Jo:i, Khaw Pe: Deng, Khaw Nam Man(以上陸稲)。

なお、水田耕作の時期その他については別稿によることにし、ここでは繰返さない。また水田のうちごく一部分は裏作にタバコ畑として利用され、さらに小部分がピーナッツ畑となっている。タバコ畑は、多くの肥料と入念な管理とを必要とするため、現在は村内に数ヵ所、それぞれ四〇〜五〇坪程度が耕作されているに過ぎない。

焼畑　パ・タン村周辺山地のそこここには焼畑がつくられている。とはいっても傾斜の関係で畑は東部山地の山麓に多く、西部山地ではナム・パ・モームの支谷に沿って二、三の畑がみられるにとどまる。ただし、畑の面積からするとむしろ西部のそれが大である。焼畑による畑地の造成は伐木→枝を払う→乾燥→火入れ→焼跡の整理→畑の整地→作物の植付けという過程で行われ、そのすべてが稲作終了ののち乾季になされる。二〜三月頃の、最も乾燥した時を選んで火入れを行い、その跡片付けをすまして五〜六月頃に作物を植えはじめる。一般には二年間継続使用し、三年目から四〜五年間ないし六〜七年放置したのち再び利用するという過程をくり返す。しかし、畑の立地条件によっては数年ないしそれ以上継続的に利用しているところもあるようであり、殊に畑をコーヒー園として利用する場合には一層長期にわたる筈である。しかし、村人はこのような利用上の差異、同時に景観上の差異にもかかわらずこれを一括して畑、すなわちハエ Hae、ハイ Hai と称している。

ハエに栽培する作物は一年目には陸稲 Khaw Hae を中心として、トウモロコシ Khaw Sali, バナナ Ton Kuaj, Mac Puac, Mac No:i, Mac Toun, キウリ Mac Te:n, Mac Fac, ヒマ Mac Hon, サトウキビ O:i, トウガラシ Mac Pet などであり、第二年目にはトウモロコシを主にしてバナナ、Mac Buac, Mac Puac, Mac Fac, Mac Toun, O:i, Mahou などが作られる。これらは、もちろん混植される。

ハエのうちで最も広い面積をもつものが村西部のパ・ヴィー山麓の小渓にそって開かれている。以下このハエに関するある日(三月十四日)の観察を記すことにしよう。

〈午前八:〇〇すぎポー・ボアと共にナム・パ・モームを渡ってハエに向う。川を徒渉し川向うの空田を渡り、さらに山麓の叢林の中の小径を約三〇分程歩くと最初のハエに着く。ここで村人二人が伐木を鋸で引いていた。ここから五〇m程登ると別のハエがあり、さらに一〇〇m程行くとまた別のハエがある。ハエとハエの間は叢林がぎっしりと茂っている。三番目のハエはごく最近火入れをしたところで焼けた枝々がくすぶり、新しい灰が地面をうずめている。目下、整地中であり、二人の村人が倒木の枝々を払っていた。このハエに続いて村人オン On のコーヒー畑がある。ここはパ・ヴィーの山懐深く入り、両側の尾根が間近に迫っているところ。朝の空気はひややかで、朝露が木々の葉をぬらし、また、地面をしっとりと包んでいた。コーヒー畑は面積約五〇ワー平方(wa monton; 1wa＝一八〇cm程)、手前には二年の若木、その向うには四年の成木が並んでいる。これは樹高約一六〇〜一七〇cmで、今しも白い毛糸を束ねたような花が咲こうとしている。葉は青く輝き、枝々の先には白い蕾が群がっている。コーヒー畑の中央に小屋(高床の見張り小屋風、しかし見張りのための高床ではなく、谷間の湿気をさけるためか、或いは出没する虎の危険をさけるためか)があり、その下に焚火の跡が残っていた。小屋の中には鍬その他の農具が置かれているだけ。二つ三つのサトイモ Man Po がころがっている。畑にはコーヒーに混ってバナナが生育し青い実を付けていた。他に四、五本のカポック、一本の丈高い(二・五m程)茶樹が生えている。ハエの西側には尾根の岩壁が迫り、そこに石灰岩の浅い洞窟がうがたれ、冷たい水がたたえられている。この附近に小さい畑があり、一種のズイキイモ Man Puac とトウガラシ Mac Pet が作られている。これに続いてコーヒーの苗木が育てられているところがある。ポー・ボアによると、ここはすべて村の土地であって、村人である限り誰でもここにハエを作ることができるという。ここでは一般に第一年目にトウモロコシを作り、第二年以降コーヒーを栽培する。コーヒーは三年で収獲し得るようになるということであった。

　これらパ・ヴィー山懐のハエと東部山麓に並ぶハエとの相違は、前者が叢林のなかに点在しており柵をめぐらしていないのに対し、後者においては厳重に竹柵をめぐらし、その一方に呪術的な害鳥、害獣除けのターレオ Taleo(呪標)を建てていることである。ハエすなわち畑としての集約度の相違であろうか。

森林　山地ラオ族の生活と森林との結びつきは甚だ密接である。彼らにとって森林は用材源であり、食用植物採集地であり、狩猟場でもある。食用植物には pag we:n, pag kut, pag nan, pag wa:n, pag nau, pag ha:g, pag kuan, pag homtaj, pag mu hai neua, pag san, pag kiou, pag kunngon, pag bo:n, pag somsenka, pag sompon, pag sompu:n, pag sonkoi, pag sonho: などがあり、狩猟動物には to muaj, to hog, to nou, to chou, to kwan(鹿)、to fa:n, to fankaj, to ujuan, to ugen, to ling(猿)、to sani, to ka:n などがある。これら動植物の名称を固定し得ないことは残念であるが、筆者のラオ語では如何ともなし難かった。

　その他特殊なものとして次のごとき土地利用がみられる。

カヤ場　これにはプー・パミアン山の西斜面があてられており、そこに屋根葺きのためのカヤ、Nja Kha が茂っている。カヤ場のカヤは、村人の自由な利用に委ねられているから、乾季の半ばになると多くの村人がここでカヤを刈り、二束ずつ竹竿の前後に振りわけにして下りてくる。カヤ刈りは早朝の仕事である。その後三月頃になると天候と風向をみて山焼きをする。

ポー樹の植林地　ポーの木は豆科の樹木で、その樹皮を打ち叩いて縄をつくるために大切である。家によっては家敷内部にこれを植えているが、村としては西部の樹叢の一部にこれを植林している。

川の利用　ラオ族の生活にとって河川は極めて重要であり、飲料水、用水、菜園の灌漑用水にこれを使用し、魚撈、青ノリの採集を行い、毎日きまってここで水浴する。刳り舟によって交通し、また上流の竹林から竹を伐出し筏をつくって流してくるなど川の利用は多角的で、これを欠いたラオ族の生活は考えられない。魚撈のみについてみても様々の方法があり、これらについては別に述べたい。

ここでパ・タン村における土地所有について簡単に附言したい。先ずはじめに村域については、明瞭なところと不明確なところとがある。パ・タン村と、その南のコクサン村Ban Koksane、との間には境界があり、これをこえて開墾、開田をすることは許されない。一般に村境には石塔、木柱(Lac Ban という)が立っているというが、パ・タン村と前述二村との境界にはこれが見当たらない。また、パ・タン村とその南隣のスアン・オーイ村Ban Suan Oi との間には境界はなく、従って出作入作とも自由である。これは後者がパ・タン村からの最近の分村であるためである。一方、パ・タン村の東西は何れも山地であるから、村境は自ら山地の森林の中にとけこんでいる。

村内の土地には二種類ある。その一は個人或いは寺、学校などの公共団体の所有する土地で、これには、明瞭な境界Khed Din が認められている。もちろん明瞭とはいっても、境界の標示があるわけではないから慣習的なものであるが、村人がこれを侵すことはない。その二は、いわば村の土地であり、これは村人によって自由に利用され、その期間が過ぎると再び村に返還される。例えば森林の土地は村のものであるから村人は自由に開墾して畑をつくることができるが、二〜三年後には返還されて再び村有となる。しかし、畑(ハエ)にコーヒー栽培が始められたときはどうなるであろうか。村におけるコーヒー栽培の歴史は浅く、栽培後僅かに四〜五年にしかならないから、今日のところ問題は少ないが今後の事態には注目すべきものがある。また、村の北部には村の土地に一〇戸足らずの家が建てられているが、この場合は半ば永久的に宅地を占拠することになり、多分、将来は個人の所有に帰するものと思われる。すなわち、パ・タン村では土地占拠が永続すればそのまま個人的な土地所有に移行するのではないかと思われる。村人の言によれば、北部の土地にならば筆者が自分の家を建ててもかまわない、何となればそこは村の土地だからという。つまり、村の慣習に従えばその土地はやがて筆者の所有になる筈である。

土地が個人によって所有されている場合には当然その土地の売買、貸借が行われる。パ・タン村では宅地五〜六ワー平方あたり三〇〇〇キップ程度であるが、もちろん、土地により価格の高低がある。田も同様に売買される。なお、土地面積の単位について述べると、宅地はワー平方 wa monton という単位が一般に用いられる。1 wa は 4 sog、1 sog(肘から指先までの長さ)は 2 kup(拇指をのばして中指の先端までの長さ)であるから、1 wa monton は約一・八 m 平方となる。但し、最近ではメートル法がかなり普及している。田についてはムーン mun という単位が用いられる。1 mun は大体五〇平方 m(50m. monfon)の広さをいう。(註17) またフー hü という単位が屢々用いられるが、これはわが国の一筆に当り面積は一定していない。畑すなわちハエについてはモントン monton を用いるという。ハエ一モントンは約四〇平方 m である。これが標準的な農家の畑所有面積であるが、畑の所有は地域的に大差がある(例えばプー・テン Phou Theng 族は普通一家族二〇〇モントンの畑を所有するという)。ハエについてはまた一ハエ(あるいはハイ)という単位があるが、これは単に畑の一区劃ということであり、一〇平方 m のときも二〇平方 m のときもあって、必ずしも一定の面積を表わすものではない。

C　村人の行動は、いうまでもなく年齢によって制約されている。換言すれば、個人の才能が年齢と共に開花し、社会化されていくということ、しかも、熱帯には熱帯としての肉体的・精神的な発達の型があり、また、それが社会化されるための条件がある筈である。

〔i〕パ・タン村において〈赤ん坊〉は、〈乳のみ子〉と呼ばれる。すなわち lug kin tou、或いは lug(子供)kin(のむ)no:m(乳)である。たいていは一年半、次子が生れなければ二年から三年にわたって授乳が続けられる。四年間も授乳するときがあるが、これは稀である。乳のみ子は勿論、四歳位までは母親が父親が背負ったり抱いたりして子守りをする。オシメは使わず、木綿の帯(水浴の際には男の腰布にもなる)でくるんで背負う。女児は早ければ生後一カ月たつと耳たぶに穴をあける。un tan という。名前は一カ月頃につけるというが、生後二、八、九カ月で名のないものが各一例あった。木の実（例えばポーの赤い実）を玩具にして遊び、有り合わせの木箱に車（適当な車がなければMac Tan の実を使う）をつけヒモで引いて遊ぶ。竹の棒に、木の車をつけた遊び具もある。竹でおもちゃの唐臼をつくり、足で踏み乍ら遊んでいる子供もある。〔ii〕子供が四～五歳になると〈子供〉dek noːi と呼ばれる。親でなければ子供の名を呼ばない。この頃、水遊び、筏乗りなどをし、床下にしつらえたブランコに乗る。直径四〇～五〇㎝の竹の輪をころがして遊び、パチンコで木の実を落す子供もいる。コマ Mac Kang 遊びもする。〔iii〕七歳で小学校へ行くと村人は彼の名 su を呼ぶようになる。dek noːi ではあるが学校では名前に〈さん〉をつけて Thao 何某、女性なら Saw 何某と呼ぶ。この村では七、八、九歳の三年間小学校に入学する建前である。ただし実際には女子の就学率は悪く、全校生徒七〇人中女子は二七人に過ぎない。小学校を卒業すると Vang Vieng の中学校へ三年間入学し、さらに Vientiane の高等学校へ四年間入学することができる。しかし、大部分の生徒は小学校で止める。（Vang Vieng で就学中のもの二人、Vientiane で就学中のもの一人である）。小学生はコマ遊び、羽子つき、フット・ボールなどで遊ぶが、最も人気のあるのは Mac Tan 遊びである。〈遊び〉よりも少しでも家の手助けをすることが（水汲み、洗濯、薪拾い、魚釣り、カエルとり等）期待されており、女子の就学率の悪いのは専らこのためである。〔iv〕一五歳になると、男女ともほぼ一人前に近い仕事ができる。実際は女子は一四歳、男子は一五歳から村人の仲間入りをし、もはや dek noːi ではなく名前を呼ばなければならない。男は若者 Phou saj、女は処女 Phou saw であり、共に結婚の資格があるものとされて

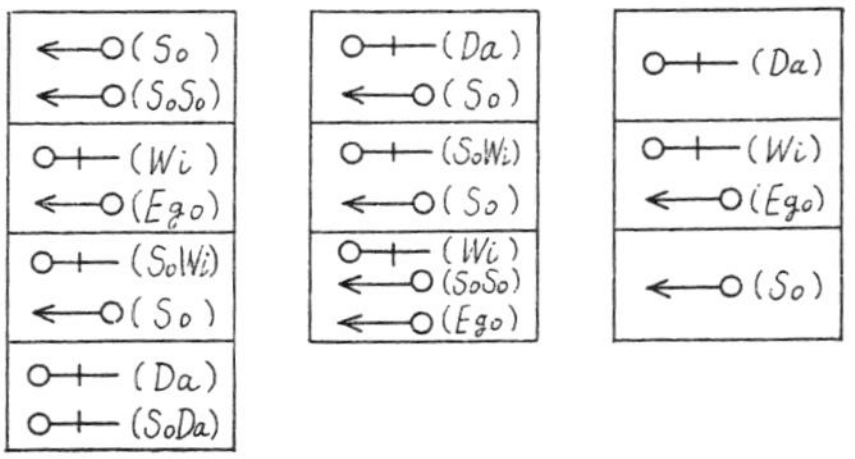

第14図　寝室の秩序

（左）　4室3世代家族の場合
（中）　3室3世代家族の場合
（右）　3室2世代家族の場合
〔ただし何れの場合も7～8歳までの子供は父母と寝室を共にし、10歳以上の男女は寝室を別にする。孫は祖父母と共に寝ることが少くない〕

いる。酒、タバコをのむのも男女ともこの年齢からという。ただし、この年齢は漸次引上げられているらしく、小学校の先生によると男女とも一七〜一八歳まで酒・タバコを口にしてはならないという。女は一五歳からキンマ Keoma を嚙むが、この習慣は徐々にすたれつつある。〔v〕一八歳になると男女とも完全に一人前の仕事ができる。そして男はほとんど一八〜二一歳、遅くとも二五歳までに妻をめとる。男はこの年齢以後、村長に選ばれることもできるという。女は一七〜一八歳から Phou bao と呼ばれる。結婚すれば男は lug kuei、女は lug phai と呼ばれる。〔vi〕男が最も活動的で、農事に励む年齢は二五〜三〇歳である。女は一三歳から機織りができるが、結婚前後から五五歳位までが最も油ののった時期である。〔vii〕結婚して子供が生れると父は Pô(父)何某、母は Me(母)何某と呼ばれる。子供の側から父母を呼ぶ時にも Pô, Me といい、この村ではタイ・ヌーア方言で ô、u と呼ぶ。いわゆるテクノニミー Teknonymy の慣行である。〔viii〕男女とも四〇歳を過ぎると Ke(年寄)といわれ、男は四五歳を過ぎると過激な労働をさけ、五〇歳になるとほとんど仕事から手をひく。孫が出来るとそれぞれ Potau(祖父)、Metau(祖母)と家人だけでなく、村人からも呼ばれる。もっともこの村ではタイ・ヌーア方言で Popou、Menja と呼ぶ。孫がなくとも四五〜五〇歳を境にこの名を呼ぶことが多い。老人たちは漁網のつくろい、寺の世話などをして暮らす。

以上の事実は村人の成長過程を肉体的・精神的に、また社会的に評価したものと考えられるが、これは他地域に比較していかなる特徴を持つであろうか。ここでは取り敢えず人生の盛時が男の場合、二五〜三〇歳前後にあり、四〇歳を過ぎると老年の部類に属すること、また同世代内における年齢の区別を明瞭に使いわけている点に注意しておきたい(註18)。

一方、村人のなかには宗教制度との関連による呼び名があるので附記しておく。〔i〕〈Chan〉はかつて僧院の教授職にあったものが還俗した場合につけ、〔ii〕〈Maha〉はかつて Pali 教典の試験に合格したものに〔iii〕〈Thid〉

は老僧となってから寺を去ったものにつける。〔.iv〕〈Xieng(Sieng)〉は見習僧 ne:n が寺を去った場合につける。かつては、これらの名で呼ばれる人々が村のインテリであり、僧と共に、村民の教育、政治に甚大な影響を及ぼしていたのである。もちろん今日でもこれらの人々は宗教心にあつく、例えば新年祭の時、村人の Maha Poh は最も立派な供物を寺へ寄進していた。

次に性による労働の分担についてみると、主として男のする労働に、ハエの手入れ、伐木・伐竹、薪つくり、筏流し、カヤ刈り、投網漁、釣漁、家の修理、屋根葺き、大工、籠編み、行商、出稼ぎなどがあり、女の労働に家事、ことに炊事の仕度、機織り、家畜の世話(豚、ニワトリ)、ハエの手入れと収穫、山菜とり、薪拾い、網漁、カエル・コオロギ掘りなどがある。ここには、とりたてて特徴というべき点は見当たらないようである。

男女の社会的地位については別に考えることにするが、一般には女性より男性の地位が高い。例えば、この村では左の座席は右のそれよりも優位にあるが、パ・タン村の一三家族を写した写真についてみると夫が妻の左側に立っているもの一〇、右側に立っているもの三であった。ただし、子供の並び方は考慮していない。何れにしろこの問題の検討は他日を期さねばならない。

次に労働の単位、労働集団、作業団の大きさについてみよう。先ず第一に集落内部においては、水汲み、炊事は勿論、菜園の手入れ、灌水など男女何れにしろ一人で行うことが多い。しかし、屋根の葺き替え、米つきのごとき例外もある。第二に集落の外で行う労働についてみると、概して男には、単独労働の傾向があり、女は二〜三人の小集団で行動することが多い。狩猟、投網投げ、カヤ刈り、ハエ・コーヒー園の手入れ、筏流しなどの男の仕事二三例のうち、単独で労働していた場合が一三例みられた。一方、薪拾い、魚とり、カエル掘り、山菜とりなど女の労働一七例について二、三、四、五人の集団でいたもの一六例、単独でいたもの一例であった。もちろん、男女ともに参加して行うカイボリなどもあるし、上記の観察自体が一面的なものであるが、一つの傾向はうかがい得るように思う。

パ・タン村における労働の組織にはユイ suaj kan とモヤイ(村仕事)wa:n とがある。Suaj kan は労力交換、助け合いであるが必ずしも等価の労力を返済しなければならぬわけではない。金を支払うことも、酒食を供することもない。Suaj kan には sua diaw suaj kan(一統、一族の助け合い)と chum diaw suaj kan(一統と妻方親族を含めたグループ内での助け合い)とがあり、前者が基本的なものである。wa:n とは共同で作業するために人々を招集するの義であり、sud suaj kan, tan ba:n Suaj ともいう。近隣、時には村の全員が集まって仕事する場合があり、仕事が終ると参集者に酒と食物を供することが多い。

D パ・タン村は水田農村であり村人はすべて農民である。しかし、自動車道路が開通し(二〇年前より)、周辺諸村諸種族との接触、交易が増大するとともに若干の商人、商店が出現し、また首都ヴィエンチャンを通じて近代化の波が波及するにつれて、学校、医務所ができるようになった。村生活の展開、職業の分化ということができる。

〔i〕ここで商人といわれ得るものは四人あり、それぞれ店を構えている。すなわち、Pô Boua(Kom), Phan, Kamtan, Chin Chua の店であり、それぞれ七年前、一〇年前、三年前、四年前から店を開いた。Pô Boua と Phan の店は雑貨店で、ほとんどあらゆる商品を扱っている。衣類、靴、文房具、石鹼、マッチ、缶詰、ビール、サイダー、醬油、ローソク、線香、石油、陶器、トタン板、釘、ヤカン、コーヒー、ミルクから鹿の角まで、もちろんこれは単なる一例にしかすぎない。両者の中では Pô Boua の店が繁昌している。Kamtan と Chin Chua の店はむしろ衣料品店兼仕立屋である。しかし、衣料品以外の品物も売る。Chin Chua は華商である(父母はヴィエンチャン在住)が、妻はパ・タンの村人であり、彼自身村人から何ら差別を受けていない。San の家でも時に衣服を仕立てる。しかしごく小規模で店とはいえないかもしれない。〔ii〕四戸の商店とさらに Maha Po, Pouan, Pô Kambon, Sieng La, Thid On の計九戸は塩商人である。何れも三〜四年前から塩を売りはじめたもので、

Tourakom 附近 Ban Koun 産の塩を自動車で運び、ここでカゴに詰めかえて、あるいは計り売りをする。[註19] 大カゴ入り70kip、小カゴ入り40kip である。パ・タン村は Vang Vieng 以北における塩の集散地で Nam Song, Nam Noi, Nam Pha Mome 沿いのラオ村および山地の Meo, Yao, Phou Theng 族がその顧客である。山地種族に対しては屢々村人が塩の行商にいく。〔iii〕Bun Mi は村の大工である。徒弟二人を使い、主として家具をつくる。ごく粗末なものであるが、製品を刳り舟にのせ近隣の村々に売却する。もちろん注文生産である。〔iv〕Tian、Kon Keo[註20] の店は簡易食堂である。それぞれ一年前、二年前から店を開いた。ただし村人はここでコーヒー（一杯10kip）を飲む程度、主として村を通過する自動車運転手と旅客相手である。Tian の店では理髪（5 kip）もすることができる。〔v〕小学校の先生 Tonchan と医務所の Don とは、いわば村のサラリーマンで、政府からそれぞれ4500kip、4000kip の給料（月給）を貰っている。何れもほぼ二年間で交替、転出するという。〔vi〕Chan Lung は村の鍛冶屋

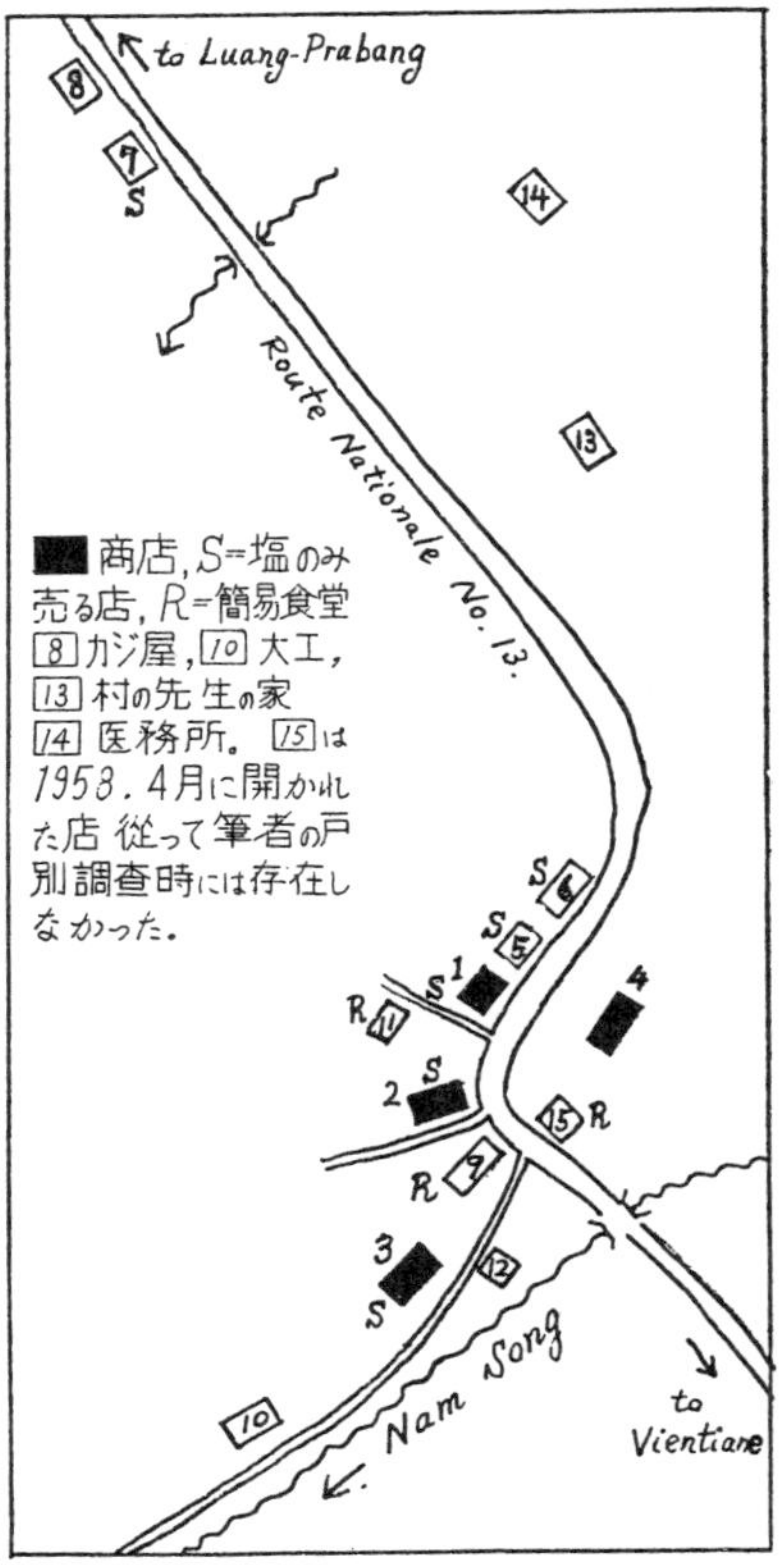

第15図　パ・タン村の商店

家族番号 戸主名	
1．Kom（Pô Boua）	8．Chan Lun
2．Kamtan	9．Tian
3．Phan	10．Bun Mi
4．Chin Chua	11．Kon Keo
5．Pouan	12．Sang
6．Sieng La	13．Touchan
7．Maha Poh	14．Don

で、フイゴ Kon Soup を吹き農具、猟銃を作るが、一年中仕事があるわけではない。ちなみに附近の村にはたいてい一人の鍛冶屋がいるが、平野部の村にはいない。〔vii〕村には若干の行商人がおり、塩、衣類、雑貨を背負って山地少数民族の村を巡回する。例えば、一月十七日には村人二人がプー・テン族の荷運び人夫二人をつれて行商に出かけ、同十七日には村人六人がプー・テン族六人をつれて、同二十一日には村人一人がメオ族の馬に黒い綿布を積んで出発した。十七日に出発した Tui の一行は、黒い綿布を持ち、十六日間に Meo 族の村一四、Yao 族の村二、Phou Theng 族の村二を巡回した。また二月十九日には二人のラオ人が Yao 族の村へ行商にゆき、同日別のラオ人一人が白い粗布を背負って同じく Yao 族の村へ向った。パ・タン村の Nin は Mac Kam の実を石油缶に詰め Yao 族の村へ出かけ(二月十九日)、二月二十四日に戻った。もちろん筆者の聞きもらしたものも少なくない筈だから、村人の行商はかなり盛んだということができる。〔viii〕一方、首都ヴィエンチャンへ出稼ぎにいくものも少なくない。たいていは筋肉労働である。Maha Poh, Tui, Chan Lung, Kouan の四人は少なくともたしかに出稼ぎに出かけた。村内でのピーナッツ売り、カオ・プーン売りなどはあまりにも零細で商売のなかには入らないであろう。〔ix〕パ・タン村には土地も家も財産も持たず、身一つで日雇い、ポーターなどをしている〈流れ者〉がいる。前述の Nin はその一人である。彼は平野部の出身である。〔x〕最後に僧について触れておこう。Wat Po は創建五〇〜六〇年になる古い寺で現在一人の僧 Pra(パ・タン生れ)と一人の見習僧 nen(Ban Buoc 生れ)がいる。Wat Sim は創建一三年の寺で一人の僧(Savannakhet 生れ)と二人の見習僧(一人はパ・タン村生れ、一人は Thakhek 生れ)がいる。〔xi〕Mô Mô(タイ・ヌーア語)、Môn Môn(タイ・プーアン語)というのは呪師である。パ・タン村では七七歳の Pim がそれである。彼は〈古村〉に一人で住み、筮竹《ぜいちく》(ここでは sen という)をもって占う。しかし、今日の村人は彼に関心を持ってはいない。彼は、二〇年前に Mô Mô になったという。また、彼の父は Mô Mô ではなかった。〔xii〕パ・タン村にも近隣諸村にも入墨師はいない。〔xiii〕なお Chan Lung は一五〜一六年前まで村で瓦 Dinko をつくっていたが今は止めている。需要がないからである。
一見、極めて単純な水田農村であるパ・タン村も、実は以上のごとき職業の分化をきたしているのであった。

5 生活の場

パ・タン村における村人の生活の場は決して単純なものではない。筆者の観察しえたものは、著しく断片的で雑多な村人の日常行動であり、その背景にしかすぎない。混沌とした村人の行動の渦、これだけが疑うことのできない現実なのかもしれない。

しかし、雑多な個々の行動といえども、すべてそれぞれに然るべき背景をもっている。この背景を文化 Culture という網目 Network と解することもできる。人が着物を着るのではあるが、一方では、着物が人の行動を規定しているのでもある。とにかく、そこにはある幅をもった規則性が支配している。筆者はこの点をとりあえず (1)日々の行動のルーティンについて、労働・行事の季節的配分について (2)行動の場的展開について、すなわち家・村・村域・その周辺に関する行動の場の様式について、図式的に考えてみた。つまり、簡単にいえば土地利用図は同時に行動の場的展開を示すものであり、その意味において文化構造の極めてグラフィックな表現であるということである。また、(3)村人の成長過程とその社会的役割、評価と期待について (4)職業の分化・展開について考察した。

要するに個々の雑多な行動は、全体として場の立体的な構造に対応するものであり、ここに構造的にラオ的生活秩序の特質を見出すことができるというわけである。筆者としては場の構造の諸次元を分析しようというのであって、社会組織、親族組織なども当然このなかの然るべき地位を占めなければならない。もし、比較民族学というものが成立するとすれば、先ずこのような大枠、すなわち文化の場の構造的比較を試み、その後に社会組織、親族組織その他の比較を行うべきであると考える。文化の構造、骨格について、ここでは個々の行動を拾い上げることからアプローチしていった。したがって将来ともこの種資料の蓄積が不可欠であり、それを待って、初めてより一層鮮明な〈生活の絵〉が描かれるわけである。

第3章

村落社会の諸相

1 村の人口

パ・タン村は全戸数九九、他に二つの寺と一つの小学校とがあり、寺僧を除いた村の全人口は五〇六人である。寺僧は一定の任期をもって村に居住する者、いわば赴任してきた者であるが、小学校の先生は村の出身者であり、村の生家に両親と共に同居している。従ってここでは便宜上、寺僧を除いた人口をもって村人口を示すことにしよう。僧は家族をもたず、単身で在住するものであり、時に若干の出入があるからでもある。しかし、村人の精神生活に及ぼす僧の役割は大であるから、僧侶人口を村人口に加えると、村の全人口は五一二人となる。さらに、Wat Sim に目下滞在中の客僧一人を加えれば五一三人となるわけである。

パ・タン村の全人口五〇六人を男女別にわけると男二四七人、女二五九人となり、女子人口が僅かに男子人口を上廻っている。就学、就職のため、或いは兵士として村外にある若干の男子のほか、女子に比して男子の死亡率が若干高いためかも知れない。第16図は村の人口ピラミッドを示す。すなわち乳幼児期においては女子人口が男子人口より多く、老年期においても同様であることなど若干の特色がみられるが、年齢階級の個々の場合について明らかにすることは困難である。ただ、生産年齢層(ここでは図の関係で一〇歳から四九歳までと仮定すれば)において女子人口が男子人口を超過していることは何らかの意味があり、この点にパ・タン村の一つの位置づけが考えられるべきかも

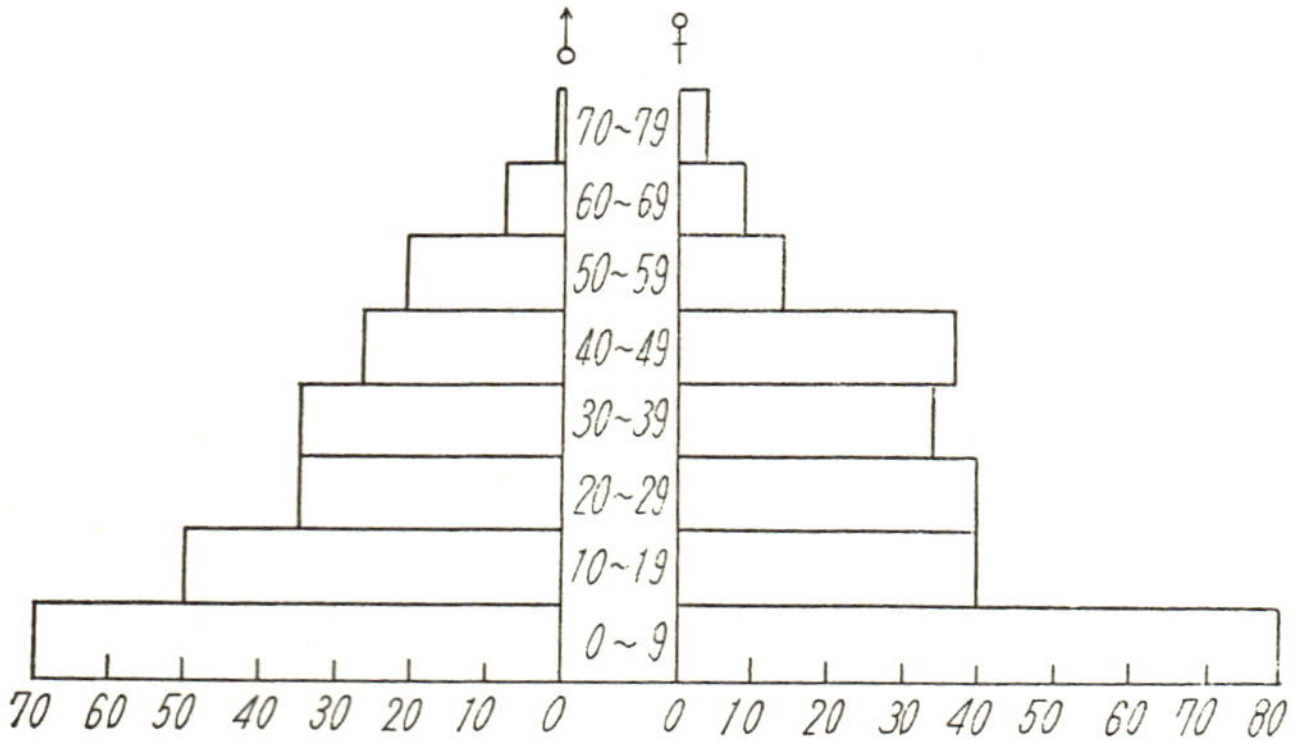

第16図　パ・タン村の人口ピラミッド

知れない。問題点として後に検討することにしよう。もちろん、人口ピラミッドは全体として、当然予想されるごとく、富士山型の後進地域としての特色を示しており、多産多死、しかも、概して短命であって、このことは村生活の経験からも十分に納得されることである。

次にパ・タン村人口を人種別にみると、ラオ族の村として当然のことながらそのほとんどがラオである。しかし、一〇〇%ラオ族というわけではなく、若干の異民族が混入しており、ここにもこの村の一特色がある。すなわち、パ・タン村の異種族は、中国人(華僑、ただし国籍はラオ)一、ヴェトナム人(同前)一、プー・テン族一である。ただし、これら村の異種族は中国人一人を除き、彼ら(ただしプー・テン一人は女性)の故郷と連絡はなく、今では全く村人のなかにとけ込んでしまっている。村人もまた彼らの種族・出身を問題にすることは稀である。

次に、調査人口動態について述べるが、その前にこの点に関する筆者の印象は次のごとくであった。すなわち、個別的に村の九九家族を訪問した際の〈感じ〉として、第一に多産多死という印象を受けた。子供の数は多いが、それにも増して死亡児数が多い。試みに手許の家族カードから任意にその二、三を抽出してみても、Tui 家(戸主五一歳)では九人の子供があったがそのうち五人は幼児のうちに(四人は一歳未満、一人は七歳)死亡している。On 家(戸主三九歳)では九人の子供のうち五人(四人は一歳未満、一人は二歳)が死亡、Pim 家(戸主四六歳)では七人の子供のうち四人が何れも生後半年以内に死亡している。実際、このような例は枚挙にいとまない位であって、むしろこれが常態なのである。しかし、もちろん、なかには若干の例外があり、僅か一、二人の子供を持つ——母の年齢は高く結婚期間が長くとも——にすぎない家もあり、数人の子供がそろって生存している例もみられる。しかし、衛生観念の乏しさ、その施設の欠如によって、乳幼児死亡率が極めて高いであろうことは当然といえる。印象の第二は老齢者の少ないことである。わが国のいわゆる古老に類する人は稀で、壮年期をすぎると急速に老衰し、些細な事故によって死亡に至る。長く病床にあるというような老人はない。ただし、この点は青・壮年の場合も同様である。要するに生命のサイクルが

第2表　初婚年齢

年齢	♂	♀	年齢	♂	♀
14	0	7	27	6	1
15	0	7	28	2	1
16	0	12	29	5	2
17	2	9	30	1	0
18	5	9	31	1	0
19	5	10	32	1	0
20	5	5	33	0	1
21	4	3	34	3	1
22	8	1	35	2	0
23	7	5	36	2	0
24	6	3	37	0	0
25	6	1	38	2	0
26	5	1	39	0	0
			40	1	0

註　再婚および再婚と思われるものは除外

第3表　結婚持続期間別出生児数

結婚期間	0	1	2	3	4	5	6	7	8	9	10	11	A 母の数	B 子の数	B/A
0—4	2	7	2										11	11	1.0
5—9	2	2	8	3	1								16	31	1.9
10—14		2	2	1	4	2	3	1					15	60	4.0
15—19				1	2	1	5		1				10	54	5.4
20—24		2	1		2	6	1	3		1	1		17	88	5.2
25—29			1	1				1		2			5	30	6.0
30—34		2		2				1		2	2	1	10	64	6.4
35—39						1							1	5	0.5
40—44		1					1			1			3	16	5.3
計													(88)	(359)	(35.7)

第4表　母の年齢別出生児数

母の年齢	0	1	2	3	4	5	6	7	8	9	10	11	A 母の数	B 子の数	C 死児数	B/A	(B−C)/A
15—19	2	4											6	4	2	0.7	0.3
20—24	2	6	8	1									17	25	4	1.5	1.2
25—29		1	6	5	3	1	2	1	1				20	72	26	3.6	2.3
30—34	2		4	1	3	3	2			1			16	59	19	3.7	2.5
35—39		3	2	1	1	3	3	2			1		16	71	21	4.4	3.1
40—44	1	2		2	1	2	2	1		3			13	68	22	5.2	3.5
45—49	2	1	2	2	3	3	1	2		2	1		19	86	37	4.5	2.6
50—54		2		2	1			1			1		7	29	5	4.1	3.4
55—59		1		1		2	1			1		1	7	40	14	5.7	3.7
60—64		2	1		1	1		1					6	20	1	3.3	3.2
65—69						1							1	5	1	5.0	4.0
70—74					1		2						3	16	5	5.3	3.7
75—79						1							1	5	3	5.0	2.0

短いということであろうか。

ところで、以上のごとき一般的な印象を各種の動態統計によって説明することはなかなか困難である。第一に村人の年齢の記憶が正確でなく、殊に老年者について、また死亡者については、かなりの誤差があると思われるからである。第二には調査そのものが短期間のものであったため、聞きとりの際の若干の不備、不統一が免かれ難かったからである。しかし、不備は不備として手許の資料を示すことにしよう。

先ず出生率(粗出生率 crude birth rate)についてみると四三‰となり、死亡率(粗死亡率 crude death rate)の二四‰となる。——調査時における0歳および1歳の人口(含死亡)÷調査時人口×1000として計算——年度における出生数、死亡数に若干の誤りを考慮してもこれを一応の基準とみることができよう。

パ・タン村における出生率の高さは、先ず女子における結婚年齢の低さ、つまり早婚によって裏づけされたものである。全村九九家族のうちから再婚ないし再婚と思われる夫妻を除き、七九組の夫妻についてみると第2表のごとき結果をうる。つまり、妻の六八％は一九歳以下で結婚しており、二五歳になるまでには九一％が結婚している。これに反して夫は一九歳以下では一五％、二五歳以下では六一％が結婚しており、三〇歳になるまでには八四％が結婚をする。男性についてはさておき、村の女性はたしかに早熟であって一五、六歳の少女はすでに結婚適齢期にあり、いわゆるリン・サーオの対象となる。

それでは結婚した女性はその後何人の子供を生むであろうか。第3表は結婚持続期間別に出生児数を示したものである。平均すると四年目までに一人、九年目までに二人、一四年目までに四人となり、その後漸次増加して三〇年目までには六人余りの子供を生むことになる。第4表は同じ事柄を母の年齢別にみたもの。母親が四〇代、五〇代ともなれば少なくとも平均四、五人の子供を生んでいることになるが、実際はそのうちに死亡が含まれるから三、四人の子持ちということである。これはあくまでも平均値であり、出生児数の少ない例には、若干の調査誤差を見込まねばならないから、実際は更にこれを上廻っていることと思う。

なお、死亡統計に関しては、前記の粗死亡率のほかは見込まれる誤差が大きく、なお未整理である。

2　家族

A　家族の大きさ

パ・タン村の九九家族を先ず家族の大きさ、すなわち家族の人口規模についてみると平均五・一人となる。第5表は家族人口の規模別分布を示したものであるが、これによると人口七人以上の比較的大家族——家族人口数の上での——の存在と共に、人口二人以下の小家族の存在が注意され、殊に一人家族が七組も見出されることは驚くべきことである。北部ラオスでは一般にこのような事例は極めて稀であるが、ここにこの村のもつ商業的性格の一面を

第5表　家族人口と世代構成

	1	2	3	4	5	6	7	8	9	10	11	12	13	14	計
I	7	2	1												10
II		2	13	14	11	10	4	3							57
III				3	4	11	5	1	3	1	1	1		1	31
IV											1				1
計	7	4	14	17	15	21	9	4	3	1	2	1	0	1	99

見ることができる。しかし、大多数の家族人口は三人ないし七人であり、四〜六人家族が最も多い。家族を世代構成に従って図示したものが第17図である。二世代家族が最も多く、全家族の五七%がこれに含まれ、これに次いで三世代家族が同じく三一%を占める。一世代のみからなる家族は一〇例、四世代を含む家族が一例である。なお、家族内に含まれる夫婦の組数についてみると、六七%の家族では一組の夫婦を含み、一九%の家族では二組の夫婦を含む。夫婦の一方を欠いたものが一一例、三組の夫婦を含むものが二例ある。

以上要するに標準的なパ・タン村家族は人口五人程度、二世代、一組の夫婦を含むものということができる。しかし、いうまでもなくこれは今日のパ・タン村家族の平均的な姿であって歴史的にどのような変化過程にあるか、将来いかなる方向に変化していくかは別問題である。

B　家族の形態

パ・タン村の家族の次のごとき九つの型に分類することができる。

1　夫婦のみから成り子供のない家族(二例、F—72、F—97、ただしF—は家族番号とする、以下同様)。F—72は夫が五一歳であり現在の妻と四年前に結婚した。或いは再婚かと思われるが、何れにしろ子供はない。F—97は夫五七歳、妻四六歳であって子供がない(第18図参照)。

2　夫婦と子供より成る家族であるが、これをさらに2a.夫婦と未婚の子供をもつもの、2b.夫妻と妻の連れ子(未婚)をもつもの、2c.夫婦と未婚の子供より成り、若干の子供はすでに婚出しているものの三型にわかつ。２ａは三四例（F—6、10、11、12、13、21、23、25、29、32、33、34、40、46、51、52、53、57、63、65、67、68、70、73、76、79、80、81、82、84、86、91、92、95）、２ｂは四例（F—31、41、43、71）、２ｃは三例（F—55、56、62）である。２ａ型の個々の事例についての説明は省略するが、要するに夫妻と子供から成り、その子供たちはすべて未婚ないし死亡している。ただし、一例（F—86）については四人の子供のうち一女（一八歳）はヴィエンチャンの高等学校に在学中、三女（一三歳）はヴァンヴィエンの中学校に在学中であり、従って目下不在であるが在学中の特例であるから便宜上このグループに加えた。２ｂ型は四例とも少なくとも妻は再婚であり、その際、先夫との間にできた子供（一人或いは二人）を伴ってきている。この場合、夫も再婚の場合は一、他は不明である。なお、四例中二例は、現在の夫との間にも子供があるが、他の二例にはこれがない。２ｃ型の

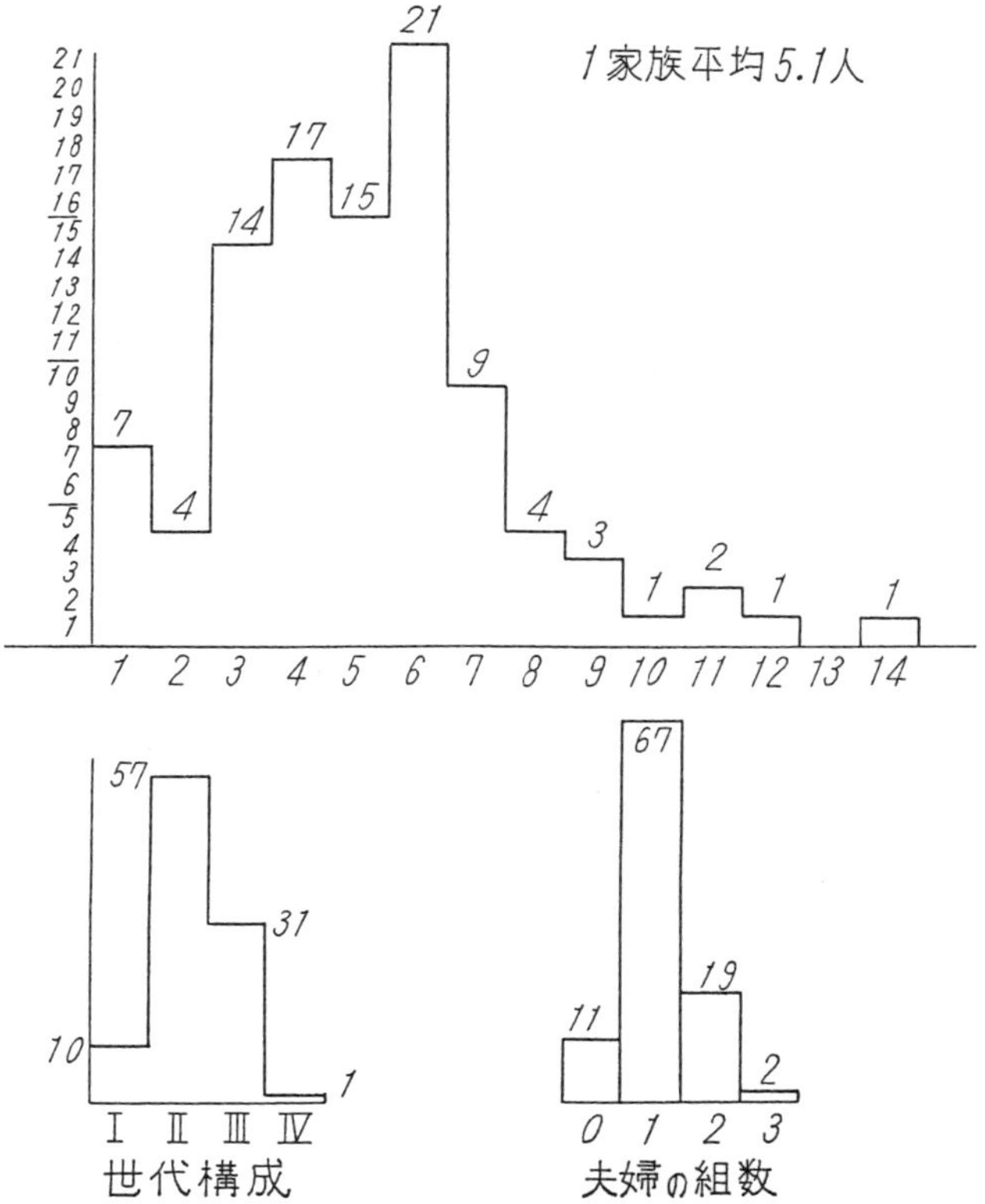

第17図　家族の人口規模と世代構成

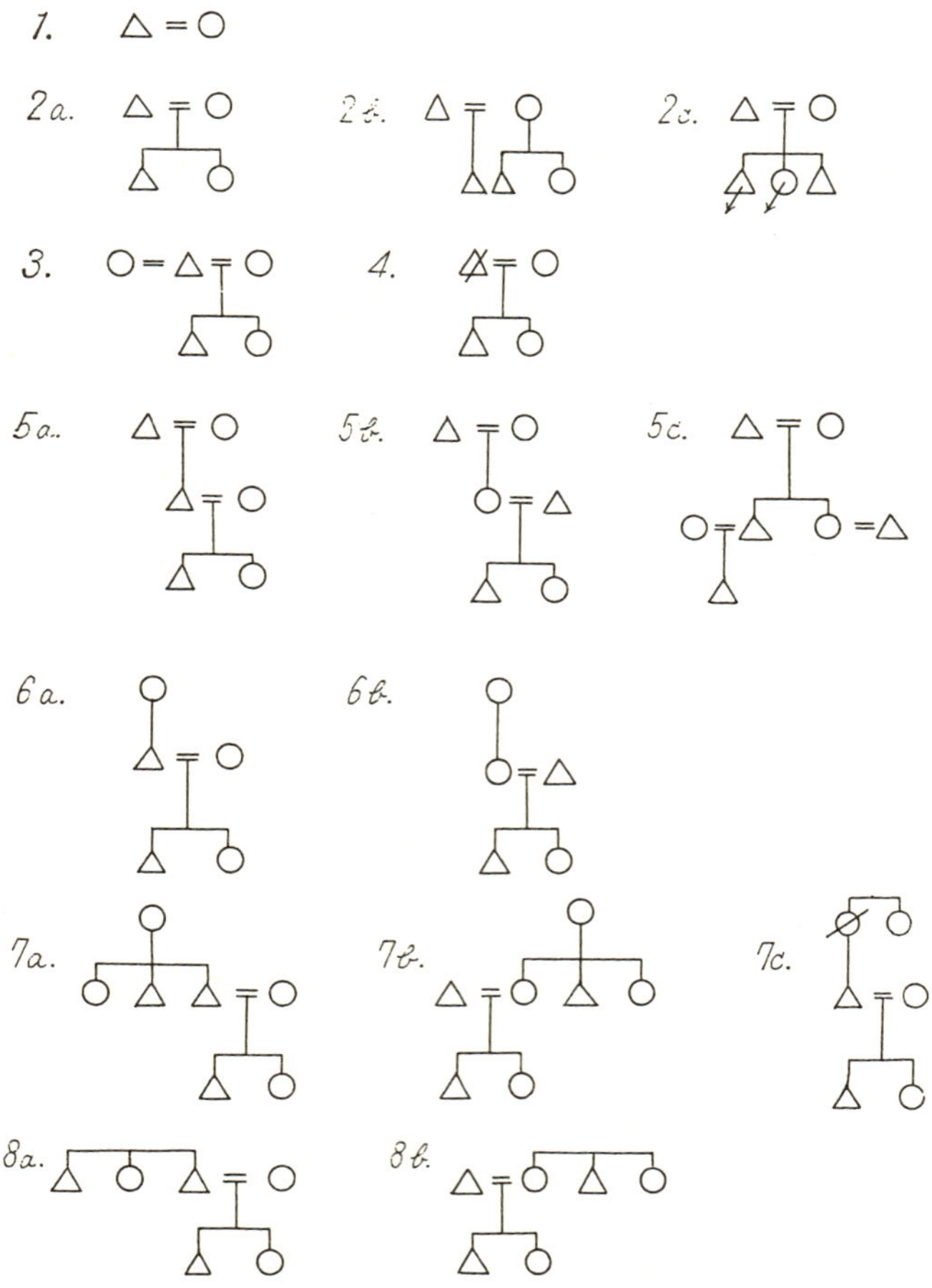

第18図　家族の形態

三例についてみると、F—56においては一女、二女が婚出し一男(一三歳)のみが家族内に留まっているし、F—58においては一男は婚出、二男は兵士としてヴァンヴィアンに居り、一、二、三女がともに婚出、現在四女(一五歳)、五女(一〇歳)が残っている。F—55では一男が婚出、二男(八歳)、一女(一五歳)、二女(五歳)が残っている。なお、この家では男二人、女三人が何れも乳幼児期に死亡している。以上、この三例についてみると、家族を離れてゆくものに二つの傾向がみられる。その一は女性が婚出し男性が留るもの、その二は男女にかかわらず年長順に家を去ってゆくものである。

3　一夫二妻の場合が一例見出された。F―5がそれで、戸主はヴィエンチャン近郊のノーン村 Ban Nong に生れこの村に入村したもので、二一年前に第一妻と結婚四児(うち一人死亡)をもうけ、のち一二年前に第一妻の妹を第二妻とした。この間に二人の女児が出生したが、何れも幼児期に死亡している。現在、戸主トンディー Tondai は二人妻と同居している。

4　これは第2型の変型であるが、夫妻とその子のうち夫の死亡している例。つまり母子家族であり、これに四例(F―30、74、85、87)がある。このうち二例は母子二人家族で子供は何れも男子、二五歳、三〇歳で、共に未婚である。一例は五人の子があり、一、二男は、それぞれ二五歳、二三歳であるが未婚となっている。或いは嫁を迎えるに足る経済的余裕がないのかも知れないが不詳である。残りの一例は一女(二七歳)、二男(一三歳)が家に残り、二、三、四女がそれぞれ婚出している。ただし一男は目下ヴァンヴィアンにて就学中である。

5　夫妻とその子およびその配偶者・孫からなる家族型であり、これを5a.夫妻・男子とその妻・孫の型と5b.夫妻・女子とその夫・孫の型、5c.夫妻・男子とその妻・女子とその夫・孫の型とに分ける。5a型に属するものに一一例(F―7、18、19、22、24、28、35、36、58、61、69)があり、一一例とも一男が嫁を迎えている。なお、このうち八例は一男の弟妹および姉はないか、すでに死亡しているが、四例については家族中に弟妹が含まれている。5b型に属するものは七例(F―1、2、4、26、38、60、64)であり、娘の外に男子のないためムコ取りしたもの二、男子が少年(一一歳、一七歳、一五歳、九歳)であるため姉にムコ取りしたもの四、一、二、三男がそれぞれ婚出(必ずしも入ムコとは限らないが)して末女子にムコ取りしたものが一である。なおムコ取りしている娘についてみると一女の場合四、二女の場合二、末女一となる。５ｃ型は一例（F―16）のみである。この場合は一女（三一歳）の夫（入ムコ）と一男（二五歳）の妻（嫁入り）とが、なお父母・弟妹と同居しているわけである。

6　夫妻とその父母および子より成る家族を6型とし、これをさらに二区分して、6a.夫妻・夫の母・子の型、6b.夫妻・妻の母・子の型とする。6ａ型の例は三（F―3、47、75）であり、何れもヨメ取りしている。ただし夫が一男の場合二、二男の場合一である。6ｂ型は一〇例、そのうち妻（母の娘）がムコ取りしたもの八例、ヨメ入りしたもの二例である。また、妻が一人娘（兄弟姉妹死亡による場合を含めて）の場合は五例、兄姉が婚出、他出して後に残った末娘、ないし末から二番目の娘の場合が五例である。

7　7型は夫妻とその父母および夫妻の傍系を含む場合。これを7a.夫妻・夫の母・夫の兄弟姉妹を含むものと、7b.夫妻・妻の母・夫妻の弟妹を含むもの、7c.夫妻・夫の叔母を含むものに分ける。7ａ型は三例（F―37、50、66）、夫が一男でヨメ取りをしたもの二、二男でムコ入りしたもの一である。傍系としては夫の妹（一四歳）、妹（一八歳、一四歳）、弟（二四歳、九歳）がそれぞれ同居している。7ｂ型は三例（F―9、15、42）、妻がムコ取りして母と弟妹を同居せしめている場合が二例、内一例は弟三一歳、一八歳、妹三〇歳であり、他の一例は弟一二歳、八歳、五歳、妹一九歳、二歳である。また、妻がその母を伴ってヨメ入りした例が一例（F―15）あり、この場合、家族内に夫の弟（二五歳）が同居している。7ｃ型は夫の母の妹が同居している例（F―14）で、夫はヨメ取りをしている。

8　次に8型として夫、或いは妻の弟妹を含む場合をあげる。そのうち8ａ型は夫の弟妹を含み、これに二例（F―49、54）ある。一例は弟（一八歳）、妹（一四歳）を含み、夫はヨメ取り、他の一例は弟（三〇歳）を含み、夫はムコ入りをしている。8ｂ型は妻の弟妹を含む場合で、これに三例（F―77、98、99）ある。F―77は妻の弟（一二歳）を含み、妻はヨメ入りしている。F―98は妹（三五歳）を含み夫がムコ入りしている。F―99は二家族同居型で、姉（四六歳）と弟（四〇歳）がそれぞれ夫、妻を迎えながら同居しているわけである。

9　9型は、いわば単身家族で七例(F—88、89、90、93、78、94、96)を算える。うち男子の単身家族四例、女子のそれが三例である。男子のうち一人はヴェトナム人で寡夫、二人(二人は二〇歳、一人は六〇歳)は最近(一年前、三年前)他村からこの村へ流入したもの、他の一例(四五歳)については未詳である。女子の単身者三名のうち一人(四五歳)は、ヴィエンチャン—パ・タン村間を往復する自動車運転手(バスではなく乗用車、オペル)と同棲している。ただし、同運転手はヴィエンチャンに家族をもっている。他の二名(四〇歳、四五歳)については未詳である。

C　家族の輪廻

さて、以上述べた家族の1型から9型までは、専ら家族形態に従って分類されたものである。しかし、これをパ・タン村家族における家族の周期的展開、ないし家族の輪廻として理解することもできる。その場合、一応、次のごとき事実が明らかになるであろう。〔・i〕単に形態的にみるならば、1、2型家族は家族輪廻の幼年期を示すものと思われるかも知れない。結婚したばかりの若夫婦(1型)、或いはそれに未婚の子供を加えたもの(2a型)という見方である。しかし、これらについて戸主の年齢をみると1型二例の平均が五四歳、2a型三四例の平均が三八・五歳となり、必ずしも若い家族とはみられなくなる(第6表)。すなわち、この型の家族—nuclear family—はパ・タン村においては一般に家族の幼年期を示すものでもなく、またその標準状態を示すものでもない。このことが先ず注意さるべきことである。ただし、2a型三四例中には戸主が二〇代である場合も若干数(六例)あり、これらのうちの或も

第6表　家族型別戸主の平均年齢

家族型		1	2			3	4	5			6		7			8		9
			a	b	c			a	b	c	a	b	a	b	c	a	b	
家族数		2	34	4	3	1	1	11	7	1	3	10	3	3	1	2	3	4
戸主年齢	上位世代	54	38.5	43.7	54.3	42.0	—	54.0	54.5	57.0	45.0	40.8	26.3	31.3	53.0	36.0	45.3	46.2
	下位世代							28.5	29.6	25.0								

のは結婚と同時に新家庭を営み始めたものもあろう。〔ii〕この村では新たに結婚した夫妻は先ず夫妻何れかの側の父母と同居し、のち分離、独立して自らの生計を営むに至る。すなわち家族の幼年期はその父母の家族のうちに包容され、被護されて生長する。5型のうちにこの形態が認められる。〔iii〕かくしてパ・タン村における家族の壮年期を5型のうちにみることができる。二夫妻・三世代家族で、上位世代の戸主の年齢は平均五四・〇歳、下位世代のそれは二八・五歳、二つの世代が二五～六歳の間隔をへだてて同居し家族生活を共にしているのであって、ここにパ・タン村における安定した、中心的な家族形態をみることができる。〔iv〕もちろん系譜的な5型家族といえども子の世代のすべての家族をそのうちに包括しつくすことはできない。後述のごとく、何らかの順序に従って子の家族を放出してゆく必要がある。たいていは子家族の成長と安定を待ってこのことが行われる。2型家族はこのようにして家族の主幹から分離したものである。その意味で2型は家族の分離形態であるとともに、新しい家族の創世期にあるもの、ないし少年期の家族ということができる。〔v〕5型家族は時の経過とともに6a、7a型あるいは6b、7b型に移行し、さらに場合によっては2型、8型などにも推移する。従ってこれら諸型は家族の老年期を示すものということができる。〔vi〕1型、9型はいわば変異型ないし家族の周期的変動からの脱落形態ということになる。以上、要するにパ・タン村における家族は5型を中心に周期的律動を繰り返すものということができるであろう。この事実の裏付けとして、第6表は多少の意味を持つ筈である。

D　家系の継承

家族の周期的変動が一応、大まかではあるが、上述のごとき枠組のなかで行われるものとして、次にそれがいかなる系譜の線上において現れているかが問題である。系譜的な5型家族をパ・タン村における標準的な家族とみなすとき、一体、この家族は男系系譜の上に拡大されたものであるか、或いは女系系譜の上に並ぶそれであろうか。ただし、男系、女系といっても家族の現況に関する限り必ずしも明瞭にし得るわけではないが、ここでは結婚にお

第7表　居住規制を指標とする家族型

	1	2a	2b	2c	3	4	5a		5b		5c		6a		6b		7a		7b		7c	8a	8b	計
男系家族	1	27	2	2	1	3	9	11	5		1		3	3	7	2	3	2	1	1	1	1	1	87
女系家族	1	6	2	1			2		2	7		1			2	8		1	2	2		1	2	39
不明		1				1									1									3

第8表　家族形態別居住規制の推移

	5a	5b	5c	6a	6b	7a	7b	計
ヨメ入リ→ヨメ入リ	9			3	2	2		16
ヨメ入リ→ムコ入リ		5	1		5	1	1	13
ムコ入リ→ムコ入リ		2			2		1	5
ムコ入リ→ヨメ入リ	2						1	3
不　　明					1			1

ける居住規制を一つの指標として考えてみよう。第7表は類型家族別にこの点を検討したものであるが、これによると夫処婚を中核として形成された家族が圧倒的に多いが、しかし妻処婚によるそれも全数の約三分の一に当たっている。第8表は同じ事項について二世代二夫妻を含む家族についてみたものであるが、ここでも二世代の夫妻が何れもヨメ入り婚によるもの一六例、何れもムコ入り婚によるもの五例となって、男系的な家族の配置がほぼ明らかに認められる。しかし、五例にもせよ、ムコ入り婚を続けている家族があり、また、ヨメ入り婚とムコ入り婚とによるもの一三例を数える――ムコ入り婚とヨメ入り婚は三例のみ――ことは女系的な家族の配置もまた見逃すことのできない現象であること、或いは強いていえば、次第に勢力を増大しつつある現象であることを示している。すなわち、パ・タン村には村人たちの主張にもかかわらず、必ずしも常にヨメ入り婚のみを通則とし得ない事情があったし、現在もまたこれがあるのだといわなければならない。もちろん、男子なきために女子に夫を迎える場合もあるから、妻処婚すなわち女系的家族配置というわけにはゆかないであろう。

第9表　家庭内における残留者と他出者
（○は残留者、◎はそのうちの有配偶者を示す）

家族型	家族番号		備考
2 c（戸主の子の世代について）	55	1♂ ○2♀ ○3♂ ○4♀	1♂ムコユキ
	56	1♀ 2♀ ○3♂	1♀，2♀ヨメユキ
	62	1♂ 2♀ 3♀ 4♂ 5♀ ○6♀ ○7♀	1♂ムコユキ，2・3・5♀ヨメユキ，4♂兵隊
4（戸主♀の子の世代について）	30	○1♀ 2♀ 3♀ 4♀ 5♂ ○6♂	2,3,4♀ヨメユキ,5♂兵隊
	74	○1♂	
	85	○1♂ ○2♂ ○3♀ ○4♀ ○5♀	
	87	○1♂	
5 a（戸主♀の子の世代について）	7	◎1♂ ○2♂	
	18	◎1♂	
	19	◎1♂	
	22	◎1♂	
	24	◎1♂ ○2♂ ○3♂ ○4♀ ○5♂	
	28	◎1♂	
	35	◎1♂	
	36	◎1♂ 2♀ 3♀ 4♀ ○5♀	2,3,4♀ヨメユキ
	58	◎1♂ ○2♀ ○3♂ ○4♀ ○5♀ ○6♂ ○7♀ ○8♀ ○9♀	
	61	◎1♂ 2♀	2♀については不明
	69	◎1♂	
5 b（戸主♀の子の世代について）	1	◎1♀ 2♀ 3♀	2,3♀ヨメユキ
	2	◎1♀ ○2♂ ○3♂	
	4	1♀ ◎2♀ ○3♂ ○4♂ ○5♀	1♀ヨメユキ
	26	1♂ 2♂ ◎3♀ ◎4♀ ○5♂	1,2♂ムコユキ
	38	◎1♀ 2♀ ○3♀	2♀ヨメユキ
	60	◎1♀ 2♀ ○3♂	2♀ヨメユキ
	64	1♂ 2♂ 3♂ 4♀ ◎5♀	1,2,3♂ヨメトリ,4♀ヨメユキ

第9表 つ づ き

家族型	家族番号		備考
5 c	16	◎1♀ ◎2♂ ○3♀ ○4♂ ○5♀	
6 a (戸主の世代について)	3	◎1♂ 2♀ 3♀	2,3♀ヨメユキ
	47	◎1♂ 2♀	2♀ヨメユキ
	75	1♂ ◎2♂ 3♂ 4♀ 5♂	
6 b (戸主の世代について)	8	◎1♀	
	17	1♀ ◎2♀	1♀ヨメユキ
	20	◎1♀ ?	
	27	◎1♀ ?	
	39	1♂ ◎2♀ 3♀ 4♀	1♂ヨメトリ,3,4♀ヨメユキ
	44	◎1♀	
	45	◎1♀	
	48	1♂ 2♂ 3♂ 4♂ ◎5♀ 6♀	1,2,3,4♂ヨメトリ,6♀不明
	59	1♂ 2♂ 3♀ 4♂ ◎5♀	1,2♂ヨメトリ,3♀ヨメユキ 4♂他出
	83	1♂ ◎2♀	1♂ヨメトリ
7 a (戸主の世代について)	37	1♀ 2♂ ◎3♂ ○4♀	1♀ヨメユキ, 2♂ムコユキ
	50	◎1♂ 2♀ ○3♀ ○4♀	2♀ヨメユキ
	66	◎1♂ ○2♂ ○3♂	
7 b (戸主の世代について)	9	◎1♀ ○2♂ ○3♀ 4♂ ○5♂	4♂ムコユキ
	15	1♂ 2♂ ◎3♂ ○4♂	1♂ヨメトリ, 2♂ヨメトリ
	42	◎1♀ ○2♀ ○3♂ ○4♂ ○5♀ ○6♀	
7 c	14	1♂ ◎2♂	1♂ヨメトリ,妻の母扶養(48)

家系の継承には、このような結婚——次世代の戸主たるべき者の——という契機を通じて確かめられてゆくという一面がある。そして、パ・タン村ではほぼ二：一の比率をもって夫処婚と妻処婚とが並び行われていることを知った。しからば、次の問題は若干数の子供のうちから次世代の戸主、ないし家族経営の責任者をいかにして選抜するか、子供たちのうちから選択されるのは男性か女性か、出生順位はいかん。また、一度選ばれたものは終生その地位を守らねばならないのか、或いはそれに一定の期限があるのか、といった問題である。

第9表はこの点について、家族内に残留する者(残留している者)と、家族外に出てゆく者(婚出、移住その他による)とを示したものである。このうちの前半、すなわち家族型2c、4、5a、5b、5cについては戸主の子の世代について残留者と他出者、および残留者中の有配偶者を示す。これによると残留者には子女のうちの〔i〕年長者(男女にかかわらず)の場合と〔ii〕年少者の場合、および中間が他出して年長、年少の両端が残る場合とがある。また、有配偶者については——恐らくこれが家系を継承し、次の世代の代表者となるであろう——一男がヨメを迎える場合が最も多いが、一女がムコを迎える場合もあり、二・三・四・五女の場合もある。また、一女、二男が共にムコとヨメを迎えている例もみられる。表の後半、家族型6a、6b、7a、7b、7cについては戸主自身の世代について、現実にいかなる身分の者が家族内に残留してその父母(実際は父の生存している例なし)を扶養しているかを示す。これによると二〇家族のうち一男がヨメを迎えている例が四、二男の場合二、三男の場合二、一女がムコを迎えている場合七、二女の場合三、五女の場合二となる。一男、一女がそれぞれの配偶者を迎えている場合の外は、有配偶者の兄姉は婚出ないし他出しているわけである。また女性がムコを迎えている場合は必ずしも兄弟など男性がいないためとは限らないし、二男がヨメを迎えている場合には一男がいないからでもない。もちろん、これら個々の事例に関する具体的、個別的状況は不明であるけれども、ここにはいわゆる長男相続のみでは律しきれない別種の原則が作用していると考えざるを得ないであろう。ただし、この原則が村人一般に承認されたものであるか、また他のタイ・ヌーア族村落にも適用しうるものであるかは不明であり、従って目下のところは一応の仮説として次のごとく考えないわけにはゆかない。仮説は次のごとき内容を含む。〔i〕家系の継承は必ずしも父→長男の線にかかわらない。往々にして女子が——男子のある場合でも——ムコ取りして家を継ぐ。男系に傾斜してはいるが女系も認められていること。〔ii〕世代の交替は、いわばリレー式に年長者から年少者へ受け継がれてゆく。この点についてのみ相続という言葉を用いれば、家の相続は限定的・リレー式でなされる。あたかも成熟した果実が順次枝を離れて地に落ちるように、成年に達した子女はその順に配偶者を迎え、ある期間だけ父母の家族を扶助し、のち自らの新家庭を創出し分離してゆく。この意味で最終的には、いわゆる末子相続に近い形態を示す場合が現れてくる。家族64、48、59、83、37、15、14などは、何れもこの種の例である。

この点に、パ・タン村家族における一つの著しい特色を認めることができるように思う。

3 結婚

A リン・サーオ Ling Sa:w

ラオ語のリン・サーオとは、適齢期の青年たちが同村および近隣の村々のうち適齢期の女性のいる家へゆき、そこで互に語り合うことである。[註21] たいていは、女性一人に対し二〜三人の男性が一緒に語り合う。夜、家人の就寝する前後に訪問することが多いが、家人(女性の父母兄弟)は若者たちの語らいを妨げることなく、通常彼らをヴェランダに残して寝間にしりぞく。若者たちは、たいてい卓にローソクを一本立てゆらめく焔に顔をよせて語り合っている。ところで、このリン・サーオはひろくラオス一般に見られる慣行であるし、例えば首都ヴィエンチャンに行ったとすれば、彼らは何のためらいもなく、そこでリン・サーオに出かけるわけである。しかし、このことはリン・サーオの慣行自体に、地域的な相違がないということではない。リン・サーオを行う場所について、ヴィエンチャン附近の平野部では、一般に女性の家が提供されるが、北部山地のパ・タン村附近では、青年たちが娘を近くの森にさそい、そこで語り合うのだという。ただし、筆者はこの実例を見たことはなく、反対に女性の家で二人が語らっている状景を知っている。ただし、この場合の青年はヴィエンチャンから帰村したものであった。

要するにリン・サーオによって配偶者の選択が行われ、しかるのち結婚式 Bun Tenga:n が行われるわけであるが、式の詳細については不明である。ただ、その際、夫の父が妻の父に対して婚資金 Kha Sa:w を支払うこと、婚資金の額は相手の社会的地位により、また種族(タイ族内の種族)により異なることが知られる。[註22] また、婚資金を支払い得ないような貧しい家では嫁を迎えることができず、止むをえずムコ入り(結婚当初の何年かを妻の家ですごす)の形をとる場合がある。一方、妻の側では新婦に若干の持参品を携行させる。それには〔i〕坐布団 sûa nang 四つ〔ii〕敷布団 sûa no:n 四つ〔iii〕着物 sûa 一〇着〔iv〕耳輪一対〔v〕首飾り sai kou 一対〔vi〕腕輪 sai ke:n 一対などが含まれる。

B　夫処婚と妻処婚

タイ族の古い結婚形態として妻処婚 matrilocal-residence が推定されていることがある。実際ラオスにおいても、ヴィエンチャン周辺の平野部では結婚当初は妻処婚を行い、のち新家族が独立することが通例である——matri-neolocal residence——。しかし、このことは北部の山地地域にはあてはまらない。パ・タン村をはじめ北部山地のラオ族は、二つの結婚形態を区別している。すなわち〔i〕妻が夫の家にゆく場合 mir ma ju huan poua〔ii〕夫が妻の家にゆく場合 poua ma ju huan mir(或いは pai su mir)である。しかも、村人によるとヴィエンチャン附近ではパイ・スー・ミーア、即ち妻処婚であるが、この辺では(パ・タン村附近)妻が夫の家へ来るのだという。しかもこの二つの結婚形態の分布はヴァン・キー Vang Key 村を境にしており、ヴァン・キー村以南の最初の村、

第10表　居住規制の比率

	事例	%
夫処婚	90	66
妻処婚	42	31
不　明	4	3

第11表　夫の年齢階級別、夫処婚・妻処婚の比率

夫の年齢	夫処婚		妻処婚	
	事例	%	事例	%
70～	6	83%	1	17%
60～69	9		2	
50～59	17	75%	7	25%
40～49	22		6	
30～39	18	59%	13	41%
20～29	14		9	
～19	1		0	
計	87		38	

ヒン・フープ Hin Houp では、すでに妻処婚がみられるという。ヒン・フープ村はナム・グン Nam Ngun 川に臨んだ山地村であるが、ここがいわば山地村の南縁にあたり、その意味では山地村と平野村との境界になっているところである。ただし、以上の夫処婚、妻処婚は何れも結婚当初の状態について区別したものであり、その後の居住地についてはここでは問題にしていない。

ところでパ・タン村は明らかに山地村であり、夫処婚の卓越した地域に含まれる。第10表は村の九九家族に含まれる結婚事例一三六について分類したものである。これによると九〇例約六六%が夫処婚、四二例約三一%が妻処婚となり、四例について不明であった。村人自身が明瞭に夫処婚地域に属すると考えているにも拘らず、このように約三割の妻処婚が含まれていたことはどのように理解すべきであろうか。

この点に関する一つの解釈は二つの結婚形態を時代的変遷の表れとして見ることである。すなわち現状を一方から他方への変化過程にあるものとすることである。第11表は夫の年齢階級別に夫処婚と妻処婚の比率を求めたものである。これによると二〇～三〇歳代では両者の比率はおよそ六：四、四〇～五〇歳代では七・五：二・五、六〇歳以上では八：二となり、夫の年齢が高くなるにつれて、従って時代を遡るほど夫処婚の卓越がみられたことになる。夫処婚を建前とする社会のなかに、徐々に妻処婚の傾向が

忍び込んできたということができるであろうか。第12表は同じく二つの結婚形態と夫妻の出生地との間の関係を示す。同表の(1)すなわち夫処婚についてみると妻はそのほとんど(七三%)がパ・タン村出身者である。一方、(2)の妻処婚の場合についてみると夫の約六〇%は、パ・タン村以外から何らかの事情で入村した者である。しかもそのうち

第12表　居住規制と夫妻の出生地

(1)夫処婚の際の妻の出生地		(2)妻処婚の際の夫の出生地	
B. Pha Tang	65	B. Pha Tang	18
B. Pha Home	4	B. Noi (Tourakom)	2
B. Na Tane	3	B. Na Tane	2
B. Chieng	3	B. Na Ngin (Tourakom)	1
B. Na Mone	1	Thakhek	2
B. Na Poh	1	B. Linso (Tourakom)	1
B. Na Sai (Vientiane)	1	B. Na Po	1
B. Na Houa Ha	1	B. That Kheo (Vientiane)	1
B. Kok	1	Savannakhet	1
B. Kho	1	B. Sepoun (Savannakhet)	1
B. Lang Mao	1	Vientiane	1
B. Non Boua	1	B. Koun	1
B. Na Hoe	1	Sayaburi	1
Vang Vieng	1	Muon Hian	1
Vientiane	1	Muan Thai	1
Muon Luon	1	B. Nam Ton	1
?	2	B. Kok	1
		B. Nam San	1
		Vang Vieng	1
		B. Na Penh	1
		?	2

註　(1)について夫の出生地がPha Tang 村以外のもの4例
　　(2)について妻の出生地がPha Tang 村以外のもの3例

第13表　夫妻の年齢差と夫の出生地、および居住規制

年齢差	夫処婚	妻処婚	夫の出生地		計
			村　内	村　外	
+15～+23	2 (3.0)	0 (0)	1 (1.4)	1 (4.2)	2
+10～+14	7 (10.4)	12 (37.5)	9 (12.2)	10 (41.7)	19
+ 5～+ 9	30 (44.8)	9 (28.1)	34 (45.9)	4 (16.7)	39
0～+ 4	23 (34.3)	9 (28.1)	24 (32.4)	8 (33.3)	32
− 3～− 1	5 (7.5)	2 (6.3)	6 (8.1)	1 (4.2)	7
計	67	32	74	24	

註　(　) 内は%、+は夫が年長、−は妻が年長

にヴィエンチャン、トゥラコム、サバナケット、タケックなどの平野部からの入村者が多いことは注目すべき事実である。すなわちムコ入りする者にはパ・タン村とその周辺農村出身者に加えて、極めて遠方からやってきた流れ者が少なくないということである。妻処婚の増加には平野部との社会的交流、人口移動が少なくとも一つの契機をなしているもののようである。

第13表は夫妻の年齢差と夫の出生地および居住規制との関係を示す。すなわち、夫処婚の場合の年齢差は〇～一〇歳の間に集中しているが、妻処婚の場合には若干年齢差が増大している。また、夫の出生地が村内の場合に比して村外の場合にはやはり年齢差が大きくなっている。このことと遠方結婚、平野部からの人口(夫としての)流入との間に関係があるのではなかろうか。しかし、これらの問題に対する綜合的な考察は次節の親族組織について述べたのち改めて考えることにしよう。

4 親族

A スア・ディオ・カン Sua Diaw Kan

パ・タン村に家族以上の親族集団があるかどうかという問題は調査当初からの疑問であった。何となればヴィエンチャン周辺の平野部農村にはこれがないというし、パ・タン村における日常会話においてもこのような集団について語られることが全くなかったからである。しかし、事実はスア・ディオ・カン Sua Diaw Kan という父系親族があったのである。スア・ディオ・カンはパ・タン村のタイ・ヌーア族だけでなく、黒タイ Thai Dam 族、赤タイ Thai Deng 族にもあり、タイ・プーアン Thai Pouan 族その他にもある。北方山地のタイ系諸種族にひろく分布し、若干その内容を異にしている。タイ系諸種族の南下移動にともなうスア・ディオ・カンの変化過程は今後の研究課題として極めて興味あるものと思われる。

さて、スア・ディオ・カンのスア Sua は種族、親族、血統の意であり、ディオ・カンは一つのものの意である。従ってスア・ディオ・カンは文字通り〈一統〉というわけである。しかし、これにはさまざまな表現があり、nja:d wong, nj:d pi: nong ともいい、pô mae diaw kan(父母を共にするもの)、ai nong diaw kan(兄弟同士)、また、sing diaw kan(一つのもの)、namsakun diaw kan(姓を同じくするもの)、popou menja diaw kan(祖父母を共にするもの)ともいう。或いは chum sua diaw kan(スア・ディオ・カンのグループ)とも呼ばれる。しかし、パ・タン村ではスア・ディオ・カンの呼称が、もっともポピュラーであるから、以下もっぱらこの呼び方に従うことにしよう。

スア・ディオ・カンは要するに父系の親族集団であり、父系系譜につらなる家族のグループである。従って婚出した娘はその夫側のスア・ディオ・カンの成員となり、一方、ムコ取りして家に留った娘は父のスア・ディオ・カンの成員である。この場合には娘の夫が結婚にあたってその姓をかえるわけである。スア・ディオ・カンはこのようにあくまでも系譜関係によって結ばれたグループであり、空間的、地域的にはなんらの制約もない。従って、息子が妻と共に他村に移住しても、依然として彼は父のスア・ディオ・カンの成員であることに変りはない。実際、往々にしてスア・ディオ・カンの拡がりは首都のヴィエンチャンにまで及んでいるのである。

B　スア・ディオ・カンの機能

さて、パ・タン村におけるスア・ディオ・カンは、一体どのような機能を果しているであろうか。

〔i〕スア・ディオ・カンの機能として第一に考えられることは結婚の統制である。例えば黒タイ Thai Dam、赤タイ Thai Deng においてはスア・ディオ・カン内部におけるいかなる結婚も認められていない。そこでスア・ディオ・カンは外婚の単位をなしている。しかし、タイ・ヌーア族 Thai Neua、タイ・プーアン族 Thai Pouan においては、ある条件のもとに内婚が許容されている。すなわち、イトコ婚に際しての自分(♂の場合)の父の(或いは母の)兄、姉の娘との結婚は禁止されているが、父の(或いは母の)弟、妹の娘との結婚は許されている。また、自分が女子の場合には父の(或いは母の)兄、姉の息子との結婚が許容され、弟、妹の息子との結婚が禁ぜられている。もし、黒タイ、赤タイ型のスア・ディォ・カンがより古い、より原型に近い制度を示すものとすれば、タイ・ヌーア族、タイ・プーアン族のそれは、その後の変化過程の一ステージを示すものであろうか。

〔ii〕スア・ディォ・カンは一種の共同労働ないし相互扶助 chuej kan のにない手である。パ・タン村には一般に三種の共同労働が区別されるが、そのうちの一つにスア・ディォ・ソエイ・カン Sua Diaw Suej Kan と称するものがあり、田植え、イネ刈りの協力はこれが単位になって行われるものである。もっとも現実には、後述するように、田植え、イネ刈りの協力はスア・ディォ・カンのみに限られてはいない。しかし、原型として、ないし建前としてはスア・ディォ・カンの果すべき役割になっている。〔iii〕同様に相互扶助ではあるが、より一層恒久的なものに救貧、孤児救済などの機能がある。村人の話によると父母を失った子供はそのスア・ディォ・カンの誰かの世話になることもできるという。〔iv〕スア・ディォ・カンの宗教的な役割としては死者の棺をかつぎ、墓穴を掘り、喪に服する等のことがある。パ・タン村では死者の棺は死者の兄弟とその妻たちなど八人のスア・ディォ・カンによってかつがれる。また墓穴を掘るのは死者の兄弟——女はしない——である。服喪については後述するが、要するにその他の親族に比してスア・ディォ・カンにより多くの比重がかかっているということができる。〔v〕しかし、スア・ディォ・カンには氏神はなく、共同の祭りもない。すなわち固有信仰の面においてスア・ディォ・カンが一つの単位をなしていたということは現状からは考えられない。〔vi〕また、スア・ディォ・カンのうちに、わが国の本家、分家関係のごとき本末・上下の関係はみられない。従ってこれらを示す呼び名もない。スア・ディォ・カンに属する各家族は、それぞれ平等の立場で結合しているわけである。とはいっても長男の家は父祖のそれを継承して一般に二、三男以下のそれより立派であり、財産相続においても若干長子優先の傾向がみられる。従って過去においてこの親族がいわゆる本家を中心に強固な団結をしていなかったということはできないかもしれない。何れにしろこの点については更に比較資料を集める必要がある。〔vii〕スア・ディオ・カンの土地はなく、共有財産もない。つまり、今日のパ・タン村には、スア・ディオ・カンの団結を支持するような経済的基盤は見あたらないのである。

C　パ・タン村のスア・ディオ・カン

さて、パ・タン村には現にどのようなスア・ディオ・カンがみられるであろうか。以下、パ・タン村において認められているスア・ディオ・カンの若干について説明しよう。ただし、ここで若干とことわったのは、後述するように、この村におけるスア・ディオ・カン制度に多少の〈あいまいさ〉があり、村人によって親族の範囲の認定にずれがあるからである。

ⓐ　Kumpon 家：Kumpon という姓を共有する一統で、F—36、52、84、86およびF—30の五家族からなる。各家族の関係は家長が互に兄弟姉妹であることである。ただしこのうちF—86の戸主 Kom は二〇年前に結婚、妻の住む Tiang 村へ行ったのだが、その後妻とともにパ・タン村に戻ってきた。Kom の話によると、彼の姓は初めムコ入りしたとき、Kumpon から Prawisai という妻の側の姓にかえたが、この村に戻ってからは Kumpon という、元の姓も用いている由。私は二つの姓をもっていると彼はいっていた。パ・タン村では Kumpon 一統の成員とみなされている。またF—30の戸主 Sao Eng は、初め婚出して夫側の姓を名のっていたが、夫の死後、元の Kumpon 姓を名のり、自らもまた村人も Kumpon 一統のメンバーと考えている。

ⓑ　Njen 家：F—55、65、76、78、64の五家族よりなる一統。F—64の戸主 Njen（七〇歳）とその子女の家族から構成されている。F—55、65、76の戸主は兄弟、F—78は女性の一人家族であるから目下はその兄弟たちと同じ一統に属している。なお、この一統の姓は時に Maui と呼ばれることもある。

ⓒ　Somchan 家：F—18、58、75、77の四家族よりなる。各家族の戸主は兄弟であり、彼らの母は二男家族

（F—75）と同居している。

ⓓ Bongnuan家：F—10、12、71よりなり、F—9もおそらくこれに属すると思われるが、正確には不明。この場合、各家族は互いに兄弟である。ところでこれら兄弟の母は目下その娘（およびその夫）とF—48を構成しており形式的にはBongnuan一統からは除外されている。一つのスア・ディオ・カンの戸主たちがその母親を

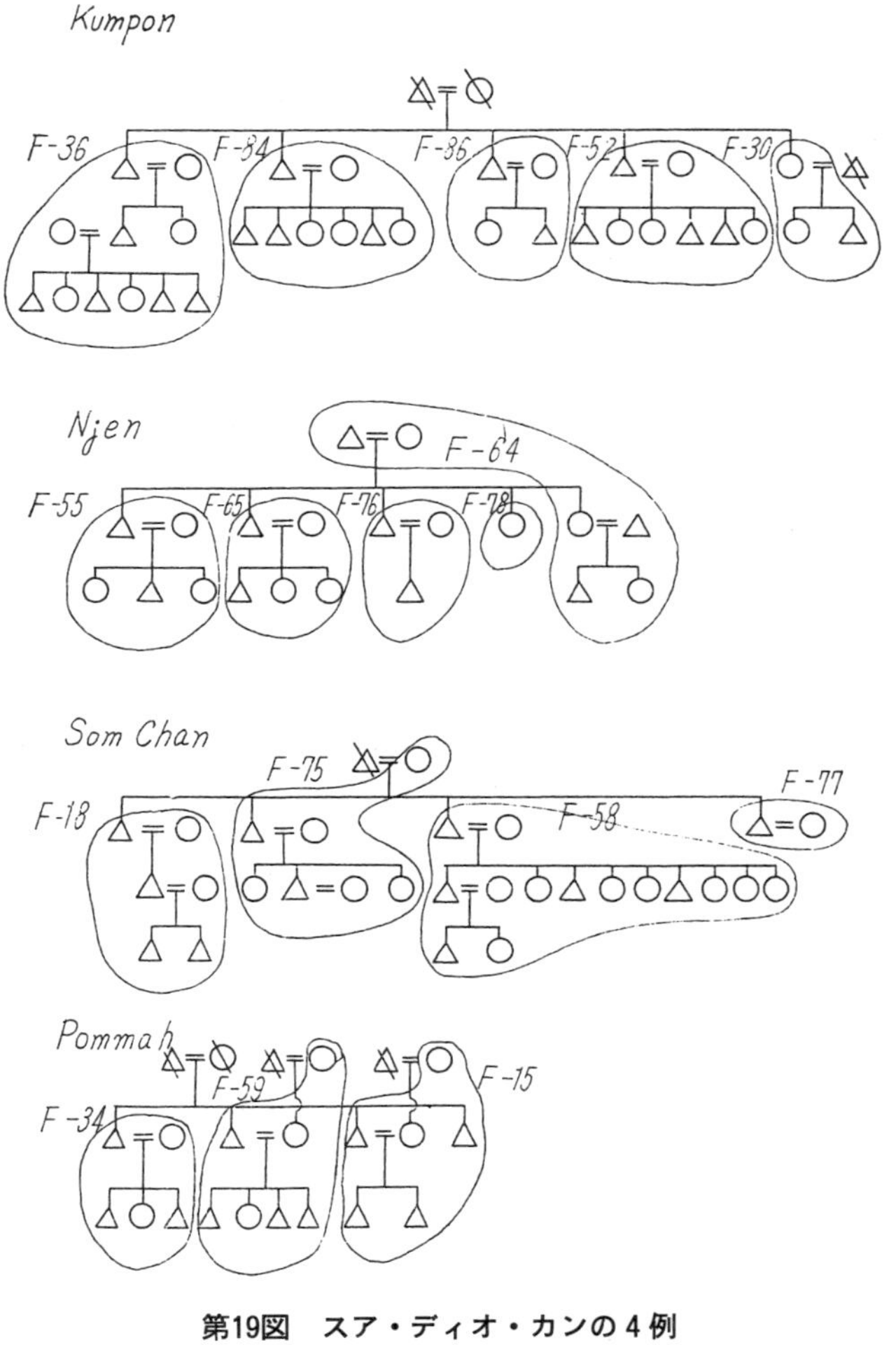

第19図　スア・ディオ・カンの4例

さえ扶養しないのかという問題があるが、ここにも現在におけるスア•ディオ•カンの混乱をみることができるようである。

ⓔ Chang Sing家：F—41、68、99よりなる。戸主は兄弟姉妹、ただし女性の場合はムコ取り。この場合、夫

第20図 Sua Diaw Kan の分布

1．Kumpon　5．Chang Sing　9．Kanjawan
2．Njen　6．Sing Tai　10．Sing Pah
3．Somchan　7．?　11．Song
4．Bongnuan　8．Tong　12．?

は南ラオスのトゥラコム Tourakom からムコ入りしてきたもので当然パ・タン村出身の妻の親族に属すべきであるが、時としてこの家族(F―41)は夫の姓で呼ばれる。すなわち時に Chang Sing 家と呼ばれ、時に Chang Leung 家と呼ばれる。

ⓕ F―15、34、59の戸主は互いに兄弟であるから当然一つのスア・ディオ・カンを構成すべき筈である。それにも拘らず各家族はその姓を異にしている。少なくも各家で調査した限りは、それぞれ Sieng Song, Pommah, Sieng Sali と異なった姓を答えた。これを如何に解すべきかは目下のところ不明である。

ⓖ Siengtai 家：F―32、61およびF―1の三家は戸主が兄弟であってスア・ディオ・カンを構成している。ただしF―1の戸主は妻のもとにムコ入りしたものであるが、妻は元来 Phoukok 村出身でこの村の先夫のもとにヨメ入りしてきたものであり、先夫の死後今の夫をムコ取りしたものである。従って形式はともかく実質的にはこの家族は夫側のスア・ディオ・カンの成員である。しかも、妻の兄弟は何れも Phoukok 村においてすでに死亡している。

ⓗ Tong 家：F―73、80、96より構成されている。F―73とF―80の戸主は兄弟、F―96はその姉であるが、目下一人家族となっている。

ⓘ Kanjawan 家：F―14、48。兄弟二家族よりなる。

ⓙ F―7、22の兄弟二家族よりなるもの。ただし姓未詳。

ⓚ Sing Pah 家：F―6、35の兄弟二家族よりなる。

ⓛ Song 家：F―26、91。父家族と長子家族よりなる。

以上、パ・タン村におけるスア・ディオ・カンを列記したが、これを分布図に示したものが第20図である。

D スア・ディオ・カンの〈あいまいさ〉

パ・タン村におけるスア・ディオ・カンに若干の〈あいまいさ〉がみられることは否むことができない。この〈あいまいさ〉は一つには用語そのもののまぎらわしさでもあるが、より基本的には、今日のスア・ディオ・カンそのものが変化、ないしは解体の途上にあるためということもできる。

パ・タン村の村人のなかには少数ながらスア・ディオ・カンという言葉を知らぬ者があり、また、この言葉に対する若干の混乱がみられる。それはスア・ディオ・カンとチュム・ディオ・カン Chum Diaw Kan との混乱、混用である。また、この制度の内容について必ずしも建前通りに組成されていないことがあり、これについてはすでに触れた通りである。例えばF—30の Saw Eng、F—86の Kom のごときがこれである。これは、この制度に対する彼らの誤解というよりも、この制度自体の運用に若干の変化が現れはじめたものとみる方がよい。すなわち、スア・ディオ・カンの制度は今日、黒タイ、赤タイ両種族にみられるごとき厳格な外婚制を伴った、父系氏族からの変化の途上にあるものとみることができる。ただし、ここで変化の方向を示すことはむずかしい。しかし、ごく大まかにいえばこの組織が村の中で生々と機能していた状態から徐々にその機能を失う方向への変化ではなかろうか。例えば平野部のヴィエンチャンでは Souvanavong, Sananikon といった有力な一族、つまりスア・ディオ・カンについてはよく知られているが、その他の一般農民は個々の家族に分解してしまい、家族以上の親族については知られていないようである。或いはその名称は知っているものの、その機能はほぼ失われているのではなかろうか。そこではスア・ディオ・カンは単なる同姓グループということになり下っている。しかも、ここでは少なくも結婚当初は妻処婚を建前とするから、父系的に継承される姓、ないし同姓グループと、妻処婚によって結ばれる居住グループとが入乱れている。これでは元来、父系親族であるスア・ディオ・カンの機能が十分に発揮しえないのも当然であろう。

E　スア・ディオ・カンの弱体化

スア・ディオ・カンに現れた変化をその弱体化としてとらえるなら、一体、いかなる点にスア・ディオ・カン弱体化の表現をみるであろうか。

〔i〕パ・タン村におけるスア・ディオ・カンは前述のごとくであって、村の各家族すべてがそれぞれ何れかのスア・ディオ・カンに所属しているわけではない。そこでは最大のスア・ディオ・カンといえども僅かに五戸をその構成要素とするものであって、なかには三戸、二戸からなるスア・ディオ・カンさえみられる。しかし、二〜三戸からなるスア・ディオ・カンが果してその本来の機能を果しうるものか否か、甚だ疑問といわなければならない。そしてこの点はなにもパ・タン村のみの特殊性ではなく、コー村 Ban Kho についても、ナ・タン村 Ban Na Tane についても同様である。しかも、これらの村においては、赤タイ族の村サン・ポン Ban Sam Poun において全一七戸がすべて四つのスア・ディオ・カンに分属しているのと違って、何れのスア・ディオ・カンにも属さない多数の家族がある。村落社会、村落生活はスア・ディオ・カンの機能を不可欠のものとしてはいないのである。スア・ディオ・カンの機能は少なくとも現状においては弱体化しているものとみなければならないであろう。

〔ii〕スア・ディオ・カンを構成する家族は前項に述べたごとく、系譜的に拡大されたものではなく、むしろ核家族 nuclear family に近いものである。二世代構成、一組の夫妻を含み、五〜六人の人口規模を持つものがパ・タン村家族の標準型であり、この点は周辺諸村においても同様な傾向を示している。これはタイ・ヌーア族における古来の特徴であり、彼らの故郷サム・ヌーア Sam Neua においても同様に小家族が卓越しているのであろうか。もちろん、今のところこの問題に対する解答はない。しかし、サン・ポン村の赤タイ族のなかには一例であるが三世代、一一人を含み、しかも複雑な内容を持ったものがある。つまり家族内に戸主の兄、その子、弟、妹が含まれていたのであって、これらから強いて推測すれば、種族の停滞期から移動期に移るに従って、小家族化の傾向が表面化したものと見ることもできるであろう。

〔iii〕パ・タン村においては家族ないし家族グループの系譜的持続性を現実に支持するような制度、施設に欠けていることは事実である。村ないし家族の歴史記録はなく、家屋そのものも建てやすくこわれやすい。家の構造は移動生活に適し、小家族むきのものであり、黒タイ村——筆者のみたものは Nam Tha の黒タイ村——、タイ・エ族の村——例えば Ban Thieng のごとき——にみるごとき豪壮な屋敷構えをみることはできない。寝室もせいぜい三室どまりで、各室二人を収容するとして六人家族が限度ということになる。家屋そのものがパ・タン村では小規模化の傾向を示している。

〔iv〕スア・ディオ・カンの家族相互にみられるのは年齢の秩序のみであって、わが国にみられるごとき本末、すなわち本家・分家関係はみあたらない。これではスア・ディオ・カンの統制はいかにして可能なのであろうか。或いは、この点は極めて民主的な結合関係を特色としていると考えられないこともないが、他面、ここにも種族の停滞期から移動期への推移を読みとることもできる。すなわち分家が少なく、それを系譜的大家族のうちに包含していた時期から、さかんに分家を放出し始めた時期への推移である。種族の移動は、ここでは、大集団の形で計画的に行われたのではなく、小家族単位にそれぞれの新しい生活空間が切りひらかれていったと見るのである。

〔v〕かつては、ある限られた地域に集中していたであろうスア・ディオ・カンが種族の移動期にあたって空間的・地域的に拡大、散布されることになった。このことは地域的に拡大してしまったスア・ディオ・カンがその結合力を弱化させ、機能を低下させたであろうということと、周縁部に分岐した家族がもはやスア・ディオ・カンの統制を脱して、単一の小家族として行動するに至ったであろうことを推測せしめる。例えば赤タイ族の村サン・ポンでは全村一七戸が四つのスア・ディオ・カンに分属しており、各々六戸、五戸、四戸、二戸の集団をつくっている。ここではスア・ディオ・カン内部における通婚が無条件に禁止されているだけでなく、村生活におけるスア・ディオ・カンの凝集力が強く、かつ機能的であるように見うけられた。ところで、パ・タン村の東方、ソン川上流にあるコー村 Ban Kho はタイ・エ族とタイ・ソット・バウ族の合体した村であるが、全村二五戸のうち村内にのみスア・ディオ・カンを持つもの三集団――それぞれ二戸よりなる――村内と近隣村とにわたってスア・ディオ・カンを構成しているもの七集団――それぞれ四、三、三、三、二、二戸よりなる――、また遠隔のムオン・ヒアン Muong Hian (Sam Neua)在住の家族と共に、スア・ディオ・カンを構成しているものが一組みられた。この七集団は、スア・ディオ・カンがいわば家族単位の小規模移住によってソン川、ティン・オン村の河谷へ触手をのばしたものであり、またムオン・ヒアンとの間にスア・ディオ・カンを構成しているものは、かつての彼らの故郷との絆が未だに絶たれていないのだと考えることができよう。スア・ディオ・カンが空間的に拡大することはそれだけ集団の弱体化を招き、その機能の若干を失うことにならざるを得ないが、このことは裏がえしていえば、それだけチュム・ディオ・カンの力が強まるということ、血族にかわって姻族が、血縁にかわって地縁がものをいってくるということである。なお、ここで注目されることは一つにはプー・テン族 Phou Theng の村ケオ・クワン Ban Keo Kwang との間に通婚関係がみられることであり、一つにはコー村のスア・ディオ・カンは未だヴィエンチャン附近の平野部にまでその範囲を拡大してはいないということである。一方、コー村にはスア・ディオ・カンを構成しない一戸単独の家が九戸ある。

ナ・タン村 Ban Na Tane はタイ・プーアン族 Thai Pouan の村で、ここから三村、コクサン村 Ban Koksane、ナ・ホイ村 Ban Na Hoï、ナム・パット村 Ban Nam Pat を分岐している。このように親村が子村を派生せしめることは、近接した生活空間を充塡してゆくことであり、一つの発展ではあるが、それだけ親村内部におけるスア・ディオ・カンの凝集力を弱めることになる。現にナ・タン村には二戸以上からなるスア・ディオ・カンはなく、一戸単独の家が四戸ある。近隣の村とスア・ディオ・カンを構成するもの五例、それぞれ四戸、三戸、三戸、二戸、二戸の組をつくっている。他に一例ではあるがプーアン地方 Muong Pouan(Xieng Khouang)との間にスア・ディオ・カンを構成するものがあり、これは同様にかつての故郷との結びつきを示すものに違いない。

最後にパ・タン村について検討しよう。パ・タン村には既述のごとく一四組のスア・ディオ・カンがあり、それぞれ五戸、五戸、四戸、三戸、三戸、三戸、三戸、三戸、二戸、二戸、二戸、二戸、二戸、二戸の組をつくっている。これらのうち一三組は村外とのつながりを持たないが、一組はヴィエンチャンに親族を派生させている。次にパ・タン村と村外の村々との間にスア・ディオ・カンを構成しているものが一四組、これらはコクサン村 Ban Koksane、ノン・ボーア村 Ban Non Boua、サカ村 Ban Saka、ヴァン・ヴィアン Vang Vieng、ヴィエンチャン Vientiane および南ラオスに近いトゥラコム Tourakom、タケック Thakhek、サバナケット Savannakhet、また、プーアン地方 Xieng Khouang およびタイ国との間のつながりを示している。なお、他に三六戸の単独の家があり、二戸は異邦人(ヴェトナム人とシナ人)、一戸は町から赴任してきた医者家族である。このようにパ・タン村におけるスア・ディオ・カンは一つには種族の故郷、例えばプーアン地方、と手を結び、一つには平野部、南ラオスに近い村々と親族関係をたもっている。ただし、ここに是非註記しておきたいことは、以上のパ・タン村における諸事例の若干は、同村における家族調査資料から筆者によって引き出されたものであって、その際スア・ディオ・カンは父系親族であるという村人の規定に従ってなされたことである。しかし、実際には前述のごとく村人自身が認定する個々のスア・ディオ・カンの範囲は、必ずしも厳密なものではない。婚出した女性がなお父のスア・ディオ・カンに所属したり、ムコ入りした男性が依然として父のスア・ディオ・カンに所属すると認めている場合がある。つまり、建前としてはスア・ディオ・カンは父系系譜に結びあった集団でありながら、現実にはこれが地縁によって制約されている。しかもこの点は個々のスア・ディオ・カンにあたって検討してみても必ずしも明瞭になしえない。現実の様相は建前通りにはなっていないのである。

ここでは取りあえず、スア・ディオ・カンの空間的拡大が建前と現実とのズレを生ぜしめた一つの要因ではないか

第14表　稲作労働の組成

労働の種類 ＼ 人数	1	2	3	4	5	6	7	8	9	10	20	30	40
田うえ		7	3	3	2	1							
イネ刈り		7	3	3	2	1							
脱穀						1		1		3	6	3	2

註　脱穀作業について未詳2例を含む、この2例は作業員が多かったため何人か記憶していない由。しかし、何れにしろ30人以上であったという。

と推定したいのである。

〔vi〕ここでもう一つ考えておきたいことは、いわゆる作業団に現れた変化についてである。いうまでもなくタイ諸種族の村はそのほとんどが水田農村であり、従って田植え、稲刈り、脱穀作業には最も多くの労力が必要とされる。そこでパ・タン村ではこれらの農作業はすべて共同労働によることが原則となっている。すなわち、前二者——田植え、稲刈り——はスア・ディオ・カン Sua Diew Suej Kan、つまりスア・ディオ・カンの相互協力により、後者——脱穀作業——はタン・バーン・ソエイ Tan Ba:n Suej、つまり村全体の共同労働によって行われるという。しかし、現実にはどのように行われているであろうか。残念ながら筆者の滞在期は乾季であり、田植えから脱穀に至る稲作りの方式を観察することはできなかった。そこで聞き得た一七例の労力構成を示したものが第14表である。これによると確かに田植え、稲刈りは二～六人の比較的少人数の協力によって行われているが、脱穀作業には一〇～三〇人程度の多人数、したがってやや全村的規模の協力を必要とすることがわかる。一方、前二者——田植え、稲刈り——のみについてみると、この場合の労力構成は次のごとくなっている。すなわち、事例一六のうち夫妻のみで行うもの五例、夫妻がスア・ディオ・カンの助力を得て行うもの三例、夫妻がチュム・ディオ・カン(妻側の親族)の助力を得て行うもの二例、夫妻とスア・ディオ・カンおよびチュム・ディオ・カンの協力で行うもの四例、未詳二例である。これらの事実は次のごとき一般的傾向を示唆しているように思われる。すなわち〔a〕スア・ディオ・

カンの助力を必要としない、あくまでも家族労働にたよる作業が行われていること、しかも、この場合の労働単位は夫と妻であること。〔b〕スア・ディオ・カンによる助力と共に——これが建前であるが——スア・ディオ・カン以外のチュム・ディオ・カンの助力がみられること。これは村内にスア・ディオ・カンを持たない場合、或いはそれのみでは不十分な場合にみられる。〔c〕要するにスア・ディオ・カンの弱体化とその半面におけるチュム・ディオ・カンの強力化、そしてその背後に流れる単位小家族独立の傾向が認められるわけである。

〔vii〕タイ・ダム(黒タイ族)やタイ・デン(赤タイ族)においてはスア・ディオ・カンが一つの外婚単位をなしているが、タイ・ヌーア族、タイ・プーアン族においては前述のごとく一定条件のもとに内婚を認めている。この事実はどのように解釈すべきであろうか。これを直ちにスア・ディオ・カンの弱体化と結びつけるわけにはゆかないにしても、全く無関係というわけにもゆかないであろう。何れにしろこの点は再検討が必要である。周辺諸族との比較も試みられなければならないであろう。ただ、ここでは結果的に、この制度がスア・ディオ・カンのいわば過渡期の状況に見合ったものである点に注目するにとどめよう。

〔viii〕家族ないし村落社会内部における男性と女性の社会的地位について考えてみよう。この点について筆者はかつて食事の際の坐順に関する報告をした。つまり、黒タイ族は低い円卓のまわりに男性と女性とが対面して坐るが——従って夫婦は隣接して席を占めない——赤タイ族、タイ・ヌーア族では夫婦ごとに並んで坐るというのである。これはパ・タン村人の報告であるが、黒タイ族のこのような食事法を筆者は実見していないので真偽のほどは不明である。しかし、黒タイ村に宿泊した経験では少なくも男性と女性とが共に食卓を囲んで食事することはなく、男性の食事が終ってから女性が食事を始めるのではないかと思われる節があった。——ちなみに山地民のヤオ族は先ず男性、次に女性が食事をし、その場所も同一ではない——そこでもしこの報告が正しいものとすれば、黒タイ族のもとで見られなかった夫婦一対の社会的単位がタイ・ヌーア族のなかで強く表面に現れてきているということができる。稲作労働における夫婦労働の現れ方といい、タイ・ヌーア族には男性・女性という差別原理のほかに、夫婦原理ともいうべきものが顕在化している、といえないこともない。換言すれば男性、女性の社会的地位の相対的変化、端的にいえば女性の地位の相対的な上昇を推定しうるのではなかろうか。

一方、農業労働の単位についてみると、パ・タン村ではハエ(Hae, Hai, 焼畑)の耕作は主として男子が、家族内でいえば父と男子が単位となって行っている。ところで、パ・タン村では焼畑の比重は水田に比して小であるが、チェン村 Ban Thieng 以北――ここに赤タイ村サン・ポンも含まれる――では逆に焼畑に比重が高いといわれている。ということは、そこでは農業労働における男性グループの力が強かったこと、或いは少なくとも生産活動において男性・女性差別原理が顕在していたこと、逆に夫―妻単位労働の比重が小であったことを示しているのではないか。しかるにパ・タン村では、夫―妻単位の労働が重要性をもっている。或いはもちつつあることは前述の通りである。この事実とスア・ディオ・カンの弱体化にともなうチュム・ディオ・カンの勢力増大との間には関連がある。それはまた妻の社会的背景、すなわち妻側の親族が力を得たことでもある。

〔ix〕ここでパ・タン村における財産の相続について検討しよう。一般に財産と考えられているものは、ⓐ水田 ⓑ家屋 ⓒ牛 ⓓ水牛 ⓔ現金 ⓕモン・ヌン・カオ mon nun khao(米の蒸し器) ⓖハイ・ヌン・カオ hai nun khao(同上、洗米を入れる木製の器) ⓗ農具 である。しかし村人によってはⓖを財産に含めない者もある。また焼畑、畑、菜園などは財産――少なくとも相続の対象となる――ではないし、豚、ニワトリも財産とはいわない。これらの財産は夫妻共有であり、共同で管理の任にあたっている。しかし、このことは夫の財産、妻の財産がないということではない。普通、水田、家屋、水牛、牛、モン・ヌン・カオ――これにハイ・ヌン・カオ、焼畑、畑、豚、ニワトリを加えるものもある――は夫の財産とみなされ、結婚した時の妻の持参金、布団(寝具)、坐布団、カヤ、マクラ、衣類(妻の)、スカート、布地などは妻の財産とされている。従って結婚後四〜五カ月で離婚するような場合には、妻の持参したものはすべて持ち帰る。一年もたってから離婚するような場合には、初めに持参したものに加えて、水牛、牛、豚、ニワトリを折半して持ち帰るともいう。さて、財産相続であるが、父、母、一男、二男、三男、四女(四番目の女性)からなる家族を想定して考えてみよう。この場合、一男、二男、三男が長じて嫁をもらっても父母ともに健在ならば同じ家、つまり父母の家に同居することができる。しかし、父母が死亡すれば一男はその家を相続し、二男、三男は別に家を建てて別居するのが原則。たいていその頃になると二男、三男も子供を持ち到底一つ家に同居することはできなくなっている。その際、長男は二、三男の新居建築に援助をあたえる。同時に父母の財産は次のように分割される。すなわち水田は三分される。もし、一五フー Hu の田があったとすれば一男五フー、二、三男も五フーずつ、つまり平等分割である。水牛は一〇頭所有していたとして、一男四頭、二、三男各三頭である。牛の場合も水牛に準ずる。四女には財産は分けない。何となれば、娘は夫の家へ去る者であるから。モン・ヌン・カオ、ハイ・ヌン・カオは長男が相続する。これらの器具には何やら道具以上の象徴的な意味があるようである。農具は数多いものであるから大体均分する建前である。以上が原則と思われるが村人によって別の意見を持つ者もある。その意見によると家計を継承する者が——多くの場合、一男であるという——家屋とモン・ヌン・カオを貰い、その他はほぼ等分するのが、建前だという。しかし、田については必ずしも等分ではなく、例えば一〇フーの田は一男四フー(一男が家の相続者として)、二、三男各々三フーずつであるという。ところが、もし男子がすべて他出して娘が夫(ムコ)と共に家を相続するとすると、田の分配は娘四、一、二男各々三フーずつとなる。このように水田については若干分配の比率を異にするが、その他はすべて平等に分配され、これに男女の区別はない。ただし、父母在世中に婚出した娘は財産分与にあずからない。また、子供が多く水田を分割相続した場合に各々の取り分があまりにも僅少となれば一男、ないし家の継承者が全部の水田を取得し——時として他のすべての財産をも——二、三男以下は他出して水田分与にあずからないという。この二つの意見は、相続にあたって家の継承者がその他の者より多くの水田を取得すること、象徴的な意味をもつと思われるモン・ヌン・カオもこの者が所有する点など一致して認めているが、女性の財産相続に関して意見を異にしている。この点、筆者は双方に念を押してみたが意見の相違を調整することはできなかった。なお前者はポー・ボアの意見、後者はナイ・クー(小学校の先生)の意見である。年齢的には約二〇歳の開きがあってナイ・クーの方が若い。ただし二人ともパ・タン村生れのこの村育ちである。単なる意見の相違か、世代のズレによるものか、ここでは何れとも答えられない。もっとも筆者は、女性にも水田を分与した事例を一つではあるが知っている。

ところで赤タイ族、黒タイ族においては、娘は決して財産相続にあずからず、一男が家を継ぎ、より多くの財産を相続するという。この点は赤タイ族のサン・ポン村でも確認されている。例えば父母ともに死亡し、一男、二男、三女が残ったとすると水田、水牛、牛の分配は何れもほぼ三：二：〇の比率によるという。

長子優先の建前が次第に崩れてきたこと、女性にも財産を相続せしめるようになったこと、これを一つの傾向としてとらえることはできないであろうか。もしこれが可能であるなら、この傾向はスア・ディオ・カンに現れた変化過程と歩調を等しくするものといわなくてはならないであろう。

5　社会変化の過程

家族と親族について述べてきたさまざまな社会変化を、ここで一括展望してみることにしよう。ただし、筆者の調査地域は専らパ・タン村およびその周辺部に限られているから、得られた資料は単に変化の一断面を示しているにすぎない。変化の起点とその到達点とは調査地域の外にあるわけであり、従ってこれらの真のあり方については他日の調査に待つ外はない。ここでは若干の推測を加えながら、上記の諸点を整理・要約してみるにすぎない。

①　ここに列挙しようとする社会変化の背景として〈種族生活の安定期〉→〈分村・開拓期ないし移動期〉→〈第二の安定期〉という推移を想定したい。ここで種族生活の安定期とはタイ諸種族、例えば、黒タイ族、赤タイ族、タイ・ヌーア族、タイ・プーアン族などがその故郷において、彼らの種族文化を形成したであろう時期、すなわちタイ・ヌーア族ならばサム・ヌーア附近、タイ・プーアン族ならばシェンクワン高原における彼らの生活を考えているわけである。彼らはその後、谷筋ぞいに南下移動したが移動は分村・開拓という形をとったに違いない。またこの時期にはそれぞれの種族文化の混合がみられた。これが過渡期であり、パ・タン村の社会と文化は恐らくこの時期を代表するものと思われる。次に第二の安定期とは具体的にはヴィエンチャン周辺の平野部にみられるラオ族の社会・文化を指す。山間部の狭小な河谷平野から広大な沖積平野に流れ込み、そこに展開するかなりに安定した社会を考えるわけである。

②　大局的に社会的に眺めるとき、上記のプロセスは〈部族社会〉→〈地方社会〉のそれであり、また〈血縁集団〉→〈地縁集団〉のそれでもある。そしてこの場合、血縁集団では男の生産活動に依存する面が多く、夫系系譜のまわりに結集されていたが、地縁集団では女の経済力が社会的に重要性を増してきている。強いていえば、社会の安定性を支えているのは女性原理である。ところで両者の仲介をなす分村・開拓期の特色は開拓・分村・移住にあたっての男の積極性であり、新天地を求めて先ず男性が血縁社会からとび出していったことでもある。開拓者として、行商人、出稼人として、或いは失敗した流れ者として。この場合、女性は男性に比して保守的であり、より後まで血縁社会にとどまっていたであろう。行商人、出稼人、流れ者は若干の都市的社会を含む平野部に近づくにつれて増大していったに違いない。

③　〈スア・ディオ・カンがその機能を十分に発揮していたとき〉→〈スア・ディオ・カンの弱体化とチュム・ディオ・カンの勢力増大〉→〈小家族の独立〉という過程を認めることができる。

④　スア・ディオ・カンの人口サイズは〈大〉→〈小〉に向って変化したであろう。

⑤　スア・ディオ・カンの構成家族は〈系譜的大家族〉→〈小家族〉に変化。一家族内に多くの子家族を包摂していたものが、早く子家族を独立せしめるようになった。このことと歩調を合せて、かつての大家屋は次第に小家屋に置きかえられていった。

⑥　スア・ディオ・カンの外婚制は次第にくずれていった。これは外婚制の単位としてのスア・ディオ・カンの弱体化がもたらした変化である。

⑦　労働の単位、作業団の構成は〈男性グループ・女性グループ〉→〈夫妻単位〉に移行しつつある。男・女原理にかわって夫妻原理が勢力をもつに至った。

⑧　家系の継承は〈長男相続〉→〈男女に拘らず、限定的・サクセッシブな相続〉に変った。

⑨　財産相続においても〈長男優先〉→〈平等分割〉の方向に重点が移行した。これは平等分割が不可能な状態から可能な状態に変ったとみることもできる。

⑩　〈夫処婚〉→〈妻処婚〉への推移が認められる。もっとも、これは結婚当初の居住場所についてであるが、最終的な新家庭の所在地もこれに応じて変化していると思われる。ただしこの点は目下のところ未調査である。

⑪　以上、部族社会→地方社会、血縁集団→地縁集団への推移を背景として夫系的社会の解体と双系的社会への統合を考えてきたが、北部山地における夫系的・男性的社会の以前に、その基底としての、一種の双系的社会を推定することもできる。夫系的社会は、そこから部族割拠、異種族との抗争に対応して生れでた一種の戦略体制だと考えるわけである。(註23)この点については別稿を期待しているが、問題はどのような社会が水田農耕社会の原型かということである。

なお、以上の社会変化の背景として、筆者はラオ族(タイ諸種族)の南下移動を考えているわけであるが、この点に関して、さきの中間報告から再録することにしたい。

(1) タイ諸種族の移動について従来の研究は、いわば歴史的見地に立つものが多いが、ここでは、いわばミクロに調査地域における移動過程について考えてみたい。

先ず最初に第21図に示された多数の種族は一体何処で形成されたかということである。今、差し当たってこれに答える資料は少ないが村人の伝承よりすれば彼らすべてが Laos

第21図　種族分布図

●Lao 族、▲Phou Theng 族、■Meo 族、□Yao 族の村落、(　)内は種族名

北東部に直接の故郷を持つことが知られる。例えばThai Neua の故郷はSam Neua 附近であり、Thia Soun, Thai E, Thai Souei の故郷もMuong Hian (Din Sam Neua)であるという。Thai Pouan の故郷はXieng Khouang のMuon Pouan であり、Thai Deng の故郷もやはりSam Neua 東部であるという。従って、今日なおこれらの地方との関係は密接であり、いまだに相互に親族関係を維持している者があるだけでなく、Sam Neua 時代の祖父母の衣服を保存している者もある。そして時にはSam Neua の歌、すなわちKap Sam Neua が歌われるのである。

しかし、彼らがラオス東北部からいかなる順序と径路をへてNam Son ないしNam Lik 流域に移動して来たかについては資料がない。最も南部に分布するものが最も早くその共通の故郷を棄てたということにすれば、いわゆるThai Lao, Thai Neua, Thai Pouan, Thai Deng の順序が考えられるが、事実はこのように単純ではないであろう。ただ、想像し得ることはSam Neua 附近で彼らの種族文化が形成されたこと、そこで民族移動の停滞期を迎えただろうということであり、その後、ここから移動流出期を迎えて南下を開始したということである。Thai Neua 族についていえば、彼らはSam Neua を出てNam Song 河谷に到着するまで三〇〇年前後を要したという。もちろん、これも村人の不確実な記憶にしか過ぎないのではあるが。

(2) 再び分布図を眺めると次の事実に気付く。すなわち、Thai 諸種族が種族ごとに支谷を占居しており、一方、主谷においては割拠し、混住していることである。例えばNam Noi 流域にはThai Soun がおり、Nam Song上流部にはThai Pouan がいる。またVang Vieng 附近のNam Noi 流域にはThai Poua が居住する。これに反してNam Song 主谷のVang Vieng—Pha Tang 間の一二村は五種族から成り、Nam Lik 主谷にもThai Deng をはじめ六種族が割拠している。しかもなかにはPha Tang 村のようにThai Neua とThai Pouan との合体した村もある。要するに彼らの移動は河谷の生活空間を占拠しつつ進んだのであって、支谷では谷筋全域を一種族が占居したが、主谷ではそれが入り乱れて割拠し、混住することになったというわけである。

(3) 谷間づたいに支谷をみたして、主谷になだれ込むとはいうものの、彼らの移動はもとより遊牧民族のそれではなく、また戦乱を逃れて流浪するという形でもなかった。それは具体的には分村、村落の分岐が繰り返し行われ

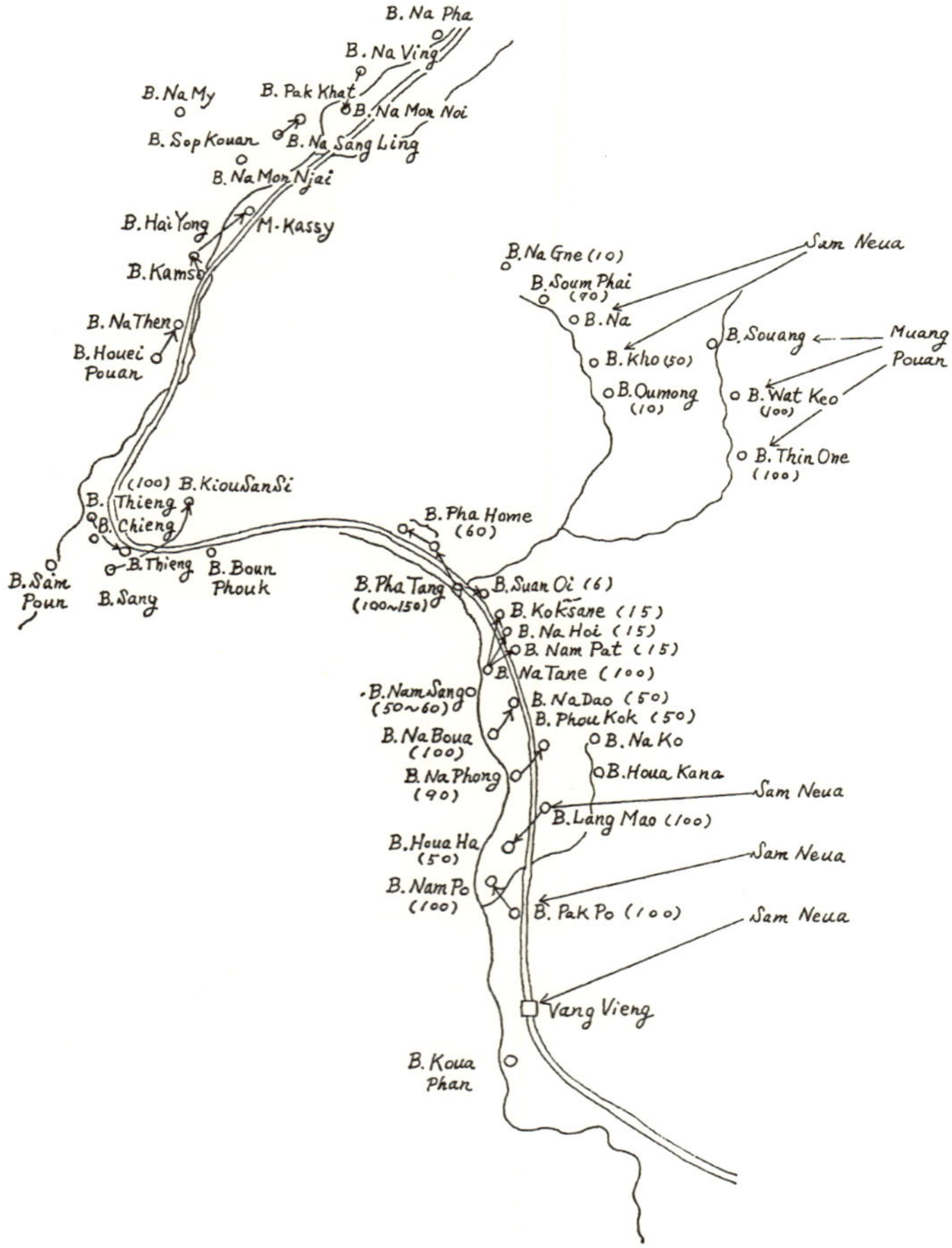

第22図　村落分岐図（　）内は村の歴史年数

たということである。例えばNam Song上流の三つのThai Pouanの村、Ban Wat Keo, Ban Thin One, Ban Souangはそれぞれに Xieng Khouang の Pouan 地方からの移住民より成るが(定着してから一〇〇年を経過したという)一方Pha Tang村は、立村約一五〇年の歴史を持ち、ここからBan Pha Home(立村六〇年の歴史を持つ、以下同様)、Ban Kho(五〇年)、Ban Suan O:i(六年)の三村を分岐している。そして更にBan Kho は Ban Oumong(一〇年)を分岐した。同様にしてBan Soum Phai(七〇年)からBan Na Gne(一〇年)が分岐し、Ban Na Tane(一〇〇年)からBan Koksane(一五年)、Ban Na Hoi(一五年)、Ban Nam Pat(一五年)が分れた。Ban Na Dao(五〇年)はBan Na Boua(一〇〇年)から分れたものであり、Ban Phou Kok(五〇年)はBan Na Phoug(九〇年)から、Ban Houa Ha(五〇年)はBan Lang Mao(一〇〇年)から、Ban Nam Po(一〇〇年)はBan Pak Po(一〇〇年)から分れたものである。これをNam Lik流域についてみるとThai Deng の村Ban Boun Phouk は、同じくThai Deng の村Bam Pounの分れであり、Thai Porong の村Ban Kiou San Si は同じくBan Sangからの分れである。またBan Na Then は Ban Houei Pouan から、Muong Kassy は Ban Hai Yong から、Ban Hai Yong は Ban Khamso から分出した。Ban Na Ving は Ban Na Mon Noi から分れたものである。つまり、立地条件のよいところ、洪水の危険を免かれると共に広い水田を開発し得る地点には古村が立地し、そこから下流部ないし上流部にむかって新村を派生せしめているのである。カッコ内に示した村成立年代にどれほどの信頼度があるか、各村には歴史記録もなく、所詮は聞き書き程度ではあるが、大体の傾向を知ることはできよう。また、概して古村は河流に近く、新村は街道に接していることも注意すべきであろうか。いうまでもなく交通路・交通手段との関係であろう。

(4) 分村と並んで考えるべきことは村の興亡である。ここでは差し当り亡の方を考えると、たとえばThai Porong の村 Ban Kiou San Si は元来二〜三戸から成る小村であったが、今は、再び母村のBan Sangに吸収されてしまった。Ban Sang 西隣の村Ban Na Kout も一五年前に消滅している。また時期は不明であるがBan

Thieng と Muong Kassy の中間にある Ban Phon は今はない。Nam Song 流域では Thai Pouan の村 Ban Hin Kana は一〇年前に消滅し、Ban Na Hoi は今は隣村の Ban Nam Pat に併合されてしまっている。Ban Pha Tang 東方の Thai Neua の村 Ban Nam Kai も今はない。以上のごとき村消滅の原因は多々あることと思うが、例えば Nam Noi 上流の Ban Soum Phai は労力不足のための荒田が多く、寺の建物はあっても僧侶を留めることができず、従って単独で祭りを行うこともできぬ状態に立ち至っていた。いかにも衰微した村であった。村の衰亡、これも移動を促す一つの条件であろう。

(5) 種族を異にしたものが移動する場合には色々の困難、不都合に遭遇することがあった。しかし、この困難は主谷において一種の混合文化を形成することによって解決された。混合文化の第一は言語において現れている。既述のように Thai Neua 方言と Thai Pouan 方言とは若干の相違があり、かつては文章の読み方——朗読のしかた——にも相違があった。一方を A:n Thai Neua といい他方を A:n Thai Pouan といっていた。しかるに今日の Nam Song 主谷においては、こうした区別が全くみられず——Nam Noi 流域ではみられる——二つの方言が混用されている。

タイ諸種族間の通婚はもちろん自由に行われていた。従って今では村人の出身種族を探究することは必ずしも容易ではない。今や種族は問題ではないのである。しかし例えば Nam Noi 流域の村では未だに村人の出身が Thai Neua か Thai Pouan か、或いは Thai Deng であるかを問題にしている。一方、興味あることは Phou Theng との通婚で、これは表面的には行われないことになっているが事実上はかなり見られる。しかしその割り合いは支谷における方が多く、Pha Tang 村には一例のみ見られたに過ぎない。Yao 族、Meo 族との通婚はここではない。

物質文化の面でも主谷の村々にみられるものは混合文化ということができよう。建築様式にしても Ban Tin

One の谷間では Thai Pouan の家屋は Thai Dam のそれに類似しているといわれるが、Pha Tang 村附近では全く Tai Neua のそれとの区別がつかない。Nam Song 流域の村々ではその外観から種族の別を区別することはできない。ここでは Vientiane 製の斧(但し金属部)と Vang Vieng 製の鎌、Xieng Khouang 製の犂《すき》(金属部)と Siam という掘り棒(金属部)が同時に用いられ、さらに Phou Theng 族の背負い籠、雨衣、敷物、刀などが使われている。もちろん、ヨーロッパ製品、日本製品も少なくない。服装にしても伝統的なものは急速に失われようとしている。

かつては種族を異にした場合の通婚は必ずしも容易でなかったと思われるふしがある。婚資金(Kha: Saw)についてみても元来この額が種族によって相違していた。標準額を示せば Thai Neua, Thai Dam, Thai Deng, Thai Poua, Thai Dai, Thai Porong が 4000kip であるのに、Thai Pouan は 1000kip であった。――Meo 族は 5000kip、Yao 族は 10000kip ――しかし今日では種族による差よりも村内の経済的地位による差の方が大である。しかし Pha Tang 村を例にとれば、今日でもこの村と Ban Pak Po, Ban Nam Po 両村(共に Thai Poua 族)との通婚関係は禁ぜられている。或いは男子の婚出はよいが、両村からの女子の婚入は不可であるともいう。そして事実その例は一例もみられない。

要するに支谷から主谷へと彼らの生活空間が拡大するにつれて、彼らの文化的複合度も高まり、このことが再び生活圏の拡大を容易にしたものと思われる。

(6)　タイ諸種族は、およそ以上のごときプロセスで谷間づたいに南下したのではないか。その際、常に彼らが水田農耕民として生活しつづけたことは自明のことであって、村の名称に na(水田)を冠するものの甚だ多いこと、或いは nam, sam(川ないし水)を冠するもの、houei(小川)を冠するものなども間接にこれを証するものといえよう。今、Vang Vieng 図幅から Na- 村名を拾うと、Ban Na Ving, B. Na Pha, B. Na Mon Noi, B. Na Sang Ling, B. Na Kout, B. Na Ka, B. Na Tane, B. Na My, B. Na Mon Njai, B. Na Then, B. Na Gne, B. Na, B. Na Than,

B. Na Hoi, B. Na Dao, B. Na Boua, B. Na Phong, B. Na Ken, B. Na Kouang, B. Na Gna, B. Na Bane, B. Na Douang, B. Na Ke があり、Nam- 村名には B. Nam Pat, B. Nam Sang, B. Nam Po, B. Nam Pe, B. Nam Poune, B. Nam Mouang, B. Nam Mone, B. Nam Kai がある。そして Houei- 村名には B. Houei Pouan, B. Houei Kai, B. Houei Ngam がみられる。これらは当然、広東、広西両省、さらには四川、雲南、貴州、湖南などの地名と関連して、これらの移動の足どりを示すものではないかと思われる。(註24)

6

社会階層—社会的経済的差異

パ・タン村の社会は階層的に組織されたものとは思われない。性と年齢による差別をのぞいて、ここには社会的に村人を差別するものはない。村の家と家とはむしろ極めて民主的な、平等の立場で相互交渉をたもっている。しかし、このことは村人ないし村の家族間の社会的・経済的な差異がないということではない。大きく立派な家屋に住んでいる人々とともに、貧弱な、見すぼらしい家に住んでいる人々があるように、村人の間の経済的な差異は決して少なくはない。ただ、それがそのまま社会的地位として固定しているとは思われないのである。

第15表はパ・タン村の家族若干についてその水田、牛、水牛、豚の所有状況を示したものである。この場合の各家族は全く任意に抽出したものであるが、水田を所有していない家族についてのみその全戸が記入されている。さて、水田所有(実はその収穫高によって示してあるが)には八ムーンを所有する家から、全く所有しない家まで大幅な差異があるが、二〜三ムーンを所有するというのが分家直後の新家庭ないしやや貧しい層であり、四〜五ムーンを所有する家がいわば村の中堅層である。牛と水牛とを比較すると概して牛を保有する家は少なく水牛が多い。いうまでもなく水田耕作には水牛の方が適しているからである。因にこの村では水牛、牛は耕作に利用される外、牛車の挽獣

第15表　水田・牛・水牛・豚所有状況

家族番号 / 所有	**36	86	29	53	*4	20	24	**28	48	58	85	5	33	52	*69	75	3	22	*32	37	44	47
水田（ムーン）	8	8	6	6	5	5	5	5	5	5	5	4	4	4	4	4	3	3	3	3	3	3
牛（頭）	20	8	0	0	0	0	0	0	6	0	0	0	0	0	6	0	0	0	0	0	0	0
水牛（頭）	14	6	10	6	5	8	5	3	5	6	6	2	5	2	5	2	2	4	4	1	1	2
豚（頭）	4	0	3	4	4	3	2	4	2	2	1	4	2	3	4	2	2	4	2	6	0	1

家族番号 / 所有	80	84	*89	2	*18	25	45	59	70	82	98	41	49	55	56	57	62	66	67	68	74	76	87	90	92	94	95	96
水田（ムーン）	3	3	3	2	2	2	2	2	2	2	2	0	0	0	0	0	0	0	0	0	0	0	0	0	0	0	0	0
牛（頭）	0	2	0	0	0	0	0	1	0	0	0	0	0	0	0	0	0	0	0	0	0	0	0	0	0	0	0	0
水牛（頭）	0	13	2	0	2	2	0	1	3	0	2	0	0	0	0	0	0	6	0	0	6	0	0	0	0	0	0	0
豚（頭）	0	2	4	1	2	1	0	1	2	0	1	1	1	1	1	1	2	3	1	1	1	1	1	1	0	0	1	0

＊ タバコ畑をもつ者　＊＊ コーヒー畑をもつ者

として使われるがその比率はきわめて低い。ところで水牛は水田を所有する農家のほとんどで飼養されており、二〜六頭が標準的、これに反して牛は僅かに数戸で飼養されているにすぎない。水牛、牛の飼養が農家としての安定した姿を示すのに対して、豚はやや貧しい層において飼われている。豚の一頭も持たないというのは余程貧しいか、或いは逆に余程富裕であるかの何れかである。これらの点からみると第15表のうち水田八〜六ムーンの組は村の金持グループであり、五〜四ムーンは中流の上、三〜二ムーンは中流の下、水田なしというのが貧乏人ということになる。ただし、水田を持たない組の中にはF—15の中国人仕立屋のごときがあるから、これらは貧乏人グループから除外しなくてはならない。

　次に第23図は村人の社会的経済的地位を具体的にとらえるため、二つの指標によって全戸を分類したものである。すなわち、図の左側は婚資金 Kha Saw の額によって、右側は一九五八年四月の祭り Bun Hot における寄附金の額によって分類した。婚資金(結納金)は、ある家族の娘を嫁にもらう場合に、夫側がその家族に対して支

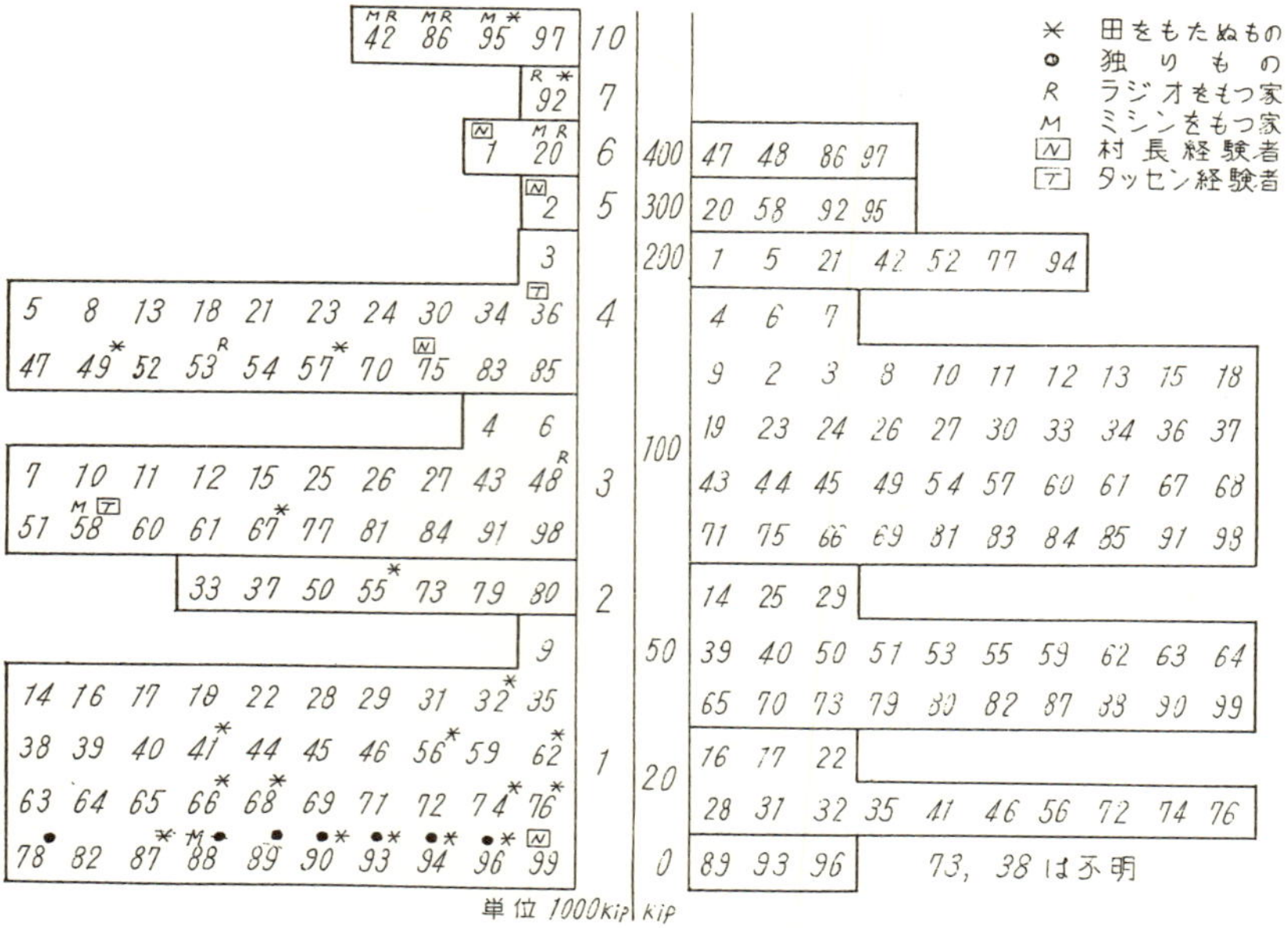

第23図　パ・タン村における社会、経済的差異
（左側は婚資金の額による、右側は祭りの寄附金による。数字は家族番号）

払うのであるが、このカー・サオの額は娘の家のいわば家格・経済的地位によって大いに差異がある。つまり、一、〇〇〇キップも出せば娘を嫁に貰える家とその一〇倍一〇、〇〇〇キップも出さねばならぬ家もある。そして中程度の暮しの農家になら二、〇〇〇〜四、〇〇〇キップも払えばよい。これは村家族の格づけ、評価として極めて興味あるものと思われる。一方、右側の図は前述のごとく祭りの寄附金による差異であるが、これは大局的には婚資金によるそれと類似している。しかし、なかには相互にかなりくい違っている――寄附は多いが、婚資金は少なくてよい――例がみられるが、これは平常は貧しい暮らしをしていながらも寺の寄附にだけは金惜しみしない信心家があるからである。何れにしろ村人の寄附金額には〇キップから四〇〇キップまでの段階がある。そして寄附金〇というのは、支払わないのでなくて、支払えないのだということであった。

次に、この図上に二、三の指標を重ね合せてみるとどうなるであろうか。〔i〕田を持たない者は、若干の例外を除いて婚資金一、〇〇〇キップのランクに入る。〔ii〕村で一人暮らしをしている者も同様。〔iii〕ラジオを持つ家――全村で六戸――はすべて上位にランクされる。〔iv〕ミシンを持つ家――全村で六戸――もF―88を除いて同様に上位に入る。なおF―88は独り暮らしの仕立屋である。

以上はほぼ上位ランクの指標とみられるが、これに反して政治的地位、すなわち、かつて村長Nai Banであったとか、タッセンTassengであったとかは、必ずしもその家の経済的地位と関係がないらしい。むしろ村の中堅層に多いように見うけられた。

要するに第15表および第23図によって、パ・タン村内に経済的差異があること、その差異が家格として或程度固定されていることを知りうる。ただし、これはあくまでも比較的均質な、相互に対等な関係によって組成された農村の内部における差異であって、モビリティーを欠いた社会階級が成立していると見るのは当たらないであろう。

7 村の政治

パ・タン村の政治、政治組織については未調査である。村には一人の村長(ナイ・バーン)Nai Banと一人の村長助手とがいる。村長の任命について、村人のある者は選挙によるといい、ある者はヴァンヴィアンの郡長から任命されるという。ただ、筆者の滞在中にすでに次期村長が決定されていたところをみると、いわゆる投票によって選挙されるのではないらしい。従ってそれが村人相互の話し合いによって決定されるものか、天下り式に任命されるものか未詳である。任期は二～三年から五～一〇年に至る幅があり、現村長はすでに三年間その職にある。現村長はチャノンター（F—1）で在職三年、その前はティット・ピムで同じく三年在職、その前がシェン・スムで三年、更にその前にティッド・ラムが三年村長の職にあった。これらの例からみると任期三年というのが通例らしい。ところで村長の主な仕事は、〔i〕村の事件、出生・死亡、伝染病、農作状況などをタッセンを通じて郡長に報告し〔ii〕村人を監督して村仕事――橋、道路の修理、学校建築、灌漑用水の管理――を行い、或いは地方政府に補助を要求する〔iii〕ナム・ソンの対岸に関所を設けて、通行の他村民・自動車から通行料を徴集すること〔iv〕年中行事の運営その他、である。これらの行事に際しては、触れ人に全村を歩かせて村人を集合せしめ、野外で相談事を行うのが常であった。村人にとって、村長は必ずしもいわゆる実力者ではなく、むしろ事務取扱者といった感があった。なお、時としてこの村からタッセン・パ・タンの長、タッセンを選出することがあった。カンマン（F—36）、シェン・カム（F—58）はかつてタッセンとなったことがある。パ・タン村は、少なくも筆者の滞在中はきわめて平和であって、村長の権威ないし指導力を発揮する機会は全くなかった。

第4章 地域社会の構造

1 ラオ族の村と村

A　ナム・ソンおよびナム・リーク河谷平野には、数多くのラオ族村落が立地している。一体、これらの村落と村落とは、互いにどのような関係――社会的に、また経済的に――を保っているのであろうか。

最初に、これら村落とラオ族のなかの諸種族との間に、何らかの相関関係がみられるであろうか。すでに述べたごとく、ラオ族ないしタイ・ラオ Thai Lao と一口にいうものの、そのうちには微妙な差違を含み、多数の種族に分れていた。しかし、集落形態、集落立地とこれら諸種族との間には、少なくとも調査地区に関する限りほとんど差異を見出すことができない。タイ・ヌーア族のパ・ホーム村 Ban Pha Home もタイ・プーアン族のナ・タン村 Ban Na Tane も或いはタイ・ソウン族のソン・パイ村 Ban Soun Phai も一様にラオ族村落としての特徴を共有している。種族の相違はこの次元には現れてはいないようである。ただし、赤タイ族の集落のみは――筆者の知る二村についてみる限り――他のラオ族村落よりも僻遠の地に位置し、民家様式その他に若干の相違がみられた。すなわち、その一つボーン・プーク村 Ban Boun Phouk はデン・ディン峠に近いカム・プーク Kham Phouk 川上流左岸に立地し、プー・テン族の村々にとりまかれている。そこはラオ族村落立地の常識からはやや外れた、水田適地の極めて僅少なところである。他の一つ、サン・ポン Sam Poun 村はナム・リーク右岸の低い段丘に立地し、背面には直

第16表　タッセン・パ・タン内の集落規模と種族構成

Village	Number of Households	Ethnic Group
B. Pha Tang	99	Thai Neua
B. Pha Home Neua	16	〃 〃
B. Pha Home Taj	8	〃 〃
B. Na Pong	8	〃 〃
B. Na Dao	26	〃 〃
B. Na Boua	17	〃 〃
B. Phou Kok	30	〃 〃
B. Suan O: i	5	〃 〃
B. Nam Sang	?	Thai Pouan
B. Na Tane	10	〃 〃
B. Nam Pat	13	〃 〃
B. Koksane	18	〃 〃
B. Lang Mao	58	Thai Dai
B. Kho	25	Thai Et
B. Oumong	4	〃 〃
B. Na	20	Thai Soun
B. Soum Phai	20	〃 〃
B. Na Nje	?	〃 〃
B. Pone Lane	13	Phou Theng
B. Pha Tong Ching		〃 〃
B. Nam Se Na		〃 〃
B. Tao Koun		〃 〃
B. Ta La		〃 〃
B. Pha Po		〃 〃
B. Keokwang		〃 〃
B. Kaisou	27	Yao
B. Pha Louang		〃
B. Pha Nam Ping		〃
B. Meo Mou		Meo
B. Lang Pha		〃
B. Long Jen		〃
B. Pha Deng		〃
B. La Sa		〃

第17表　タッセン・ティエン内の集落と種族構成

Village	Ethnic Group
B. Thieng	Thai Et
B. Chieng	Thai Pouan
B. Sang	Thai Porong
B. Na Mone	Thai Oh
B. Na La	〃 〃
B. Muon Koun	Thai Lao
B. Bun Lak Njai	Thai Neua
B. Bun Lak Noi	〃 〃
B. Na Lane	〃 〃
B. Na	Thai Deng
B. Sam Pong	〃 〃
B. Bone Phek	Phou Theng
B. Nam Pak Noi	〃 〃
B. Pha Kering	〃 〃
B. Houei Pha La	〃 〃
B. Bok Sane	〃 〃
B. Po Sek	〃 〃
B. Boun Phouk	〃 〃
B. Ton Pheung	〃 〃
B. Pa Kuaj	Meo

ちに山地が迫っている。隣村のティアン村Ban Thieng からこの村に行くには乾季でさえ何度も——少なくとも四回——腰にとどく程度の深い川を徒渉せねばならず、雨季には完全に陸の孤島と化するところである。赤タイ族は、その集落および集落立地からみる限り、この地域の他のラオ族村落とは区別さるべきものを持っている。つ

まり、この点において彼らは彼らの伝統文化をなお強く保存しているか、或いは他のラオ諸種族との文化的交流がより少ないかの何れかであると思われる。

B ラオ族集落は、ほとんど例外なく水田耕作の可能な河谷平野にあり、たいていは、低い段丘面上に立地している。すなわち、段丘面上に家屋が集中し——疎集村の型が多い——氾濫原が水田化されている。集落が立地するためには、雨季の洪水に対して安全な平坦地と水田、焼畑の適地、および手近に森林のあることが必要であり、交通手段として河川を利用し得ることもまた重要である。しかし、これらの条件に適合した地域はそうどこにでもあるわけではない。川筋ぞいに一定の間隔をへだてて集落が分布する所以である。なお、集落と耕地との関連をみると、タッセン・パ・タン内の村々では、焼畑に比して水田の比重(比率)が高く、タッセン・ティエン内では逆に焼畑の比率が高い。この点は集落形態の上にも多少は反映しているかとも思われるが、むしろ村落社会に少なからぬ影響を及ぼしているものと思われる。

なお、最近の傾向としてラオ族村落のうちに街道沿いの村、路村状の集落が若干みられるようになった。コクサン Koksane 村、スアン・オーイ Suan Oi 村、ティエン Thieng 村の出村のティエン村など何れもこれに属する。この型は新開拓村に多く、開拓地農業——サトウキビ、イモ類、果樹栽培など——と極めて小規模な、通行人・自動車乗組員相手の小商業との結合に村作りの方向を打出しているわけである。

次に集落戸数についてみると、ラオ族集落にはパ・タン村のごとく戸数一〇〇に達する村もあり、新しい開拓村スアン・オーイ村のごとく僅か五戸よりなる村もある。しかし、一五〜二〇戸がこの地域における標準的な大きさであり、これはいうまでもなく河谷平野における可耕地のサイズと関係がある。そして、もちろんこの点は村の歴史的な新古とも関係するわけで、歴史の古い村は立地条件を十分に吟味してあり、従って農村としての安定度が高く、戸数も多い場合が少なくない。

これらの点に関して試みにヴィエンチャン周辺のラオ族集落についてみると、B. Non Heo（九七戸）、B. Non Nieng（一〇〇戸）、B. Pha Khao（八八戸）、B. Sa Pan Muk（三〇戸）、B. Kout Na Sai（一〇〇戸）、B. Don Na Sak（三〇～四〇戸）、B. Si Kou（二〇戸）、B. Pha Tane（一〇〇戸）であり、最近の開拓村である Si Kou 村の二〇戸をやや例外的なものとすれば、一般に一〇〇戸以上の戸数をもっている。耕地の広さが、このような大集落の存在を可能ならしめているように思われる。

C　以上、村落と種族、村落の立地、サイズなどについて述べたが、ここで更に個々の村落について略述しておきたい。

先ずナム・ソン沿いに南から記すと、ナ・ダオ村 Ban Na Dao は全戸数二六、そのうちの数戸は街道沿いに並んでいるが、他はすべてその西部に立地し疎集村の形をなしている。水田は村とナム・ソンの間の細長い平坦面に拡がっている。立地上または集落形態上からみてパ・タン村との間に著しい差異はないが、家並はパ・タン村より一層まばらであり、かつ不規則である。ナ・タン村 Ban Na Tane は全戸数一〇、街道から二〇〇～三〇〇m離れた小段丘に立地し、一部は氾濫原にはみ出ている。疎村というべきであろう。小学校はなく、寺が一つある。この村はタイ・プーアン族の古い村であるが、タイ・ヌーア族の村に比して何らの特徴もない。スアン・オーイ村 Ban Suan Oi は、いわばパ・タン村の出村で全五戸が街道沿いに点々と並んでいるにすぎない。水田は

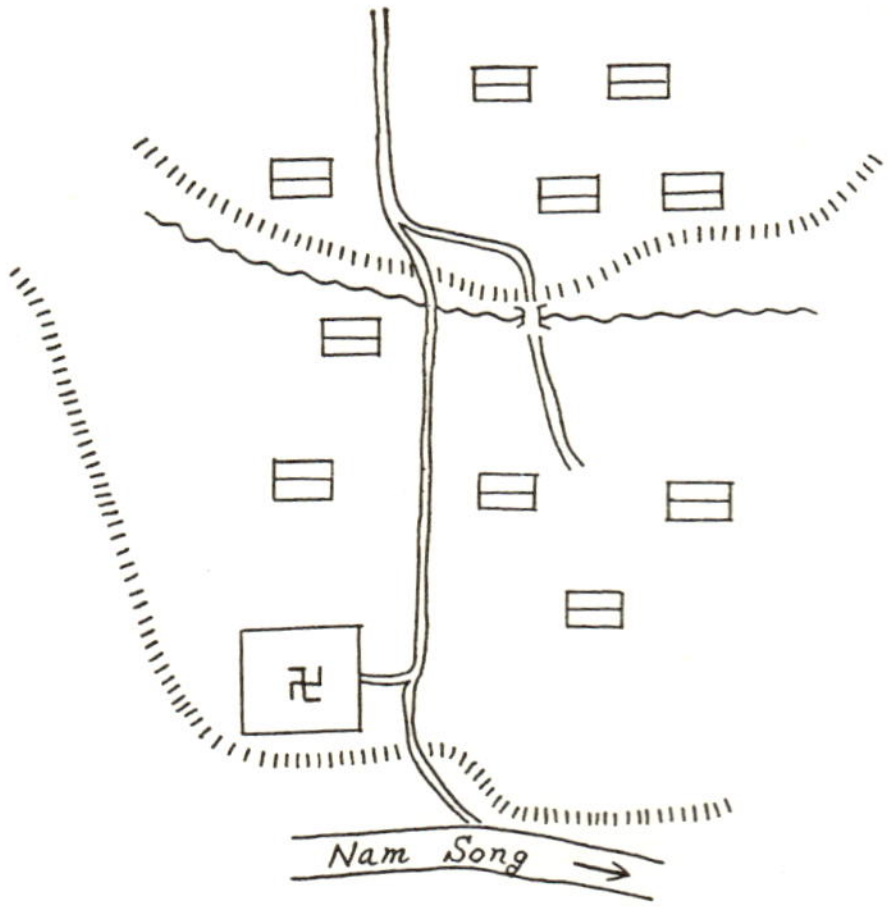

第24図　ナ・タン村 Ban Na Tane 略図

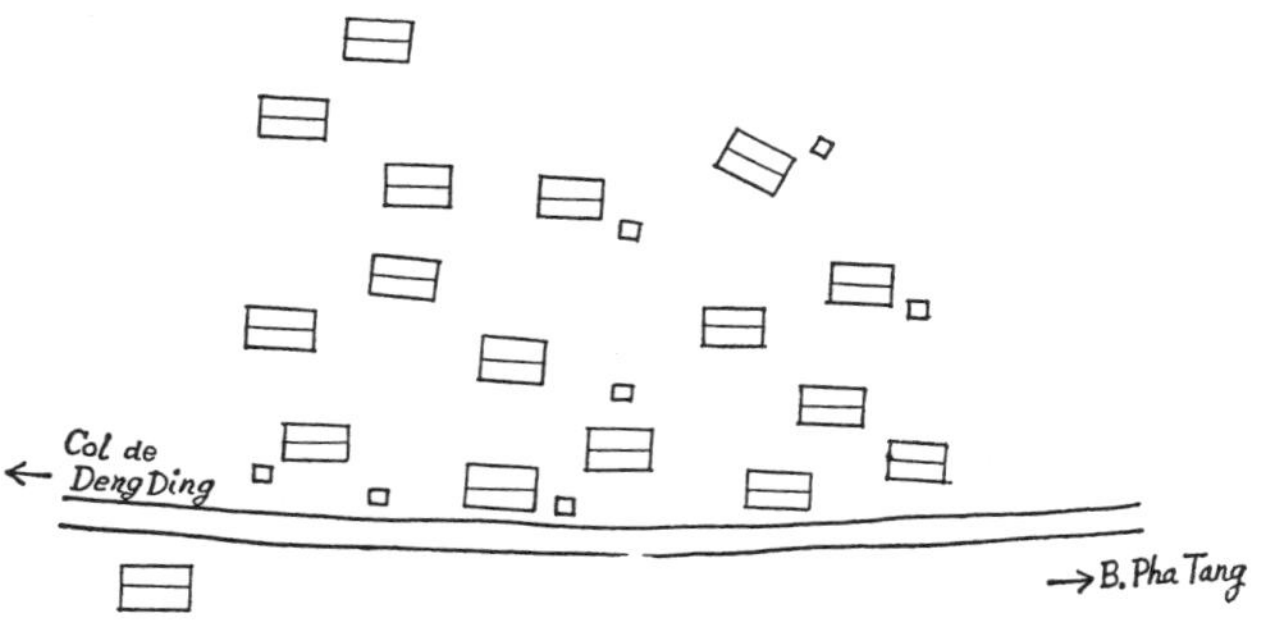

第25図　パ・ホーム村 Ban Pha Home 略図（北村）

少なく、むしろ畑作――サトウキビ、パインアップル、パパイヤ、イモ類――に生計を依存しているようである。目下、村東部の山麓斜面が開墾中であり、男たちはここで働き、女たちが街道往来の人々に僅かばかりの果物、野菜を商っている。家々もごく小さく、何れも出小屋程度である。パ・ホーム村は北村と南村、すなわちB. Pha Home NeuaとB. Pha Home Tajの二部落よりなっている。それぞれ一六戸、八戸からなる小村で、家々は疎らに集中している。二つのパ・ホーム村は何れもパ・タン村から分岐した村であり、従って現在までのところ水田面積は少なく、むしろ焼畑の比率が高い。村の東側、パ・ルアン山麓の緩斜面には疎林のなかに焼畑がひらかれ、西側の街道とナム・ソンとの間が水田化されているのである。しかし、用水不足のため、目下ナム・ソン上流からの灌漑用水路の施設が計画されている。

次にナム・ノーイNam Noi流域の集落について述べよう。これらの集落はパ・デンPha Dengの石灰洞をくぐりぬけたところから始まる。すなわち、ナム・ノーイの氾濫原は一面に水田化されており、東部段丘上に戸数四のウモン村B. Oumongがみえる。ここから約二km上流に位置する村がコー村B. Khoである。コー村はナム・ノーイとナム・ホエイNam Houeiとの合流点近くに立地し、家々は小径をはさんで整然と連なっている路村状の村である。この村はパ・タン村の分村というが――人によってはパ・ホーム村の分村という――他にサム・ヌーアからの移住民も交っているようである。景観的には立派な家々が多く村としてはかなりまとまった印象をあたえてい

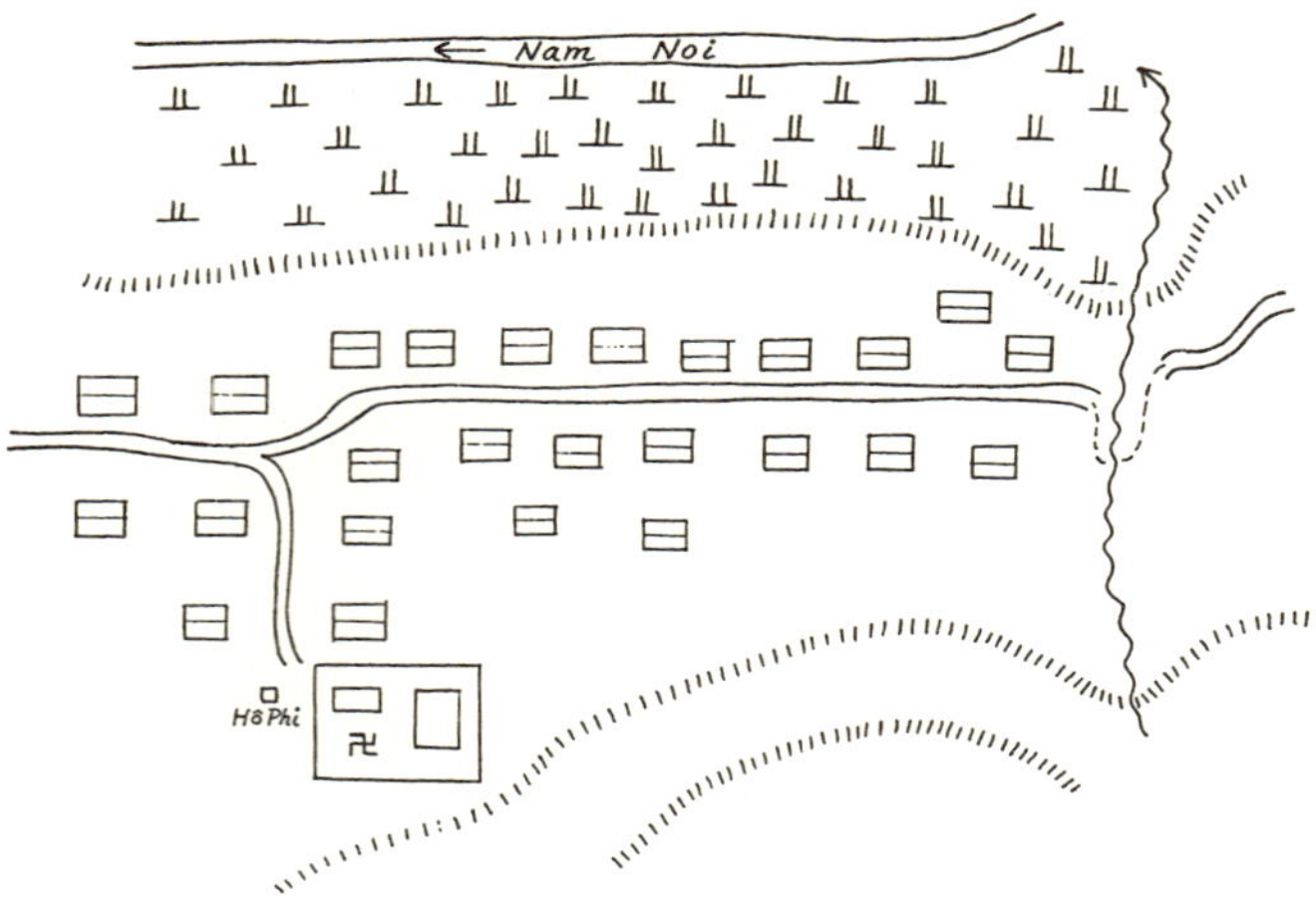

第26図　コー村 Ban Kho 略図

る。全戸二五、寺一つで学校はない。——ナム・ノーイ流域の村々には何れも学校がなく、従って児童のすべては未就学である。そこでコー村村人の目下の問題はいかにしてここに小学校を建設するかということである。——村内にはココヤシ、ビンロー、タマリンド、桑、仏桑華、バナナ、柑橘が多く、村の東側山地に焼畑、西側のナム・ノーイ河畔に棚田がつくられている。また、村の近く三カ所にタバコ畑がみられた。ホエイ・コー Houei Kho——これは川幅約二mの小川である——の両岸に菜園がつくられ、家ごとに竹垣をめぐらしてある。ここには恐らく村人の共有と思われる染色場があり、丸太をくりぬいた容器に染料植物——ホム Hom という草——が浸してあった。

コー村から約四km北行するとナー村 B. Na がある。ナー村は全戸約二〇、低いが明瞭な段丘上に立地した集村である。家々の構えは大きく堂々としたものであるが、実は貧しく、発展から置き去りにされた村である。他面、この村には古い生活様式の若干が残っているらしく養蚕を行っている家もあった。ソン・パイ村 B. Soum Phai はナー村の北約六kmの地点にあり、やはり河成段丘上にのった戸数二〇の集村である。背後に山地をひかえ、西部、ナム・ノーイとの間が水田化されている。しかし、村周囲には荒廃した水田がそここに残されており、労力不足を物語っていた。ここで興味あることはナム・ノーイ対岸の斜面が広般に、河岸から二

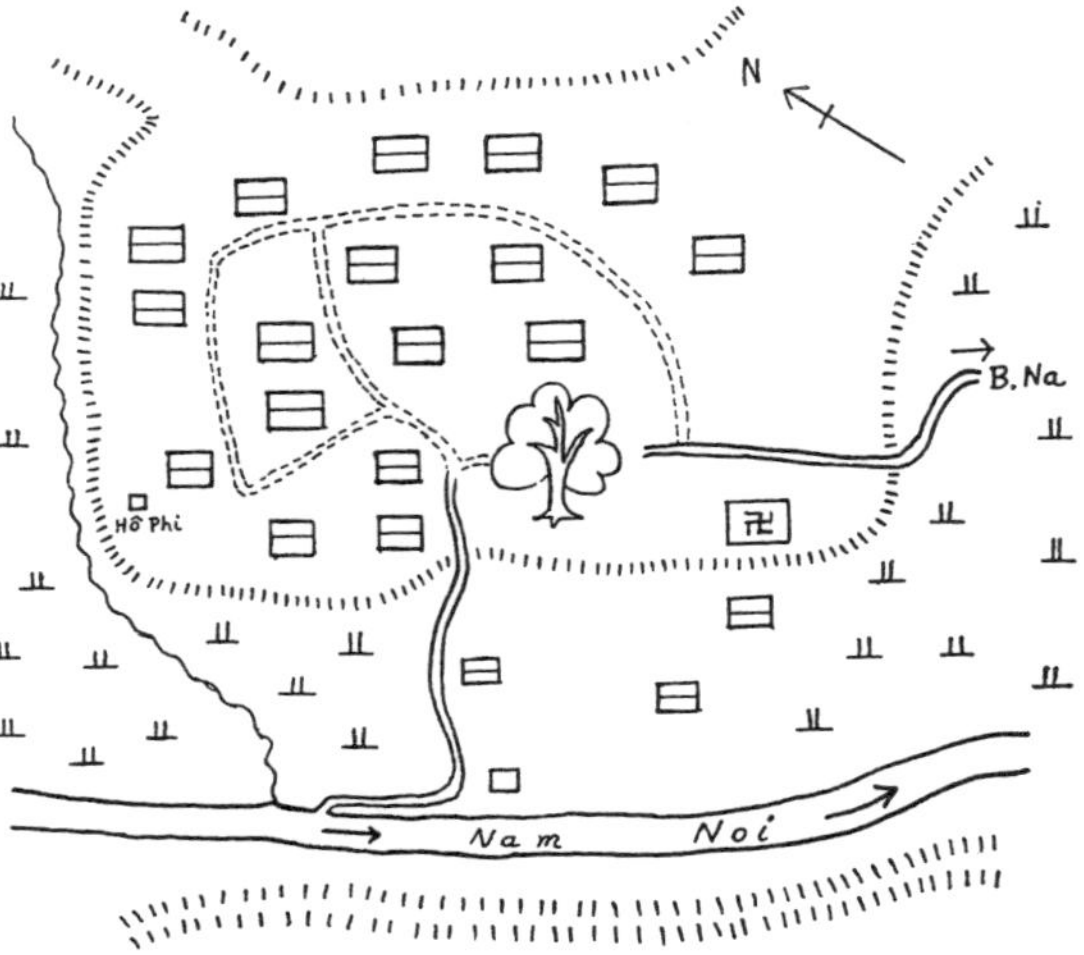

第27図　ソン・パイ村 Ban Soum Phai 略図

○○m程のところまで焼畑化されていることで、これらの焼畑はパ・ルアン村 Ban Pha Louang のヤオ族の畑なのである。村内からも働くヤオ族の姿が明瞭に望まれた。少なくとも斜面利用という点からみると、ラオ族よりもヤオ族の方が巧みであり、勤勉である。ここに焼畑をめぐってラオ族との競合 competition が認められるであろうか。ソン・パイ村には、村としての生活力の欠如が感ぜられる。例えば、寺の建物はあっても僧を養う余裕がなく、従って目下無住といった有様であった。

一方、ナム・リーク流域のティエン村 Ban Thieng は、隣接するチエン村 Ban Chieng と共に景観的に一つの村となっている。しかし、寺は二つ、村長も二人おり、小学校のみが一つである。戸数は両村合して九六戸という。共に立村約三〇〇年を経過したと称する——人により一〇〇年ともいう——古村であり、前者はタイ・エ族、後者はタイ・プーアン族の村である。隣接し合体したかにみえる両村にみられる著しい特色は、チエン村が不規則な家々の集合から成る集村であるのに対し、ティエン村が整然とした地割りをもち明瞭な村落計画の先行を推測せしめる点である。この点は村名のティエン Thieng(=town)と思いあわせて興味あるところである。また両村とも集落近傍に竹垣をめぐらした菜園を見なかったことは、いかに解釈すべきであろうか。前述のごとく一般にナム・リーク流域の村々においては、水田に比して焼畑の比率が高いといわれているが、それとこれとは無関係とは思われない。

この場合、日常食生活における山菜の利用度が高いことはいうまでもない。試みに菜園の有無を指標として地域区分をすると、両地域の境界はほぼパ・ホーム北村になるだろう。この村以南には菜園が多く、以北には少ない。〈水田＋焼畑〉という生活様式が〈水田＋菜園〉のそれに移行しているのであり、パ・タン村附近は両者の推移地帯と解すべきであろう。

ティエン村と同名の出村が街道沿いに四戸並んでいる。この村は国道13号線とティエン村に至る支線との分岐点に立地し、村の他端に小流がある。四戸のうち二戸は三年前に、残りの二戸は一年前に母村から分かれた新村で、前記スアン・オーイ村とあらゆる点で類似している。

以上、ラオ諸種族における集落形態上の特色は〔i〕ルースな集村形態を示すものが多い〔ii〕しかしそのなかにはティエン村のごとく明らかに計画的な地割りをもったものもあり、またソン・パイ村のように自然発生的なものもある。〔iii〕集落のサイズには四〜五戸から一〇〇戸以上に至る変異の幅があるが、二〇〜三〇戸が標準的である。〔iv〕集落を構造的に眺めると家の集合体としての集落を中心として、その周囲に菜園、果樹園、水田、焼畑、森林、河川が配置されている。しかし、これら諸要素の組み合わせ、比率はそれぞれ地域的に相違している。〔v〕広場ではなくて道路が集落内部の家と家とを結ぶコミュニケーションの手段となっており、寺と学校が景観的・社会的に村の中核となっている。もっとも寺を欠いた村、学校のない村もないわけではない。〔vi〕旅行者の眼にはとまりにくいが、村ごとに村社ホー・ピー Ho Phi があり、村人の精神的支柱となっている。ただし、ホー・ピーの信仰は次第に衰微しつつあるかにみえる。〔vii〕開拓村、少なくとも現在のそれは計画的に創設されたものではなく、個々の家族の企画により、その集積として形づくられたものである。その際、〈農業＋商業〉が当初における生活の手段となっている。ラオ諸種族と商業との結びつきは、案外に根深いものである。換言すればこのことは、ラオ諸種族の生活が古来常に周辺異種族とのバランス・オブ・パワーのうちに展開してきたという事実を示唆し、反映するものである。もっともこのバランス・オブ・パワーは、必ずしも商業のみに限ったものではない。

D　ナム・ソン、ナム・リークの河谷平野に展開するラオ族集落が、互いに極めて類似した形態をもち、機能をもっていることは、それらが単に環境条件を等しくしているからだとは考えられない。それらの村々は、類似した環境に立地しているだけではなく、いずれも同一の歴史的背景をもっているのである。もちろん、タイ・ヌーア族はサム・ヌーアを故郷とし、タイ・プーアン族はシェンクワン高原を故郷としている。しかし両者ともに等しくラオ族として南下移動の歴史のなかに身を投じているのである。具体的には、彼らの南下移住は河谷平野における分村・移住によって、或いは分村・移住による生活空間の拡大としてとらえることができる。ところで、この点については既にふれたが、第22図は更にこの事実を明らかにするであろう。概ね一〇〇年程の歴史をもつ母村から、五〇年ないし一〇年、五年の歴史しかもたない子村が分岐している。そしてこれら母村もまたサム・ヌーア、ムアン・プーアン(シェンクワン)からの移住民によって形成されたものなのである。子村はいろいろの点で母村のモデルを継承したものである。

第18表　パ・タン村の通婚圏

	婚出		婚入	
	♂	♀	♂	♀
B. Pha Tang	23	91	—	—
B. Na Tane	0	0	2	3
B. Phoukok	0	0	0	2
B. Nam Sang	0	2	1	0
B. Lang Mao	0	1	0	0
B. Nam Po	0	1	0	2
B. Houa Ha	0	0	0	1
B. Na Boua	0	0	0	1
Vang Vieng	0	2	1	2
B. Pha Home	0	1	0	3
B. Chieng	0	1	0	5
B. Thieng	1	1	0	1
B. Kho	0	0	0	1
B. Na Mone	0	0	0	1
Muong Kassi	0	1	0	0
B. Na Pene（?）	0	0	1	0
B. Nam Ton（?）	0	0	1	0
Muong Hian	0	0	1	1
Tourakom	3	1	3	0
around Vientiane	0	0	2	1
Vientiane	2	2	1	0
Thakhek	0	0	2	0
Savannakhet	0	1	2	0
Xieng Khouang	2	0	0	0
Sayaburi	0	0	1	0
Thailand	0	0	1	0

註　（?）は村の所在地未詳

E　第18表、第28図はパ・タン村を中心とした通婚関

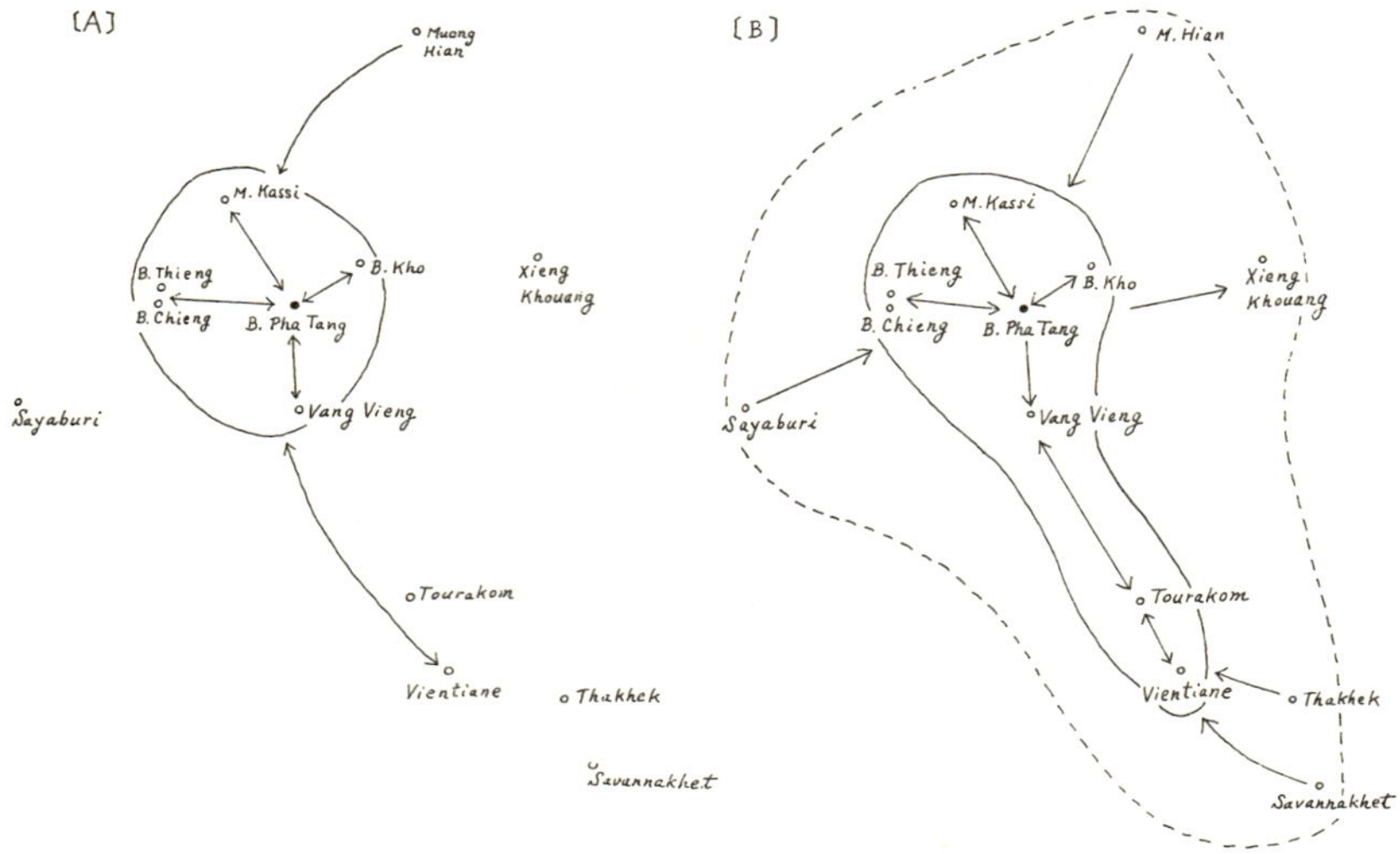

第28図　パ・タン村通婚圏概念図
〔A〕女の場合、〔B〕男の場合

係を示す。ラオ族の村と村とは通婚関係によって互いに結びつき、一つの共通文化をつくりあげつつある。もっとも、その際、通婚に何らの障害も伴わなかったかというと、必ずしもそうではない。ことに歴史を遡るほどラオ族内部における種族の相異が通婚をさまたげたものと思われる。現に今日でも婚資金の額は相手(女性)の属する種族によって相違しているし、村(種族)によっては通婚をさける傾向もある。例えばパ・タン村とパク・ポー Pak Po、ナム・ポー Nam Po 両村との通婚がないことは、この両村がタイ・ポーア族だからである。しかし、タイ・ポーア族とは何故通婚できないのか、かつてタイ・ポーア、タイ・ヌーア両族は敵対関係にあったとでも推測する以外に考えられないことである。

さて、第28図は第18表を簡略に図化したものであるが、これから次の事実を知りうる。

〔i〕女性の通婚圏には、かつての故郷ムオン・ヒアン Muong Hian からの婚入と、首都ヴィエンチャンとの通婚が少数みられるが、その大部分がヴァンヴィアンからムオン・カッシーに至る、ナム・ソン、ナム・リーク流域の村々に限定されていること。女性は通婚移動に際して極めて用心深いものであること。〔ii〕男性の場合は女性に比して通婚圏の範囲が一段と拡大しており、殊にヴィエンチャンおよび南ラオスとの結びつきが強いこと。この傾向については前にも触れた通り婚出よりも婚入において著しい。このことは一面、男性の積極性として、ラオ族の南下移動に際して、男性が尖兵の役割を引き受けたと解することもできるが、他面、女性中心の安定した生活基地が男性の対外活動の支柱となった、従ってそれだけ女性の社会的地位が重視される結果になったと解することもできる。

F　ラオ族の村と村とを結ぶ商業活動について、また、これによって構成される商圏については、別稿に述べたので再録しない。(註25)

G　谷間の村々のあいだに歴史的な新旧があるように、経済的にも貧富の差があることはいうまでもない。村人の報告によるとタッセン・パ・タン内のラオ族村落において、パ・タン村、ナ・ダオ村、プーコック村、ナ・ボーア村、ラングマオ村は富裕ないし比較的豊かな村であり、ナ・タン村、ナム・サン村、パ・ホーム村、ウモン村は貧しい村、その他は両者の中間に位するといわれている。そして筆者のみたところでは、ソンパイ村もまた極めて貧しい村であった。たしかに村には貧富の差がある。一方にはパ・タン村のように二つの寺を持つ村があり、他方にはソンパイ村のように寺はあっても僧のいない村、パ・ホーム村のように寺のない村、学校のない村も甚だ多い。ところで問題は、貧村におけるさまざまな問題が政府や郡の力によってではなく、村の相互扶助によって解決されていることである。コー村の村長は次のように語っていた。「コー村には小学校がない。そのため村人は誰一人読み書きができず、少年がタバコを吸い、仕事のないときはブラブラしているばかりで、勉強することを知らない。何とかして学校を建てたいものである。一体、校舎建築にはどの位の金がかかるだろうか。トタン板は新しくなくともよい。すべて古いもので間に合わせよう。祭りがすんだら建築にかかろうではないか。それにしても、雨季になったらトタンを運ぶ途がないがどうしたものか。この村に学校を建てればナー村、ソンパイ村の子供も通学するのだから、それらの村も費用の一部を分担するだろう。村と村とは助け合い――ソエイ・カン suej kan――でいかなければならない」〈村と村との助け合い〉これが村人一般の考え方なのである。

筆者はまた、次のような光景を目撃したことがある。それは丁度コー村の村長の家に滞在していた時であった。或る日ソンパイ村の一人の青年がやってきて、村長に何物かを丁重にさし出した。数枚の木の葉で覆い、その下に一束の木綿糸、二本のローソク、五〇〇キップ紙幣が包まれていた。コー村の村長は息子に盆を持参させ、これを盆に載せて丁寧に受け取った。しばらくの間低声に何事かをつぶやきながら。村人によるとこれはコー村に対するソンパイ村の援助依頼の申し入れであって、ソンパイ村は貧村であるため、年一度の祭りを独力で執行することができない。そこで正式の使者をたてて、コー村の祭りへの参加を依頼したのだという。祭りはこのようにして共催されることになった。これもまた〈村と村との助け合い〉すなわちソエイ・カン suej kan なのである。

このように北部ラオスの村々のあいだでは相互扶助の慣行があり、そのあるものは制度化されている。これがラオ族地域文化の解体を防ぎ、文化の安定、共通性を維持するに役立っていることはいうまでもないことであろう。

H　以上、調査地におけるラオ族諸集落にみられる若干の特質につき略述したが、それらは全体として一体どのような事態を反映しているものであろうか。もちろん、いくつかの解釈が可能であろうがここでは一応次のごとく考えたい。すなわち、それらはラオ族の部族レヴェルから国家レヴェルへの過渡期の状態を示すものである。黒タイ族、赤タイ族、タイ・ヌーア族、タイ・プーアン族などは、それぞれに固有な伝統文化を維持していたが、彼らの南下移動にともない、そのうちのある者は彼らの特異性を失い、互いに混交・同化の過程をへて、ついにはラオス国民であるラオ人として形づくられていった。かつては部族ごとに固有の言語、服装、家屋型式をもち、さては家屋の棟飾り、水汲みの竹筒（バク・ナム）の飾り、矢筒の彫刻まで相互に異なっていたのであるが、今日、ヴィエンチャン周辺の平野部では村落ごとの出自を記録することは極めて困難であり、一様にラオ人ないしタイ・ラオ Thai Lao としてしかとらえることができない。そこでは部族が国民に成長しているのである。

ところで、調査地のパ・タン村周辺では叙上二つのレヴェルのまさに中間段階にあるということができるであろう。そこでは、文化のある面では部族的特質が全く失われているが、他の面ではなおその若干が残っている。例えば言語について、タイ・ヌーア方言とタイ・プーアン方言が並び行われているし、非常の場合、例えば回復の望み薄い重病人の傍ではタイ・プーアン方言の祈りごとがつぶやかれる。しかも、この二つの方言が次第に共通ラオ語のなかに消滅していこうとしている。服装もまた同様で、日常生活では男女とも概して何の特徴もないラオの服装が用いられているが、若干の男はタイ・ヌーアの紺の服を着ているし、女性のうちには部族伝統の服――例えばタイ・エの服――を愛蔵している者がある。スカートの裾模様にしても同様である。度量衡にしても同様で、古来の尺度を用いる者があるが、大部分はC・G・S単位を、ラオ風に発音して用を弁じている。ただ稲の収量などは、今だに昔ながらの単位ムーン mun が用いられている。そして、このような事例、すなわち部族文化の残存とその反面におけるヨーロッパ文化の浸透――パ・タン村で目にふれるヨーロッパ文化製品は、ミシン、ラジオ、バケツ、コップ、皿、シャツ、ブラジャー、靴、トタン、釘、カンナ、ヤカン、ナベなどであろう――とは枚挙にいとまない位である。部族文化はここに消滅しようとしながら残存し、ヨーロッパ文化はここにその触手をのばしている。パ・タン村周辺の文化は、部族文化と国民文化とを仲介する地点に立っているということができる。

2 異種族との関係

A　北部ラオスには多数の少数民族が割拠しているが、それらはラオ族を中心に互いに複雑な利害関係の絆によって緊密に結び合わされている。彼ら少数民族の村落が地理的に他と隔絶し、それぞれに孤立的な生活を営んでいることは一つの事実である。しかし、その反面、彼らが互いに密接な相互交渉のうちにあるということもまた一つの事実である。例えばラオス北辺の町ナム・ター Nam Tha ではラオ族の経営する市場を中心に黒タイ Thai Dam 族、メオ Meo 族、ヤオ Yao 族、ルー Lu 族、カムー Kha Mu 族、カコー Kha Khô 族、ランテン Lanten 族、およびヴェトナム人、パキスタン人、華僑、フランス人、アメリカ人などが出入りし、常時、相互的な交渉をたもっている。王都ルアンプラバン Luang Prabang についてみても街に店舗をかまえている華商、USIS のアメリカ人夫妻、少数のフランス人、道路工事のためにここに設営している沖縄人の他に市場にはメオ族、ヤオ族、カー族などが朝ごとにやって来るし、タイ(ラオ)族のうちのルー族やタイ・ヌーア族なども集まってくる。ヴァンヴィアンの市場はラオ族の市場として最も小規模なものである。それは毎朝六時から七時頃まで、ほんの一時間程、郡役場前の井戸のある広場に開かれるもので、売手が一〇数人並んで坐り、その前に野菜や肉類をひろげてあるだけである。しかし、このようなところにもメオ族、ヤオ族、カムー族などが時に訪れることがある。異種族交渉の場こそ本来のラオ族の生活舞台なのである。そしてこの点は南ラオス、例えばボロヴェン高原のようなところでも少しも変らない。

パ・タン村附近では同村を中心に、カムー族、ヤオ族、メオ族が互いに密接に交渉している。パ・タン村もまた異種族交渉の場に立地しているのである。このように北部ラオスにおける種族分布は単に静的に、歴史的な種族移動史の現状を示すものではなく、また、彼らの極めて規則的な垂直分布が示すように、環境に対する生態学的適応の単なる結果でもない。それは文化の地域的体制のなかにおける、それぞれの種族の位置づけとして、文化の場の構造として理解さるべきであろう。

B　実際、調査地すなわちパ・タン村周辺における異種族間の相互交流には驚くべきものがあった。試みにこの点に関して筆者のフィールド・ノートから摘記すると次のごとくになる。

○ 一九五八年一月十七日　今朝二人のヤオが来村、村内をブラブラ歩いていた。帽子も服も黒ずくめでシナ服に似る。襟はなく縁に赤糸の刺繍がある。服には銀の飾りボタン。○ 一月二十二日　恐らくメオと思われる若者一人、馬をひいてやってきた。昨日のヤオ二人はなお村に滞在中。○ 一月二十六日　カイソー村のヤオ二人来村、一人は同村々長、彼は上衣を二枚重ねて着ている。○ 二月一日　カイソー村のヤオ青年三人来村、その一人が私の部屋にきて〈我們愛看爬人籠的像〉と書いた。写真を見たいらしい。彼らの写真をとる。○ 二月六日　午後カイソー村のヤオ青年四人来村、写真を見たいという。彼らはポー・ボアの家から魚醬(Nam Pla)二瓶と、黒い木綿生地を買って帰った。パ・ルアン村のヤオ青年三人来村、彼らは漢字をあまり知らないようだ。薬をもらって喜んで帰っていった。ここから村まで四時間かかるという。○ 二月七日　今朝、カイソー村のヤオ女性四人(うち子供一人、幼児一人)来村、施薬所へ行きナイ・モー(村の医者)と話し合っている。幼児が病気らしい。○ 二月九日　カイソー村のヤオ二人来村、一人は一七〜一八歳、一人は二七〜二八歳で首に大きいコブがある。写真を見たいという。○ 二月十日　夕刻、食事をしているところへカイソー村のヤオ父子がくる。他にもう一人セーターを着こんだヤオも来村。パ・ナム・ピン村のヤオ三人兄弟来村。長兄二〇歳前後、次兄一七〜一八歳、弟は一〇歳ぐらい。彼らは Chao 趙姓、長兄ルー Lu、次兄 ju su(有思)、弟の名は未詳。長兄は漢字を解せずラオ語も不明瞭、弟は専らヤオ語を話す。次兄がもっとも賢明。カイソー村人の写真を見て大変喜ぶ。写真の人物はすべて知っている。○ 二月十一日　昨日のヤオ父子は未だ村に滞在中。さらに二人のヤオがカイソー村より来る。その一人は鄧金昌。○ 二月十六日　パ・トンチン村のプー・テン女性数人来村。手製の刻みタバコを売り歩いている。彼らは滞在中のヤオと話し合っている。○ 二月十七日　メオの男数人来村――恐らくはパ・ライ村のメオ――。村内で折から来村中のヤオと出逢ったが互いに言葉をかわさぬ。○ 同日　パ・ルアン村のヤオ来村。○ 二月二十日　カイソー村のヤオ四人来村。ヴァンヴィアンへケロシン油を買いに行く由、ここで自動車を待っている。ケロシン油はパ・タン村で一缶三八〇キップ、ヴァンヴィアンで三〇〇キップの由。ナム・パ・ノーイ村のプー・テン女性布地を買いに来る。○　二月二十一日　ヤオ三人ヴァンヴィアンからケロシン油を買って戻る。石油缶八箇、それに黒い布地三反買って来る。彼らはトンディーの家に泊まった。○　二月二十三日　ヤオ一人トンディーの家へ来て泊まる。○　二月二十四日　パ・ライ村のメオ(男)二人来村。どうも阿片を持って来たらしい。水タバコを吸っている。夕刻プー・テン(女)三人、敷物と木の実(マッユーという)、或種の木の皮(キンマとして用いる)を売りに来る。ボンペク Bonphek 村のプー・テンの由。木の実は二〜三箇で一キップ。○　三月十一日　ナクアン村に近いムオン・ポーンのメオ二人来村。ポー・ボアの店で日傘、衣類、色紙などを見ていた。買っていったかどうかは不明。○　三月十四日　プー・テン女三人村内をぶらついている。うち一人は首に大きいコブがある。彼女らは或いは昨日から村に滞在していたのかもしれない。○　三月十五日　プー・テン女四人竹を編んだ敷物を売りに来る。今日はナ・ダオ村 B. Na Dao の祭りであるが、祭り見物にボンペク村のプー・テン女数人(七〜八人、或いはそれ以上)がパ・タン村を経由して出かけた。○　三月十九日　ヤオ女一人白馬をひいて来村。○　三月二十日　昨日から来村しているパ・ナム・ピン村のヤオ三人が村で乾魚を買って帰っていった。正午頃カイソー村のヤオ一〇人来村。これからヴァンヴィアンへ阿片を売りにゆき、帰りにトタン板を買ってくる由。五、六箇のキャベツを持ってきた。村で自動車待ちをしている。その中に鄧金昌もいて次のようにいった〈どうもラオ人はよくない。プー・テンもよくない。メオはよい。ラオ人との交際は限度をわきまえてする必要がある〉と。一方、パ・ナム・ピンのラオは次のようにいった。〈来年は是非われわれの村を訪ねてほしい。ヤオと日本人は同種である。ナム・ピン村に来る時は香炉が欲しい〉と。ヴァンヴィアンへ行ったヤオが帰ってきた。そのなかに盤国盛とその義弟がいたが彼らは中折帽(ホンコン製)をナ・モン村で買ってきた。八〇キップの由。村で石ケン(Lux、一五キップ)とタイ国製の傷薬を買った。彼らのうち四、五人がトンディーの家に泊まった。カイソー村のヤオ一〇人ぐらい(うち女三〜四人)が——上記と別のグループ——来村し、村内を歩きまわり、商店をひやかしている。〇 三月二十一日 カイソー村のヤオ四〜五人が——昨夜は、ヴァンヴィアンに宿泊した——黒布一反をかかえて帰ってきた。〇 三月二十二日 カイソー村のヤオ一人(男)ラングマオ村の祭りにいく途中ポー・ボアの店に寄った。

以上、極めて断片的であるが、また筆者不在中の訪問もあるから多少の不備はまぬがれがたいが、しかもなおパ・タン村と周辺異種族との接触交渉が、思いの外に密接であることを知ることができる。もっとも、この点はパ・タン村がこの附近における中心的村落で、数戸の小商店もあり、他村に比して異種族との関係が密接であったことも事実である。(註26)

C 種族間コミュニケーションの諸相のうち先ず言語についてみよう。ここではラオ語——そのうち主としてルアンプラバン方言——がヤオ族、メオ族、プー・テン族を媒介する連絡語の役割を果しており、これら諸族は一般に極めて流暢にラオ語を話す。もっとも村により、また男女・年齢によりラオ語の知識には深浅がある。一方、ラオ族は概してラオ語以外の知識を欠いている。しかし村人の若干はプー・テン語語彙を僅かながら知っているし、ヤオ語、メオ語を解する者もいないわけではない。ところで、ラオ族と周辺諸種族との関係は決して新しいものではなく、歴史的なものであるから、それぞれの種族の語彙のうちにラオ語からの借用、ないしそれとおぼしきものが若干見出される。例えばプー・テン族の語彙のうち数詞は完全にラオ語で置換されており、他に〈古い〉kae, tau、〈噛む〉kàd、〈まるい〉om、〈胸〉og などラオ語に由来するようでもあり、時には否定詞 bō の使用も認められる。この点に関しては同じプー・テン族とはいえ、北方の種族との間に若干の相違がみられる。一方、ヤオ語にも〈死ぬ〉tae、〈知る〉hiw および否定詞 mae のごときがあって興味ふかい。もちろん共通起源ということも考えられるであろう。ただし、この問題に関する詳論は他日を期さねばならない。

D 次に結婚を契機とする異種族間の人の交流は第19表のごとくである。この表から先ず注意されることは山地少数民族相互の通婚――ヤオとメオ、メオとプー・テン、ヤオとプー・テン――はほとんど皆無に等しいが、彼らとラオ族との間には少ないながらも通婚が認められることである。換言すれば少数民族社会は相互に極めて封鎖的であり、これに比較してラオ族社会はむしろ開放的であるということである。この表に関する限りヤオ族社会は最もインテグリティーが高く、この社会を中心に一方ではメオ族、ラオ族、ヴェトナム人、フランス人と文化段階を登るにつれて通婚の自由度が高まる。他方、プー・テン族はパ・タン村周辺では最も低級な生活を強いられているが、通婚の自由度はかなり高い。この点は興味ある問題と思われる。何れにしろ異種族間の通婚は建前としてあり得ないにもかかわらず、事実は表のごとくかなりの人的交流があって驚かされる。異種族間の物資流通が人的交流を促

第19表　異種族間の通婚

夫の種族	妻の種族	事　　例
Lao	Meo	Muong Kassi に1例、Vientiane に多し。
Meo	Lao	Muong Luong, Xieng Khouang に多し、Vientiane に若干。
Lao	Yao	なし
Yao	Lao	なし
Lao	Phou Theng	Muong Kassi に多し Pha Tang 村に1例
Phou Theng	Lao	Muong Kassi に多し
Yao	Meo	なし
Meo	Yao	なし
Meo	Phou Theng	なし
Phou Theng	Meo	なし
Yao	Phou Theng	なし
Phou Theng	Yao	Kaisou 村に1例
French-man	Lao	多数
Lao	French-woman	多数
Vietna mian	Lao	多数 Pha Tang 村に1例
Lao	Vietna mian	多数
Chinese	Lao	Pha Tang 村に1例（都市に関して未詳）

すのか、或いはその逆であるのか、にわかに断定しえないが交流の事実そのものは動かしがたい。

E　パ・タン村を中心とする異種族間の物資流通についてみよう。先ずヤオ族の持参するもの――パ・タン村および近隣の村で売却するもの――は、〔i〕アヘン〔ii〕キャベツ〔iii〕菜っ葉〔iv〕ニワトリ〔v〕牛・牛肉〔vi〕豚・豚肉。ヤオ族がここで購入するものは〔i〕塩〔ii〕布地(黒・赤・白)〔iii〕乾電池〔iv〕針〔v〕鍬さき〔vi〕ケロシン油〔vii〕乾魚〔viii〕魚醤〔ix〕コンデンスミルク〔x〕ネスカフェー〔xi〕線香〔xii〕鉄板(加工素材として)〔xiii〕トタン板　などである。

メオ族が持参するものは〔i〕アヘン〔ii〕キャベツ〔iii〕菜っ葉〔iv〕牛・牛肉〔v〕豚・豚肉〔vi〕ニワトリ　などであり、購入するものに〔i〕塩〔ii〕ヤカン・ナベ(香港製)〔iii〕粗毛布〔iv〕針〔v〕鉄板〔vi〕ケロシン油〔vii〕靴〔viii〕布地(黒・白・赤)〔ix〕線香〔x〕色紙(装飾用のいろがみ)〔xi〕傘〔xii〕衣類などがある。

プー・テン族が持参するものは〔i〕刻みタバコ(一kg五〇キップ)〔ii〕布団綿(一二〇kg八〇キップ)〔iii〕敷もの(ウスベリ、一枚七〇キップ)、その他野菜、木の実などであり、購入してゆくものは〔i〕塩〔ii〕粗毛布(一枚一〇〇キップ)〔iii〕布地(黒・赤・白)〔iv〕靴　などである。

このようにラオ族とメオ族、ヤオ族とは先ず塩とアヘンを媒介として緊密に結びつき、これを軸として更に多数の物資が流通している。ラオ族とプー・テン族の場合はラオ族からの塩の供給に対して、実はプー・テン族の労働力――行商の際のポーターなど――が最も重要な反対給付となっている。何れにしろ、山地の少数民族といえどもここでは完全な自給体制を維持しているわけではなかった。

この事実は直ちにそれぞれの種族の文化要素の上にも反映しており、種族の固有文化は、その周縁部において互いに交錯しているのである。今、思い出のままに記すと、ラオ族の村にはプー・テン族の作ったゴザがあるし、ヤオ族の背負い籠、帽子、プーテン族の籠、長刀、コン・ト Kon To と称するヤシの葉を編んだ雨衣、ヤオ族、メオ族の腕輪などがみられるし、一方、プー・テン族の村では家屋様式における全般的なラオ化現象を別としても、伝統的な立杵と臼の代わりにラオ族の唐臼が用いられ始めているほか、メオ族の項圏、ヤオ族の腕輪、ラオ族の織っ

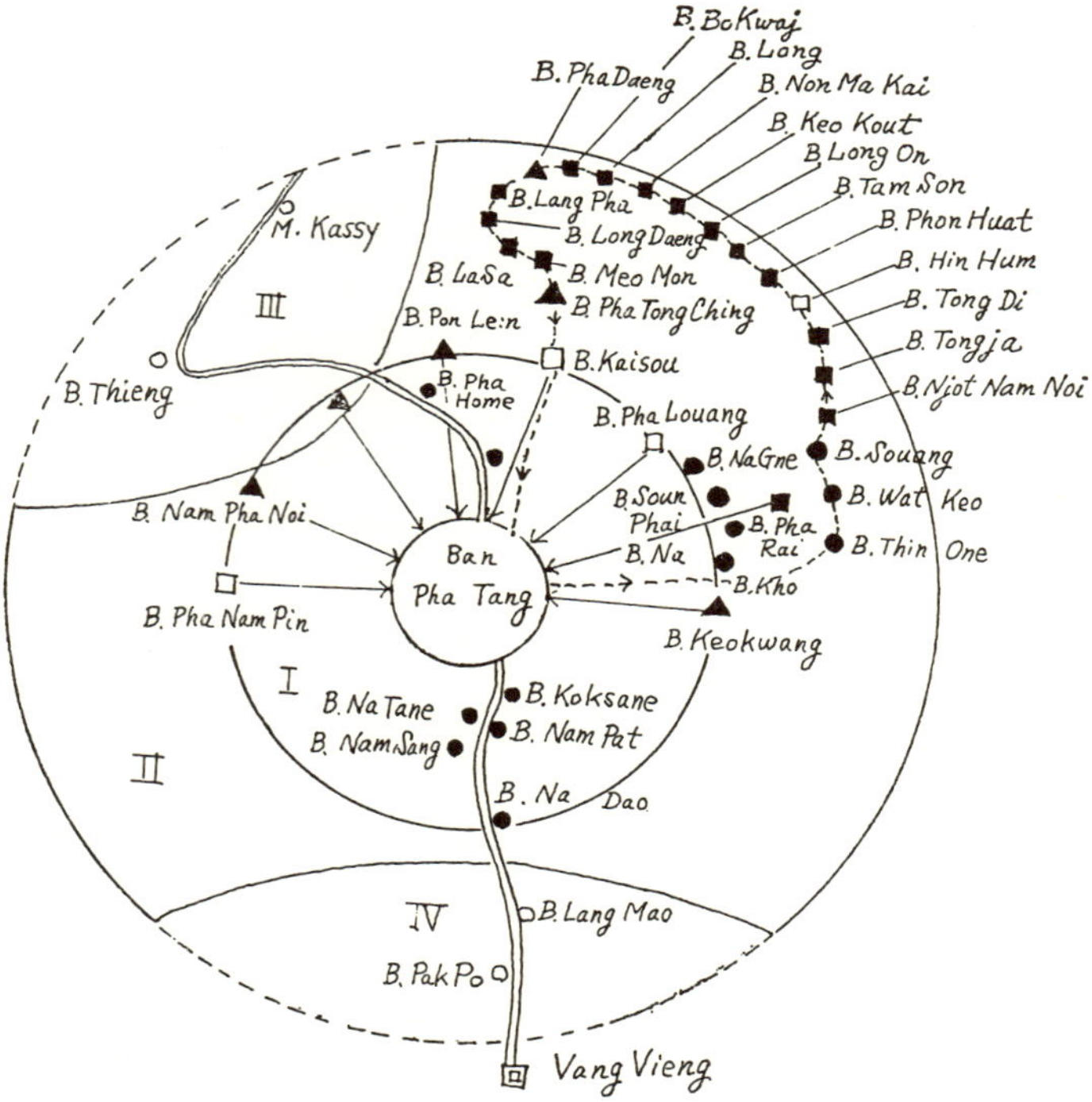

第29図　パ・タン村商店の販売圏と行商圏

■＝Meo 族村落
□＝Yao 族村落
▲＝Phou Theng 族村落
●、○＝Lao 族村落
（●は Pha Tang 村から塩を購入する村）
Ⅰ＝ Pha Tang 村商店の販売圏
Ⅱ＝ Pha Tang 村商人の行商圏
Ⅲ＝ Ban Thieng、M. Kassy の商圏
Ⅳ＝ Vang Vieng の商圏

た布地、スカート、頭巾などが広く用いられている。ヤオ族においてはこうした他種族文化の借用は少ないようであるが、なおラオ族の布地、座椅子、その他が利用されており、或いは水汲みの竹筒 Bac Nam も、元来はラオ族起源のものかも知れない。もちろんラオ族の村を仲介して流入するヨーロッパ商品——日本製・香港製を含めて——も決して少なくはない。万年筆、腕時計、中折帽、石油ランプ、懐中電燈、Yシャツ、靴、ラジオ、自転車(カイソー村に一台)、手帳、手ぬぐい、歯ブラシ、ミルク、コーヒーなど、その一部にすぎない。当然のことではあるが、諸種族文化は互いに交流しているのであり、交流することによって地域文化はその内容を豊富化し、それぞれの種族生活を向上せしめている。その際、種族文化の地域的分業と種族的才能の特殊化とは見逃すことのできない事実である。

F ところで、以上のごとき異種族間の物的、人的、ないし言語的コミュニケーションは互いに何らの障害なしに、常に対等の立場で行われているわけではない。それぞれの種族が当の地域文化のなかに占める地位には相違がある。しかも、その相違はそれぞれの種族文化の視点に応じて同一ではない。ラオ族の認めている地域文化の秩序と、ヤオ族のそれとの間には不同があり、出入がある。しかし、パ・タン村周辺ではラオ文化が最もドミナントな、政治的・経済的に強い影響力をもったものであるから、ラオ的地域文化の秩序が地域の隅々にまで滲透しているとみることもできる。その場合、最も明瞭な上—下関係はラオ族—プーテン族のそれで、プー・テン族はラオ族に対して極めて安価に労力を提供し、いわば従者としての地位に甘んじている。プー・テン族はラオ族からみれば賢明ならぬ貧しい種族であるが、同時に最も勤勉な種族でもあることを認めている。プー・テン族がラオ族の前で自己抑制的に、むしろオドオドとして振舞うことを筆者は常に傷ましく感じた。次にラオ族—ヤオ族の関係は文化的には対等であり、ヤオ族のうちにはラオ文化を低くみている者もある。中国文化の強い影響のもとに、いまだに脈々と伝えられている漢字、漢文学の伝統、強烈なシャーマニズムの宗教的凝集力、華麗な服装、きびしい社会的訓練、アヘン作りによる豊かな経済、これらは村により著しい相違があるが、ヤオ族の社会と文化はラオ族のそれよりも高度なものであり、異質的である。しかし、人口数は極めて少なく、しかも互いに孤立的であって、新しい文化の創造よりも、むしろ古い文化の維持に手一杯という感をまぬがれ難い。その意味で袋小路に入りこんだ文化であり、在りし日の文化の残照といったものを感じさせる。一方、ラオ族にとりヤオ族は単なる商売相手にすぎない。ヤオ文化が将来ラオ文化を圧迫し脅威となるだろうというような心配を誰一人として持ってはいない。かくしてラオ族は、主としてアヘンの仲買いと商業、行商を通じて彼らから金銭的利益を引き出すことのみに努めている。金さえもうかればよいので彼らと政治的、社会的ないし文化的交渉を持つことを進んで求めようとはしない。ヤオ族はよく働き、しかも富裕な種族だと思っている。しかし賢さの点ではラオ族に一歩を譲るものだと自負してもいる。

次にラオ族—メオ族関係は、少なくともパ・タン村周辺ではヤオ族、プー・テン族とのそれに比してかなり疎縁である。村数も少なく、かつ遠隔地にあり、経済的にもヤオ族より貧しいため、彼らの存在はラオ的世界の周縁部に位置づけられているようである。

一九五八年二月十一日のことであったが、筆者は、次のような光景を目撃した。すなわち、ラオスの皇太子(当時、後に国王となった)サバン・バッタナ殿下 Savang Vattana が、ヴィエンチャンからルアンプラバンへの帰途にこの村を通過したのであるが、村では予め通路にアーチをつくり花を飾って歓迎の意を表し、午前八時頃より街道東側に整列して皇太子一行を待っていた。九時ごろステーション・ワゴン五台、護衛兵をのせたジープ一台、通信兵のジープ一台、赤十字マークをつけたジープ一台をつらねて皇太子が到着、アーチの前で下車、ゆっくりと門をくぐり、膝をつき頭を垂れて敬意を表する村人の前を歩いていかれた。村人は手に手に銀器を持ち、その中にケイトウの花とローソク二本をくくって入れてある。皇太子は一人一人の村人からこれを手にとって皿に受け、皿が花とローソクで一杯になると従者の籠に移して進まれた。このようにして皇太子は村を通過、従者を通じて村人に挨拶の言葉

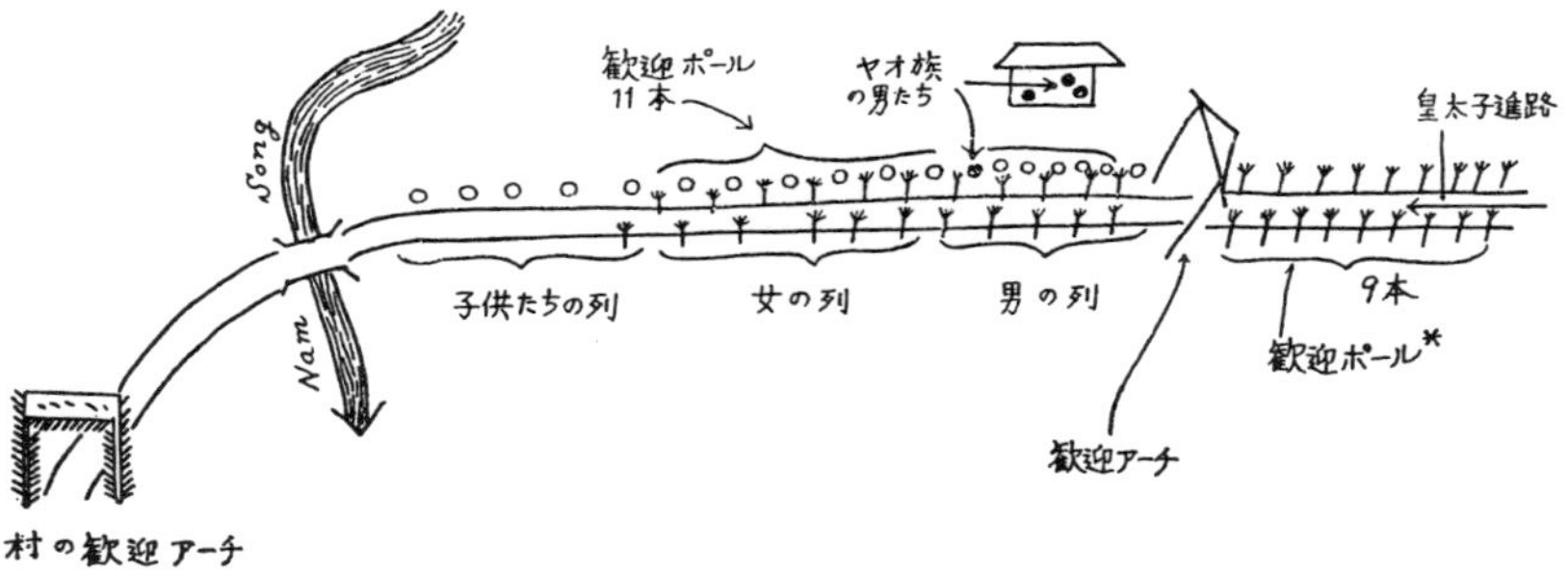

第30図　村人にみられる序列（皇太子歓迎の際）
男の並び方は先頭から、1. On　2. Chom　3. But　4. Pouan　5. Pan　6. Kom　7. Sieng Kam　8. Chanontah（現村長）の順、そのあとについては不詳（Feb. 11, 1958）
＊歓迎ポールは竹竿の上端に花を飾ったもの

をおくられた。そして九時三〇分ごろ解散したのである。ところで、このときの村人の並び順をみると、アーチに近い方から概して年齢順に男たち、続いて女たち、最後に小学生が整列していた。男たちの並び方のうち先頭附近は〔i〕ナイ・オン〔ii〕ナイ・チョム〔iii〕ナイ・ブット〔iv〕ナイ・プーアン〔v〕ナイ・パーン〔vi〕ナイ・コム（ポ・ボア）〔vii〕ナイ・シェンカム〔viii〕ナイ・チャノンターであって村長チャノンターは八番目に並んでいた。チャノンターの前に並んだのが村の長老たちである。このとき街道からやや離れて、仮小舎が建てられたが、そのなかにカイソー村のヤオ族四、五人がいて皇太子の行列を送った。メオ族、プー・テン族は参加しなかった。しかもこのヤオ族のなかからぬけ出し趙竜清一人だけは、並んでいるラオたちの列に入り、花とローソクを捧げていた。彼はこのとき肌色のセーターを着、ベレー帽をかぶっていた。

筆者はこの光景から、パ・タン村をめぐる諸種族関係の一断面を理解したように思った。すなわち皇太子一行に無関心なメオ族とプーテン族、関心はあるが一線を劃して見守るヤオ族、しかしヤオ族のなかにはごく一部であるが自らの制服を脱いでラオ人に交り、ラオ社会に融けこもうとしている者がある。ただしヤオ族一般の考え方は、ラオス国王の政治的支配を認め、その下に従属することをも認めながら、他方、半ば観念的なヤオ国とヤオ国王の存在を忘れてはいないのである。

要するにラオ族を中心とする地域文化のなかには、それぞれの種族の社会・文化的地位が指定され、割り当てられているのである。そのうちラオ族＝プー・テン族のそれは一種の種族カースト Ethnic Caste ともいうべきものであり、ラオ族＝ヤオ・メオ族のそれは、いわば異種族の共存体制をなしている。

3 地域社会の位置

A

北部ラオスにおけるパ・タン村を中心とする地域社会、地域文化の位置づけについて筆者は考えてきた。ほぼ北から南に走る幾条もの山脈、その間に点在する小盆地、小河谷平野を生活の場として、そこにラオ族を始めとしてヤオ族、メオ族、プー・テン族が互いに複雑な生活関連をとり結び、一つの多種族社会をつくりあげていた。しかも、仔細に観察すればラオ族自体がさらに多数の小集団に分れ、出身地、方言その他の差異を露呈していた。分布の上からみても平地のラオ族に対して山地のヤオ族、メオ族、山腹・山麓のプー・テン族といった風に規則性の明瞭な立体的な配置を示していた。要するにこの地域は多種族社会の相互交渉の場なのであった。

種族の相互交渉は言語的に、文化的に、経済的に進められている。異種族間の通婚すら皆無ではない。しかし、これらの相互交渉によって種族の社会的、文化的差異が単に摩耗し、縮少していっているのではなく、交渉のルール、相互関係の秩序がうち建てられているのである。そこはいわば種族共存の秩序の保たれた地域である。かつては種族相互間の争い、不和の支配した時代もあったに違いない。が、今は闘争の時代ではなく多種族共存の時代である。パ・タン村周辺地域は小地域ではあるが正に秩序ある相互交渉の場なのである。ラオ族、ヤオ族、メオ族、プー・テン族の文化、経済、才能がそこでは多角的に組み合わされている。

B パ・タン村周辺地域は種族共存の場であるといっても、それは単に相互の協調ムードによって成就され維持されているのではなく、河谷平野を占拠するラオ族の絶対的な優位によって、力によって保たれている。ラオ族は少なくとも政治的、経済的に周辺異種族を圧倒している。一体、何によってラオ族の優位は確立されたのであろうか。もちろん、数多くの要因をあげることができるであろう。例えば、〔i〕稲作に基盤をおく安定した豊かな社会の存在。彼らは比較的容易に余剰生産を獲得することができたに違いない。〔ii〕余剰物資の相互流通の場として市場をつくり、市場を中心とする広域の経済圏、生活圏を形づくったこと。彼らの商業的才能がいかにして発達せしめられたのかは知らぬが、何れにしろ商人としての活躍が目ざましく、異種族を統制下におく上に顕著な役割を果したことは疑いない。〔iii〕ラオ族にみられる川舟による河川交通の開発、山麓沿いの道路の開発は彼らの文化的、社会的、経済的な力を結集する上に役立ったに違いない。〔iv〕或いは仏教という寛容の宗教を受容したことも同族内における集団の争いを鎮静し、広く同族統合のための場を準備する上に役立ったかもしれない。少なくとも仏教が広域におよぶコミュニケーションの場を提供したことは確かなようである。

一方、山地・山麓に住み、焼畑耕作に従いながら周期的——数年、一〇数年ごとの——移動生活を余儀なくされているような種族が、経済的に社会的にラオ族に対抗し得なかったことはいうまでもないであろう。いかに勤勉であり、いかに古き文化を保存していようとも、また、いかに激しい宗教を信じていても、所詮彼らの力は結集され得る状況を欠いていた。彼らは南下移動につれて、ますます、同族との交流を失い、互いに孤立してゆく外はなかったのである。これを図式的にいえば〔異種族対立・抗争の体制〕→〔異種族共存の体制〕→〔ラオ族による支配体制の確立〕という三時期のうち、パ・タン村周辺は第二ないし第二から第三への過渡期にあるものとみてよいであろう。そこは、たしかに異種族共存の場であるが、この共存はあくまでもラオ族の優位のもとに秩序づけられているのである。

C　最後にラオ族自身の展開過程からみたパ・タン村地域の位置づけであるが、これについては既述した通りである。すなわち、それは種族割拠の状態において、種族社会、種族文化の成熟した時期と、ラオ族の民族的自覚を背景としてラオス国民文化の開花する時期とを結ぶ過渡期、いわば地域ないし地方社会、地方文化の形成期にあたるであろう。パ・タン村周辺には、かつての種族文化の名残りもみられたが、しかも同時に村人のなかにはラオス国民としての強い自覚もみられた。そこは、なおかなりに動的な地域社会として、未来のラオス国家をはぐくむ一つの母胎に相違ないのであろう。

註

(1) 岩田慶治「東南アジアにおける居住様式の地理学」(『人文研究』13の11、昭和三七)
(2) 岩田慶治「Nam Song, Nam Lik 流域における諸種族の分布と移動」(『民族学研究』23の1・2、昭和三四)
(3) パ・タン村周辺のタイ系諸族について特に参照すべき文献はないが、タイ・ヌーア族についての概説は、Dodd, W. C.; The Thai Race, Elder Brother of the Chinese, 1923. や Seidenfaden, E.; The Thai People, Book 1, 1958 について知ることができる。
(4) 岩田慶治「ホー・ピー(精霊の祠)」について、民族学ノート『岡正雄教授還暦記念論文集』所収、昭和三八。
(5) Halpern, J. M.; Aspects of Village Life and Culture Change in Laos, 1958によると五月～十月を雨季、十一月～四月を乾季とし、さらに三月～六月を夏、七月～十月を雨季、十一月～二月を冬としている。これとは別に五月～十月を雨季、十一月～一月を乾季、二月～四月を暑季とする区分もあるらしい。長　重九「ラオスの稲作」(『メーコン紀行』所収)
(6) Taleo には土地の占有標としての役割りもあるかも知れないが、ここでは新しい土地が悪いピーに侵害されるのを防ぐための呪術的シンボル。
(7) キンマを噛むのは女が普通であるが、Nam Lik 上流の村 Ban Thieng では男もこれを噛んでいる。
(8) Pha Tang 村ではこの祭りを Boun Pi Mai といわずに Boun Khon Hot といっている。Hot は注ぐということの由。若水を注いで仏像と僧を清める儀式によって名づけたのであろう。
(9) この木の皮をはぎ、木槌で叩いて縄を編む。菩提樹もマイ・ポーであるがこれとはちがう。

(10) 一般に家屋の寿命は三〇年までといわれる。三〇年たつと材木が使用不能になるのである。しかし、現にパ・タン村にある家屋のうち最も古いもので三〇年、大多数は一五〜二〇年である。

(11) これは推定であるが Nam Noi 流域の Ban Na, Nam Lik 上流の Ban Thieng などは家屋の配列がきわめて整然としており、計画的な村づくりを思わせるものがある。

(12) 宅地は五〜六 wa(1 wa は約180cm)平方を単位として売買する。パ・タン村で 1 wa 平方(これを wa monton という)3000kip ならば良い土地である。

(13) 例えば Nam Noi 上流の村 Ban Soum Phai では寺の建物はあるが僧はいない。僧を滞在させるだけの資力がないのである。従って種々の〈祭り〉を営むこともできないわけである。

(14) 村長の任期はおよそ三年。少なくとも最近四回は三年ごとに交替した。その際選挙は行われない。

(15) 屋根の材料は古い順に Nja kha 草葺き→竹片葺き→瓦葺き→トタン葺きとなっている。トタン屋根の流行は最近二年来のことである。

(16) パ・ホーム村は詳しくはパ・ホーム・タイ(南パ・ホーム)とパ・ホーム・ヌーア(北パ・ホーム)とにわかれているが両村の間に境界はない。

(17) 面積単位 mun と重量単位 mun(12kg)とは異なる。すなわち田 1 mun の広さからモミ約 80mun を収穫する。一人一年間に約 40 mun のモミを消費するとして家族五人が 2 mun の田を所有すれば、これから約 160mun のモミを得る。のこり不足分 40mun はハエの陸稲でまかなう。

(18) 通過儀礼のうち誕生、結婚、死亡については Présence du Royaume Lao(France Asie, 118—119, 1956)所収の論文があり、タイ国の事例については Rajdhon A.; Customs Connected with Birth and the Rearing of Children(in Life and Ritual in Old Siam, 1961 所収)がある。あるいは de Young, J. E.; Village Life in Modern Thailand, 1955. にも簡単な記載がある。なお、岩田慶治「タイ族における人生とその背景」『石田英一郎教授還暦記念論文集』一九六四参照。

(19) ラオスの塩産地は Ban Koun(Tourakom 附近)と Bo Tieng の二カ所という。前者がルアンプラバン以南の塩をまかない、後者が以北の塩をまかなうらしい。Bo Tieng は Muong Sing 東方の村だという。

(20) Kon Keo はヴェトナム人、六十歳。二〇年前パ・タン村に入りこんだという。

(21) リン・サーオの慣習はタイ族にひろく見られる。ただし名称は地域的に異なり、タイ国の Chieng Mai 附近では Ew Saw といっている。

(22) Kha Saw を Kha Khun Phi ないし Kha Dong ともいう。Abhay, N.; Rites du mariage. (Présence du Royaume Loe 所収)。

(23) この問題に関する筆者の考え方は、岩田「インドシナ半島北部におけるタイ諸族の家族と親族」『民族学研究』29の1 一九六四。に示しておいた。なお、Murdock, G. P.; Social Structure in South East Asia, 1960. 参照。

(24) 牧野巽「広東原住民考」『民族学研究』17の3—4、一九五二。徐松石『粤江流域人民史』

(25) 註(1)の報告に摘記。および岩田「東南アジアの市場とその商品」『人文研究』14の10、一九六三。

(26) 山地少数民族のうち特にヤオ族に関して、岩田「北部ラオスの少数民族」『史林』43の1、一九六〇。に報告しておいた。また、全般的には、岩田「東南アジアにおける山地民族の問題——民族の運命について」に筆者の考え方を述べておいた。

〔追記1〕本稿執筆の後に少なからぬ時日が経過したため、筆者にとって意に満たぬ箇所が少なくないが、今回はこのままの形で報告にかえ、他日の補訂を待つことにする。また、一九六一〜六二年に行われた大阪市立大学第二次東南アジア調査隊に参加することによって、若干の事実が一層明らかになったが、ここではそれらについても全く触れていない。その後の小論を若干註記するにとどめた。いずれにしろ、筆者のラオ語能力をもってしては、これ以上の調査はできなかったのである。構想と装備を新たにして出直すよりほかはなかったのである。かくして、四月十三日、筆者はこの村の調査に一応のしめくくりをつけ、村人に別れを告げ、黒蝶のむれ飛ぶ竹林を下ってヴィエンチャンに帰りついた。貧しい報告ではあるが、当時を追想して感慨の新たなものがある(一九六四年十二月一日、Bangkok にて)。

〔追記2〕ごく初期のラオス・タイ調査としては「インドシナ半島北部におけるタイ諸族の家族と親族—タイ・ヤーイ族、タイ・ヌーア族、タイ・ルー族社会の比較」の方がまとまっているが、本稿の方が早くできたことは事実である。その順序にしたがった。

第Ⅴ部

私の単純生活

そのおわりとはじめ

稲と人間の守り神

東急東横線の電車が横浜に近づいて鶴見川をわたり菊名を通りこしたところに妙蓮寺という駅がある。そこから歩いて十五分ばかりの丘の上に寺があり、その入口に花崗岩の二本柱が立っていて入口の門になっている。そこに慈雲寺という寺の名まえが刻まれていた。昔はもっと神奈川の町中にあった寺だったというが、その後、区劃整理で山手に移動することになったのである。

門を入ってまっすぐに行ったところにトタン屋根の新しい本堂があり、その建物の片隅にやせた女神像が立っている。鬼子母神さまといっていた。

鬼子母神というのはもとインドの王舎城の町にいた邪神であったが、仏の感化をうけて悪行をあらため、それまでの幼児殺戮をやめて子どもの守護者になったという。だからこの寺でもこの神、そしてこの像を安産と育児の願いをかなえる神として祀っていた。私の母などもこの前を通るときはきまって深々と頭を垂れて祈っていた。すこし丁寧すぎるのではないかと子どもの私はいらいらして待っていたことが度たびある。そうすると母はきまってこう言うのだった。「父と結婚したけれども、いつまでたっても子どもが生れない。そこで暇さえあればここに来てお願いしていたのです」と。

私はどちらかというと信仰心のうすい方だったから、お祈りもほどほどに切りあげてもらいたい。待っているのも楽じゃない、と思っていた。

そこから小路を折れ曲って丘をのぼったところにわが家の墓があり、そこで横浜港の一角が見え、ときには船の汽笛がきこえてきた。その場所に立ったときはいつもこころが晴れるようであった。

ところで鬼子母神であるが、のちに私が北部タイのメーコン村という村に二カ月ほど滞在していたとき、村びとは毎日のように収穫儀礼をしていて私もその一部始終を見つめていた。その場所のまわりに竹垣をめぐらし、そのなかの一箇所に人形《ひとがた》が飾られていた。村びとに聞いてみると、この人形が鬼子母神だということで—もちろん言葉はパーリ語だったが、稲魂を守ってくれる神に相違ないことがわかって、ヨコハマの寺とタイの農村と、たがいに遠くへだたったところでの宗教の一致に驚いてしまった。稲を守る神、稲魂を守る神がはるかな時空をこえて同じ祈りのかたちを伝えているのであった。一瞬であるが、私は不思議な感動におそわれた。稲作民族としての同じ流れのなかにいることを実感した。そのための技術、方法が似ているだけでなく、こころとその形が似ていたのである。

そういうわけで、稲をめぐって私の歩みがひろがっていくのであるが、その前に幼年の私が克服しなければならない天災があった。

関東大地震であった。

「大正十二年九月一日午前十一時五十八分、私は突然、勝手口の空地に抛《ほう》り出されていた。」

この記録を書き残したのは小野正さん、当時私の家に寄宿していた少年で山形県の田舎からわが家をたよって上京してきたばかりの少年であった。別に親族というわけではないが世話好きの母を頼ってやってきたのであろう。その少年が後年になってこの記録をのこしたのである。

「私は裸足のまゝ奥の部屋にかけこむと、そこには叔母が慶治さんを両手で抱えこんで蹲《うずくま》っていた。そばには栄之助叔父が二人を注意ぶかく見守っていた。『正《ただし》もそこに座っておれ』、と指示された。すでに床の間の壁も倒れて座敷は惨憺たるありさま、しばらく地震のゆれが止まるのを待った。

大地震だ、早く逃げないと火事になる、といっても逃げようにも路地は外れた窓の戸板が倒れて通れない。私たちは窓から隣の家の窓を通りぬけて、ようやくお台場海岸まで逃げていった――。

あちらこちらから火事がおこり、もうもうと煙と火が立ちのぼっているのが見えた。異様な火事場の音もきこえてくる。

さいわいに火事はまだ遠い。地震はひとまずおさまったようなので家に戻ってみた。台所にはご飯の入っていた釜がころげ落ちて、ご飯も釜もバラバラ、それを釜にもどし、また米櫃《こめびつ》の米を風呂敷に入れてお台場に運んだ。そして釜のご飯をオニギリにし、塩をつけて食べたのが三時頃、ホッと落ちついた気持になった。

そのとき、町の消防団員が「不穏な者が井戸に毒を投げこんだらしい。飲み水に注意しろ」とお台場の避難所を叫び廻っていった。

翌日になると私たちの家はすっかり焼け落ちた。また、お台場は大津波がくるから高台の方に逃げるようにとのことで大急ぎで移動したが津波はこなかった。

そして三日目になると焼け出された近所の人たちは帰ってきて玄米ゴハンと味噌汁、タクワン二切れをたべ、お米がなくなると『スイトン』と称するものを食べた。他に食べるものは何にもないのであるから、おいしくいただいた。

六角橋に『せんべい』を売っている店がある。三つ沢で『まんじゅう』を売っていたと聞くと、二、三人で買いに行った。

私には、もう一つの仕事があった。それは焼け出されて西へ東へと避難していく人たちに水を飲んでもらうことであった。幸いわが家の本家には大きい内井戸があったのでその水をご飯茶碗にくんで小さいテーブルに置き、往来の人にお水をどうぞと呼びかけることであった。食べものもなく、汗を流しながら歩き続ける人たちは大よろこびで腹いっぱい水を飲んでから歩きつゞけるのであった。」(「小野正編、折々の記㈢」)

さて、私自身は身のまわりにおこった大災害については何も知らない。一歳半の赤んぼうだから何ひとつ記憶していない。記憶のこのページは白紙である。

焼け出されたことも、難民とともに右往左往したことも知らない。

しかし、ずっと後になって母の背におぶわれていた私が「マッカッカ」、「マッカッカ」と言ったこと、その言葉がいつまでたっても口をきかない子どもだと心配していた母を安心させたということを聞いた。

私は今になっても、自分の言葉の出発点は「マッカッカ」だったのかと赤い色のなかの風景を思いやることがある。

ただし、現実の記憶のはじめは野毛山公園の近くの広場にたてられた仮設住宅であった。もちろん、バラックで簡易水道だけが外にあった。

何年かたって私はこのバラックから、荷物と一緒にトラックに乗って栗田谷という神奈川区の新住居にむかって出発した。小学校に入るためであった。

旧制中学時代

別に自分史を書いているつもりではないから、これからのちのことは思いつくまま、しかし忘れがたいことだけをメモするように書きとめておくことにする。

先ず最初に旧制中学、府立八中時代の忘れ難い先生たちについて、ごく簡短に述べておく。

先ずは校長先生のこと。

一段、二段、三段と朝礼台の上にのぼってから、ゆっくりと生徒たちを見まわす。からだが小刻みに震えていたから、昔風にいえば中風の名残りだったのであろう。そうしているうちに頃あいを見はからって生徒が思い思いに頭を下げ、校長先生がそれに応じる。これが朝礼だった。「気をつけ」、「礼」といった号令をかけるものは一人もいなかった。不思議な朝礼、あるいは間のぬけた朝礼だった。

変った学校に入った、と気づいたのは入学式のときだった。私は横浜の小学校を出て、この中学へ入ったのだが、ちぐはぐなことが多かった。

校長先生の講話のなかにも素直にわかるとは言い兼ねる言葉があった。三つの校訓について説明されたのだが「自他の人格を尊重する」、「言心一致を心掛ける」、「公明正大に行動する」といわれても、小学校を卒業したその日に聞いた言葉としては、その通り「わかった」というより何事だろうと思ってしまうことの方が多かった。「人格」などという言葉はほとんど聞いたことがなかったし、「公明正大」も何やら日常からは遠い次元のものだった。「言心一致」と言われても、「さて」と思って自分の身のまわりを振り返ってみるような有様だった。校長先生は何事かを考え考えして言っているのだということはわかったが、これから先、どういう言葉につながっていくのか、直ちにはわからなかった。ヘンな学校に自分がいるのだということはわかったし、自分が今までより自由な世界に入りこもうとしているということもわかった。そういう予感がした。

しかし、何よりも驚いたことは「試験」がないということであった。点をつける、成績評価を点数でつけるということがない。試験はないことはないのだが、それを「練習」といっていた。二週間後には「試験」がある、と言わないで「練習」があると言っていた。したがってその結果としての採点、つまり及落の認定がなく、せいぜいが「上・下」、あるいは「上・中・下」しかなかった。それも「下」だから落第ということはなく、「シッカリシロヨ」という程度だった。ましてて、音楽、体操には点がつかなかった。「たのしんでやればよい」というのが学校の方針らしく、これは私にとっては目の前が急に明るくなったようなものであった。いつも期末試験に悩まされていた音痴の私にとってはそれだけでも学校が楽しくなった。

当時は軍国主義の時代で軍人が大手をふっていたのであるが、不思議なことにここは一種の無風地帯であった。もちろん、教練はあったが、銃をかまえて立射ち、膝射ちをするぐらいで伏射というのをした記憶がない。これは校長先生の方針で、校庭にむやみに腹ばいになったりしたらそこに猫の糞などが落ちていて服をよごすかもしれないではないか。折角、お母さんが洗ってくれた服を汚してはいけない。そういう主旨だったと後になって聞いた。

いや、それだけではない。配属将校が生徒を呼び捨てにして号令をかけるのもよくない。常々、そういっていたらしいのである。

もちろん、配属将校は反撥して「それでは校長さん、号令をかけないで何と言ったらよいのですか」と反問したところ、「諸君、前へ進みたまへ」、とやればよい。そう答えたという。「鉄砲を撃ちたまへ」、「突撃したまへ」では戦争にならない。私はこの言葉を聞いて可笑しかったが、今にして思えば不戦を誓い、平和を祈るのもよいが、ほんとうは日常の言葉のうちに最も深い抑止力が秘められていたのかも知れない。

こんな回想にふけっていては切りがないから私にとって忘れ難い先生の言葉を三つ四つ記録しておきたい。

国語を担当していた手塚先生はたいへんな子規崇拝者だった。始めの頃は寝たきりの子規がどうしてそんなに偉いのかなどと思っていたが、写生説について何度も解説されているうちに子規の眼中の風景が次第に私のこころに染みこんでくるのであった。「夕風や白薔薇の花みな動く」と言われると、たしかに、私のこころの奥に白薔薇の花がゆらいだのであった。私は後年、新しいアニミズムの考えを主張しているが、その根源は一つには道元の「正法眼蔵」のそこここにちりばめられている身心脱落の主張に由来するだけでなく、一つには子規の写生説の影響と思わないわけにはいかない。

手塚先生は小柄の先生だったから、われわれは「矮《ワイ》ちゃん」などと渾名《あだ》をつけて親しんでいたのであるが、あるとき、教室に入ってくるなり黒板の前に立ってこう大書した。

『矮人、矮ならず、巨人、巨ならず』と。

われわれは一瞬、沈黙してから、正にその通りだったと思い直して、あらためて先生の言葉に感銘した。

地理の松木先生は東京文理大を出てからウィスコンシン大学で学ばれた由で、しばしばミシガン湖畔のひろびろとした風景の話をされた。「日本の大学だけが大学じゃないよ」という先生の言葉に励まされて、いっとき、私は北京大学へ行って中国大陸の地体構造の研究をしたいものだと思ったが果さなかった。しかし、後に地理学、文化人類学を学ぶことになって東南アジア、インドなどを歩きまわることになったのも、考えてみれば先生の影響かもしれない――。

あるとき、絵画の麻生先生の「点」が「下」だったことがあり、何人かの生徒が驚いて先生の部屋におしかけたことがあった。先生の説明では、あれは上・中・下の「下」のつもりではなく、宿題の馬のスケッチがおかしい。足の一本がバランスを欠いているじゃないか、といわれるのであった。仕方がなかった。私はたしかに馬をよく見たことはなかった。

それはそうだが、絵の好きな私の模写が「下」とは納得がいかない。そこでその夏休みに家近くの風景を十枚ぐらい描いて先生に見せたところ、「これは有望だ。これならいける」、といってたいへん褒めてくださった。

先生は私が絵描きになりたいのかと誤解しているようだった。

「違いますよ、私は地理学を勉強するんです」と言ったけれども、それは言葉にならなかった。

最後に教練の「マンタ先生」の言葉をひとこと付け加えておく。

マンタ先生というのは教練の先生で軍隊の位《くらい》で大尉、それも万年大尉という風に解釈してマンタさんといっていた。教練だから何はともあれ整列して「気をつけ」が先行する。足を竝《なら》べ、気をつけをするのだがどうも不十分だ。前から後ろから見て注意したすえに、「ヒカガミをのばせ」と言ったのだが、私にはどうしてもヒカガミという言葉がわからない。今だって辞書をひいてから「そうか」と納得する次第なのである。「ヒカガミを伸ばすんだよ――ッ」。

マンタ先生に引率されてよく九品仏という寺へ行ったが、これもどうにも読めなかった。クホンブツ、九品仏はクジナボトケじゃない。クホンブツなのだ。そういえばそうだなーと、いつも思っていた。

疾風怒濤《しっぷうどとう》の日々

旧制中学から高校、大学にいたる時期というものが、私なりの疾風怒濤時代にあたっていたのかもしれない。行く先に迷い、行く学校に迷い、右往左往していたような気がする。

岩波文庫にハンチントンという人の「気候と文明」という本があってその本の翻訳者である間崎万里先生という方が慶應大学にいらっしゃることがわかった。そこでその勉強をしようかと思って同大学予科に入ったが、その最初の講義に出てみると講堂のような広間で講義をなさる。私はおくれて入ったわけではないが、部屋の入口に近い座席に坐っていたので声がよくきこえない。聞こえなくはないのだが間崎先生という方はなかなか本論に入らない。そのうち、自分のやりたいのは気候学に近いのじゃないかと思いはじめ、藤原咲平、岡田武松といった先生の本をよみはじめ、空気の渦から大地の渦に関心がうつって、ウェゲナーの「大陸移動説」に引きつけられ、プレート・テクトニクスによる大陸移動説に関心をうつし、その実験のつもりで手あたり次第に紙を破り、粘土で大陸をつくり、紙の皺をつくってそれを山脈に見たてて面白がっていた。中国の大学へゆきたいと思ったのもその頃で、ウェゲナー説と違う地体構造による山脈の形成にひきつけられたからであった。折角入った大学もやめてしまった。

この迷いに一応の決着がついたのは、富山高校に行って地理学の石井逸太郎先生の話をきくようになってからであった。

もっとも人生の方向をきめるといっても他愛のない部分があるわけで、当時の石井先生のやっておられたのは必ずしも地形学ではなく、たしか有峯という孤立山村の人口動態であったから、全地表をおおうプレートの動きとかかわってはいなかった。

私としては中高の二つの時期に熱中せざるをえなかったことはバレーボールであった。私がその部のキャプテンということになったからである。進んでそうなったわけではなく、入試のため富山駅に下車したとたんに、バレーボール部の部員にとりかこまれてしまって、やむを得ず部員になったのであった。つまり、中学時代を通してバレーボールをやっていたというのは私だけだったからである。

旧制高校(文化乙類)の当時の生活というのは週十一時間をこえるドイツ語の授業、連日のバレー部の運動と試合、それに戦争が始まろうとする時代であったから稲刈りの手伝いなどなどであった。

それと共に秀麗な、輝くばかりの立山連峰を仰ぐこと。それだけであった。

あるとき、友達と二人で海岸を歩いているときに幽霊船を見た。「あそこに、幽霊船が見える」、と私がいい、「あっ、大きい帆船が見える」と友達が言った。

そう言ったのだが、その後、三、四年たって話しあってみると、どうも確実とは言いかねる。しかし、発見者の私の方はそれが幻だったとはどうしても思えない。

近づいてきた戦争

例年のように八月のすえになると旅行に出かけた。そのときは青森駅から歩いて八甲田山にのぼり、さらに歩いて酸ヶ湯温泉にたどり着き、三、四日泊りながら油絵をかいていた。ブナ林のなかに三脚をたて絵をかくのだが、よく雨に降られたから木にもたれて雨をさけた。雨というのは傘がなくても、こうすれば避けられるものだと思いついて、自分だけの悟りをたのしんだものである。

そこで東北本線を経由して横浜にもどったのだが、汽車が仙台駅にとまっていたとき、新聞をみると学生の徴兵猶予の制度がなくなると書かれていた。そんなこともあろうかと予期しないでもなかったが、いざ、そうなってみると不安が全身をひたした。

でも、ひるがえってみると当時すでに中国からタイ、ビルマ、インドまで、太平洋の全域ではげしい戦争状態に入っていた。戦争の当否は別として自分ひとりで絵を描いているわけにはいかない。戦争に行きたくないのは山々であるが、自分だけ安全地帯にいるわけにもいかない。

そう考えて家に戻り、召集の日を待った。

十二月一日に甲府の部隊に入れということになった。

ある日、赤紙というのが配達されてきたが、それがどういう紙だったかは忘れてしまった。葉がきの大いさで半分赤かったのか、表の一部に赤い紙がはってあったのか、思い出そうとしても思い出せない。

そのうち町内の子どもたちが八、九人並んでわが家にやってきて、これから壮行会をするから挨拶してもらいたいといわれた。

ちょうどその日には、なぜか、父が家にいたのでそのまえで、家の防空壕のちかく、そこに柿の木がうわっていた土盛りの上にあがって挨拶した。

小学生がそのまわりを取りまいていた。

「昔の本にイノチノ　マタケムヒトハ　タタミコモ　ヘグリノヤマノ　クマカシガハヲ　ウズニサセ　ソノコという歌がありますが皆サンも、今は若い、いのちがあふれているのですから、戦争のことは私たちにまかせて、どうぞどうぞ元気に遊んでください」。私がこう言ったところ私の父は折角あつまって下さったのに、そんなヘンな言葉だけでは具合がわるいだろうと思ったらしく二言、三言、つけ加えていた。それはそうかも知れないが私としては誰も彼も一緒に精神の争いにまきこまれたくはなかった。

戦いのなかへ

十二月一日に入営ということになった。

東神奈川駅にわれわれの乗る軍用列車がとまっていた。

ほぼ満員の状態、当然のことながら座席はきまっていた。自分に指定された席に坐って出発を待ったが、いつまでたっても出発しない。どうしたことだろうと待ったが遅れに遅れた。停車位置が駅のトイレの横だったので何時間待っても心配はなかった。神奈川の叔父が材木置場の丸太の上にいつまでも坐っていた。出発時間を確かめていたらしい。

そうして何時間たったろう。四、五時間、あるいはもっとたってからようやく出発。甲府に向ったのだと思う。もちろん、行先のアナウンスはない。途中の駅は、急行列車のように通りすぎたかと思うと、二時間以上も停車したり、運行はすこぶる不規則だった、夜になり夜がふけてからようやく甲府。われわれは駅近くの旅館に入った。その二階は混雑していた。食事がすんで夜が更けても混乱していた。そこへ外の群衆の中から声がかかった。そんな筈はないと思ったが、父と母の声だった。しかし、部屋の中に入れるわけもなかった。

その夜はどういう風にして寝たか全く記憶にない。一つの世界からもう一つの世界へ入るのだということはわかったが、それぞれの世界がどういう性格のものかはわからなかった。

翌朝入営。

先ずは営庭の外に集合、時間をかけて隊列をつくり、さらに時間をかけてからようやく兵営に入った。東部軍第六三部隊。戦時中のことで大急ぎで編成されたらしい。

部隊ごとに整列したのだが、何となく自分の存在がはっきりしない。ぐずぐずしていて気をつけの姿勢がキリッときまらない。

まだ、いいのだろうと思っていたら、ずっと向うにサーベルをさげた兵隊、つまり士官、あるいは将校があらわれた。やがてこちらに走ってきて列をつくっているわれわれ兵隊のところに立ったと思うと二、三度、そこの兵隊、つまりわれわれの同僚の足を蹴りあげた。言葉は全くなかった。蹴りあげる一方だった。

ほんの一時のことで何事かと思っていたら、あの人こそ新たに隊に編入された士官学校を出たばかりの見習い士官だ。来年になれば少尉だ。と誰かがいった。

もちろん、われわれは何も知らないから、そう言ったのは上等兵か伍長か、古参の兵だったに違いない。軍隊というものの内部がホンの少し顔を見せた。

そこで整列して隊伍をくんで部隊に入り、それぞれの中隊に入ることになった。その入口には小銃がならべられていたが、それを見て驚いたのは、それが中学のときに見た武器庫のなかの三八式小銃と全く同じものだったことである。

これで戦うことになるのかと思った。しかし、われわれが操作する武器は擲弾筒というものであった。ずいぶん単純な兵器であった。こういう兵器が威力を発揮できるのだろうか、と不安だった。

でも、そんな武器をいつ使うことになるのか予想もできなかったから、こういうことかと思ってそれらの前を通りすぎるばかりであった。

ところで、こんなことを書いていると果てしもないから、軍隊時代のなかから思い出すことの一つ、二つだけ、それだけを記録しておきたい。大切だから、意味があるからというわけでもないが、最初に思い出して忘れようとしても忘れられないことだからである。

その一。

あるとき、われわれが部屋でとりとめもなく右往左往しているときだったと思う。ある一等兵がその場に入ってきたかと思うと、そこに並べ、一列になれ、といい、「これから気合いを入れてやる。」お前たちはなっていない。どうしようもない。「殴ってやる。並べ」といってすこぶる興奮している様子だった。「並んで足をふんばって、眼鏡を外せ」、などといってから皮のスリッパを手に持って身構えた。

私は、入隊したばかりで万事に行き違いがあったけれども、覚悟をきめて殴られるときは最《ま》っ先に殴られようとして前に進み出た。その一等兵はスリッパをかまえて、足をふんばって十分に身がまえしてから、顔にむかって力いっぱい打ちかかってきた。

ワーンと頭が鳴ったかと思うと、二、三歩身体が空中にとばされて、ようやくとまった。そして二人目、三人目にとつづけて殴ろうとしたところで、上官がとめに入った。「もうやめろ」というのである。だから、本気で殴られたのは私だけであとは軽いものだった。それはそれですんだのであるが、耳のまわりがワーンと鳴った頭はもとに戻らず、どうも尋常ではない。声がきこえない。

しばらく、そんなことで演習には出ていたが、号令の声がきこえない。頭が内側から鳴りやまない。班長にいって軍医に見てもらおうとしたが、取りあってくれなかった。綿をつめておけば直るよ、などと言う程度であった。

しかし、それも日がたつにつれて忘れてしまった。「学徒兵だから手ごころを加えたのかなと思った。「軍隊の内部で兵隊を殴るのはいかん」、そういう通達がまわってきた。手おくれであったけれども——。

ところが、それから一、二カ月たったころ、航空見習士官への要請があった。戦況はますます悪く、歩兵としての戦力ではとてもじゃないが見通しがたたない。航空兵にならないか、というのである。ある朝、このことが区隊長によって告示された。「応募するものは一歩前へ」というのであった。それを整列して聞いているわれわれは、予想に反して動きがなかった。飛行機はごめん、と内心思っているようであった。

三、四秒のうちに決断しなければいけない。考える暇はない。どうする。そう決心する間もなく、私は一歩前に出た。「いのちの全《また》けむ人はどうぞ生きて、人生をたのしんでください。」私は——。考えることはない。そんなことは決心して来たのだ。

自分が死ねば誰かがたすかる。親族、親兄弟ならばもちろんのこと、それが誰であっても一人が死ねば一人が助かる。助かる人は誰でもよい。敵味方の誰であっても生きる人が一人ふえる。それが私の究極の「さとり」だった。こう考えるとこころが安らいだ。

そう思った。そう思っていた。そう思う外に考えようはなかった。

それから一、二カ月たってから、私は十人足らずの仲間と一緒に立川航空隊の医療班のなかにいた。

頭の横断写真を何枚かとった。それから凸レンズでのぞいて耳の中を見た。

レンズを置くと同時にこう云った。「おまえは鼓膜がない。不合格。」それで終りだった。鼓膜がなければ高空にのぼったときに耐えられない。医者は極めてハッキリしていた。

私は立川に戻り、甲府に帰ってきた。

兵営では常のごとく訓練がつづいていた。

日曜日にはよく干場監視といって自分の洗濯物を裏の干し場に吊して並べ、それが紛失しないようにそこにいて待ったのである。ずいぶん手のかかる原始的なやり方だったが、紛失したらたいへん困るし、休日でもあるから、のびのびと日なたぼっこをして待った。

その間に面会の人もやってきた。これが軍隊における文字どおりの休暇だった。

もちろん、演習場での訓練もあった。行列して歩いたり馳けたりしながら門を出て近くのブドウ園にゆき思いきりブドウ酒をのんだこともあった。酔《よ》ったまま防空マスクをかぶり、そのまま走って帰ることもあったが、これは苦しかった。

富士山の裾野に泊って火山岩のゴロゴロしたところで演習もした。御勅使川原にテントを張って二カ月ぐらいそこに泊り、演習したこともあった。歩兵の生活というのは、そこに入って三、四カ月もすれば大体馴れてきて特にどうということはなかった。

その二。

これも富士山麓の兵舎に泊っていたときのこと、夜食が終り点呼がはじまり、それも間もなく終ろうというとき、班長の士官が今日はこれから所持金の検査をするといいだした。本隊から離れて生活していたから給料をもらってはいなかったが、われわれはそれぞれ面会のときに家族から小遣いももらっていた。ここには酒保があって、買いものをすることができた。そこで検査をしようというのであった。

一人ずつ寝台の上に立たせて所持金を申告させた。その金額が財布の中にある残金と合致すればよし、そうでなければ、その兵隊の胸を押し、殴り倒し、またつきとばした。だらしがない、というのであった。

一端から廻ってきたが、兵隊は次から次に突きとばされて倒れ、罵声をあびた。部屋の隅から一人ずつ突き倒されて、ドスン、ドスンと音をたてながら私の方に廻ってきた。

私はもちろん、残金の辻褄が合うわけもなく、何と答えようかと思ったがどうしようもない。「わかりません」と言うより仕方がないかと思ったが、どうせのことだから適当に答えてみようと思った。それにしても大体の目あてを数えて適当な数を答えた。突き倒されるのは覚悟の上だった。

さて自分の番になるとポケットから小銭を出して、教官の眼のまえにひろげた。そしてそれを数えた——。驚いたことに残金はぴったり合っていた。

「奇跡だ。」と思った。しかし、それを口に出すことはなかった。

その三。

操縦見習士官の採用試験に落ちて甲府の本隊にもどった。そこでいつものような生活をしていたが、夜食の運搬をしているとき、まったく偶然に高校時代の同窓だった北原隆太郎さんに会った。かれはしばらくわれわれの隊にいてから、北シナの戦場にいくのだといっていた。かれが彼の地でどれほどつらい経験をすることになったたか、夜の営庭で行き会っただけでは、知る由もなかった。

一方、私の方は習志野にゆき、さらに水戸に転じて航空通信学校に配属されることになった。水戸では百式重爆撃機にのって、といってもわれわれは操縦じゃなくて、最先端にのって地上を見まわしたり、電波兵器をかまえてその前に坐り、ブラウン管にうつる画像を見つめたりしていた。われわれの訓練は、水戸から筑波山の上を飛んで銚子をまわって帰ったり、海上を飛んで金華山を往復するというごく単純なものであった。機がゆれて気分が悪くなって困ったこともあった。

時にはフィリピンから帰ってきた戦闘機が飛行場の隅にとまって、二、三人の乗員がそこでコーヒーをわかして飲んでいることもあった。そのそばを通るとそれこそ何ともいえないよい香りがただよってきて、われわれとは違った世界が実感された。

ここは同じ軍隊ではあったが、歩兵とは大違いであった。地面を這いまわり、小銃をかまえて突入するというような訓練ではなくて、天と地の境界というか、この世とあの世の交錯するところを往来するというか、自らの死をどこに位置づけるかということが最大の、あるいは唯一の仕事であった。

ちょうど冬の、寒い時期で部屋のなかにダルマストーブが一つあったから、それに薪を拾ってきて補給するのが別に誰に命令されたわけでもない仕事であった。いや、外へ出て熱心に薪を拾ってくる男と、寝台の上の戸袋のなかにもぐり込んで日記を書いている男と、さまざまであった。

西脇君という男は薪拾いに熱心な方の一人で、聞いてみると私の一年先輩で京大史学科の出身だった。南大路君というのもいて、京都の同志社出身、それにもう一人、宮野尾君というのが同じ京都から来ていた。これから大学に入ろうという男で、東大のフランス文学を志望していた。

これらが薪拾い派であったが、薪だけではなくプラスチックとか風防ガラスの断片とか、気のきいた小物などを拾ってきた。もちろん、燃える物ではなかった。

「何だ。プラスチックか、透明だな」と私が言うと宮野尾が「そうだ、見え透いている」などと応じた。日が照っているときは窓辺のガラス戸の前に立って自分で自分の行くえを見つめていた。

教官が東大で天文学を勉強していたという少尉だったから、夜、満天の星がきらめいているような夜には、われわれを連れ出して、営庭に並べ、星の話をすることもあった。

今夜冬の夜　星の空
明るい空のその下に
平らな森が一直線
西を囲んで一直線
寒いと思ったそれ程に
風の通りは冷えてない
教官殿は張りのある
声ふるわせて　お星の話――
今夜星の夜
俺の腹にや

陽気な猫が眼をさます
ころころ頭の鈴ふって
誰かれとなく戯れまはる
……

（昭和十九年十二月五日）

宮野尾の詩の一部である。

戦後になってかれの友人が送ってくれたものである。「誰かれとなく戯れまはる」というところとそっくりそのままの行動を実は私も見ていたのだった。われわれが二列に並んで星を見ているその列のあいだを、縫うように出たり入ったりしながら宮野尾が理由もなくはしゃいでいた。

もちろん、何のことかわからなかった。何かしら祝祭のマネごとだったのかも知れない。

それから何カ月後のことであろうか。われわれは皆各地にちらばっていった。私は宮野尾が九州へ移動したのちに太刀洗空港へゆくことになったのでその後の彼の行方をたずねた。

太刀洗の宿に着いてみると彼の消息はすぐわかった。B29の空襲があって、その要撃に飛び立とうとしたかれの飛行機は直撃弾をうけて全滅したというのであった。

甘木の宿には飛行機の乗員がうろうろしていた。そのうち機上要員は絹のスカーフを首に巻いて飲み屋を横行し、数人の女性たちが店の前に椅子をならべて坐り、足を投げ出して客を待っていた。戦いの場の前と後につらなる一時の休み場のようなあわただしさであった。

私たち五、六人はそこから田主丸の小学校に通い、そこに集められた電波兵器の点検をはじめた。検査といったって真空管の性能をしらべ、性能の劣ったものは取りかえるというだけであったが——。宿には少年特攻隊員が泊り、天候をみて出発していった。南九州のどこかを経由して沖縄に飛び立ったのである。飛び立つことは出来るが、旋回は出来ない、といわれていた。

その四。

われわれの仕事はもう余り残っていなかった。時代は戦果を競う時代から特攻の時代に移っていた。戦うというより死に急ぐ時代、死、滅亡にむかって共に自己解体する時代であった。

私は一人になって南宮崎から北九州、広島、岡山をへて東京へ戻ってきた。大阪、京都の間ではアメリカの艦載機の攻撃をうけ、列車の右手、前方には機銃掃射の跡が土煙をたてていた。

東京へ戻って、兵舎になっていた一橋大学の部屋で終末期のひとときをすごした。

横浜大空襲、東京大空襲などをへて広島、長崎の原爆をむかえることになった。そして終戦。

国分寺市の一橋大学の本館とその裏手につづいていた津田塾大学の本館の前で天皇の玉音放送をきいた。しかし、よくわからなかった。電波兵器の訓練をうけてきて、中波の電波をとらえられないのはどうかと思ったが、部隊長と一緒に聞いたのである。玉音放送はわからなかったが部隊長が「昨日の敵は今日の友」と言ったので、これは敗戦だな、と納得した。

もちろん、「昨日の敵は今日の友」といわれてもその言葉がそのまま従来からの言葉の枠におさまるわけではなかった。

そのころ、わが家では父母ともに山形に疎開していた。

そこで私もそこに行って部隊からもらって帰ったラジオの部品をあつめて、スーパーヘテロダイン方式のラジオを組み立てた。配線図からはじめて万事手づくりであったがシャーシだけは忘れていた。だからいろいろ配線に苦心したが聞こえてきたのは雑音だけであった。

しかし、戦争は終ったのだ。

地理学の歩みと仏教

自分の勉強している学問をはじめは専ら地理学と呼んでいたが、最近ではそれを人類学ないし文化人類学と呼ぶことが多い。世の中の流れにしたがってそう呼んでいるのだが、地理学より人類学の方が進んでいる、あるいは方法論の上でより包括的に全体を包むことができる。人類を中心にした全体像をより鮮明にとらえられる、という展望が得られたからかもしれない。地形、地層の秩序よりも人間そのものに接近し、それを仔細にあらわすことが出来る。人間中心の環境のあり方に迫ることができる。

そういう期待があったのかもしれない。石や木のこころがわかるより、人間と人類のことがわかりたい。そういう漠然としたものがあったからかもしれない。

そこでよく考えてみると十九世紀を頂点としてフンボルト、リッターに代表されるような、もっとも包括的な地理学を代表として、そこからの分化、ないし細分化の行く先にわれわれの目的地がある。そうに違いないという思いこみが、われわれの内部につくりあげられていたのかもしれない。学問は時代とともに進んでいるし、それに相違はないという思いこみである。

それはそれで間違いというわけではないが、しかし、一寸待って考え直してみよう。反省してみたいという気持ちもないわけではない。繰り返していえば、古いかもしれないがフンボルト、リッターの地理学に引きつけられるものが、どうしてもあるのである。

いつだったか、学生の頃のことである。研究室のガラス窓のなかのリッターの分厚い本『アジア地誌』をとり出してみていたところ、その中から明治、大正時代の先生の名刺がパラパラと落ちてきた。今、そのお名前は忘れたが、お名前は別にして学問への意志が、時代をこえてパラパラと落ち、名前しか知らない先生と私との肩を同時にたたき、眼をみはらせたことを思い出す。一瞬の、そして無言のやりとりであったけれども。学問への意志というものは古い方から新しい方へ伝わってくる。どちらが正しいかではない。意志の流れの方向である。

私にとってはフンボルト、リッターが忘れられないのである。まして、この二人の先達の言葉が残りなく飜訳し伝えられているわけでもない。言い残されたことがある。未だ読んでいない本のページがあるとなれば、尚更なのである。

もう一段の新しい綜合の視野を求めたかった。

それを方法の方法といってもよいし、学問の学問といってもよいだろう。

そういうとずいぶん面倒なようであるが、実は、そうでもない。実際には古くから試みられていることである。

居をかえる。旅に出る。読む本をかえる。生活をかえる。考え方をかえる。学問というのは生活そのものの高度化された知慧の体系である。それを根本から変えるのである。庭の樹木を植えかえる。白い梅の花のかわりにオレンジ色の花を植える。ノウゼンカヅラのように——。

さて、再び地理学教室へ戻ったのだから、新しい出発へ踏み出さなければいけない。

私はそのとき吉田山中腹の下宿にいた。隣室には屋主の子どもである受験生がいた。しかし、環境はよく不満はなかった。時計塔がすぐそこに見え、山をおりたところ、吉田神社の鳥居のすぐそばに外食食堂があった。少し、廻り道すれば駿々堂のパン屋があり、その前に並べばトースト・パン二枚と紅茶を買うことができた。学生だけではない。東洋史の宮崎市定先生もそこに並び、紅茶をのみ、パンを持って研究室へ行くのだった。パンは昼食にしたのだろう。

生活には困らなかったが、新しい出発には何かが欠けていた。そこで私は下宿探しをはじめた。ずいぶん探したが結局、どこかの寺に泊めてもらおうということになった。

仏教を学ぶということではなかったが、とにかく生活の土台を変えたかった。

最初に泊めてもらったのは嵐山の天竜寺、それから兵役にしたがった二カ年を間にはさんで修学院の林丘寺へうつり、最後に、これは寺ではないが二条城のちかくの町家の離れを借りて住んだ。学問への導入部だったといったらよいだろうか。

最初に天竜寺の時代。

そのなかの慈済院にいた時代が、禅宗寺院との最初の出逢いの場であった。

はじめて、そして恐る恐る庫裡の入口から入って、さてどうしたらよいのかとあたりを見まわすとそこに木の板に木づちが吊されていて「来者必総二打」と書かれていた。トン　トンと少し力づよく打って、足もとを見るとそこに「照顧脚下」という文字があった。意味はすぐわかったが、眼の高さから、足もとまで、何となく全身がひきしまるようであった。すぐ小僧が出てきてそこに坐り、用件をとり次いだ。それが元貞君だった。元英君と二人の小僧がいて外まわりを仕切っていた。住職は稲葉心田老師。はじめて会ったところだが、こまごまとしたことは一切聞かず、「小僧と一緒になって寺の手伝いをするなら今からでも来てくれ」ということになった。即戦即決である。その日から私は寺の小僧であった。廊下の雑巾がけをしたり、畑の手入れをしたり。私の驚いたことは、雑巾をしぼらないで水のじゃぶじゃぶ流れるままで長い廊下を拭いてまわり、力づよく音たてて廊下を歩み、そうかと思うと部屋に出入りするときスリッパを廊下と平行に並べて脱ぐことが、何ともめずらしく、しかし合理的なように思った。私の部屋は本堂の南東の隅にあり、八畳一室。廊下をへだてた隣室にもとプロレタリア作家の宮島蓬洲さんが住まわれていた。はじめは僧堂にいたらしいが年月をへて修行が一段落してから、ここに移って来られたらしかった。何歳ぐらいだったか私は知らない。いつもスリッパを揃えてぬぐ人、よく本を読む人、ときどき「岩田君」と私を呼んで抹茶をごちそうしてくれる人であった。

ただし、慈済院をめぐるもろもろの日常については多くの人びととともに『私にとっての仏教』(季刊「仏教」平成三年、法蔵館)のなかに書きのこしておいたから改めて述べないことにする。朝五時に起きて、住職や小僧たちと一緒に経をよみ、廊下を拭いてから庭掃除をして、朝食になる。

朝食といって困ったことはなかったが、食べ終ってから余ったもののすべてを指で洗いおとして飲んでしまうこと、板の間におちた食物をすべて拾って食べること。これらが珍しいといえば珍しかった。困ることといって別になかった。

ちょうど同じ時代に僧堂の裏手に山田無文老師がおられたから、ときどきその部屋にいって話をきき、また、歌を書いてもらったりした。「大いなる風に吹かれてあることを」云々という歌であったが、横浜の家に持ち帰ったのはよいが、結局、戦災でどこかにいってしまった。そこに日本史専攻の田寺さんという学生がいてよく一緒に会って話をしたり、お茶の稽古のために厭離庵を紹介してもらったりしたが、私が兵隊にいく前には結核がひどくなって一緒に百貨店の階段を歩くのがたいへん難儀になっていた。

私は慈済院にいる中途に出征して二年間ほど留守にしたが、私にとってはなつかしい時間であった。はじめにいたときはそこに岡野さんというもと祇園の名妓だったという老女が台所仕事を一切ひきうけてくれた。もと美女という老女であったが、私が感心してやまなかったのは羊羹の切り方であった。物差しではないが、その代用の木切れを羊羹にあてがって寸法をはかり、一ミリの間違いもないように揃えて切っていたことである。祇園ではそういう切り方をするのかと思ったが、われわれ学生を含む全員に正確に配分してあった。

兵隊から帰ってきたときには今度は別の老女であったが夜遅くまでさつまいもの蔓を切っている音が、夜中の二時、三時ごろまできこえてきた。タン・タン・タンと高く低く音がして、トン・トン・トンとつづき、やがてフッと音が絶える。何ごとかといつも不審に思っていたが、居眠りしていたのであった。中学に入ったばかりの息子がいて、少しでも多くその子に食べさせるために食糧をふやしたいと思っていたようであった。

第二回目の慈済院滞在中に渡辺さんという哲学科の学生と同居することになった。熱心に坐禅する人であったが、あるとき、私に和綴じの『維摩経』(五巻)を借すから読んでみよ、と言ったのである。もちろん、関心は大いにあったが、いつ読めるというあてがなかった。「いつ返せるかわからない」というと、返せなければそのままでよいというのである。

その後、長尾雅人先生の『維摩経』はよんだが、渡辺さんから借りた漢訳の本はどこかに紛れてしまっていた。五年、十年まぎれたのではない、七十年、八十年紛れていてつい二、三日まえ古い本棚からすべり落ちてきた。いや、二、三年まえに三朝温泉に行ったとき、その近くの教育委員会に電話して、彼とおぼしき人物を尋ねあてようとしたが、わからなかった。

本は何れ、京都の大学にもどすつもりである。

渡辺さんがそのとき言ったことだが、あるとき心田老師と話しあっていたら、突然、言葉をあらためて、「そうだ、おまえはそこで悟った」、と言ったらしいのである。

悟った渡辺さんの所在がわからないのである。住所はもちろん、今となっては姓名の「名」もわからない。渡辺さんはフランス哲学を学んで野田又夫先生に教えをうけていたらしいが、数年まえの新聞によるとこの先生も亡くなったとのことである。

もう、何の手がかりもない。いや、ただ一つ、ひょっとしたら渡辺君自身が生きているかもしれないのだが——。

次に林丘寺の時代。

京都のなかでもっとも好きな寺と問われれば、私は林丘寺と答える。何より名まえがよい。林と丘の寺、それこそ仏教寺院にぴったりではないか。教義も宗派も一切不要、山水だけ、樹下石上だけであとは何もない。

しかし、この寺についても既にいろいろ書いているので言葉を加える必要はない。いや、言いたいことはいくらでもあるが、それを言いはじめるときりがないのである。まして、そこにいた尼僧については言うべき言葉もない。一番、年長の、そして寺の外まわりに気をくばっていた専戒さんという老尼についていては言うべき言葉をもたない。当時、いくつぐらいだったろうか、背中に坐ぶとんを背負うようにして、畑仕事から台所、一切の仕事を引きうけていた、大きい窯に火をたき、米をたき、野菜を切り、大根を干し、炊事をこなす。その上に朝は私のために一日二合の米をたき、赤い椀にいれてもってきてくれる。じっとしている時間はなかった。

それに二人の尼僧がいて、部屋、廊下、本堂の拭きそうじをし、庭木と野菜の手入れをしていた。お茶を教え、お習字の先生をしていたのである。近所の子どもが数人習いにきていた。

こういうところであるから、私の食事も簡単なものであった。昔、山登りをしたころ、よく使ったコッフェルを持っていて、三つ組のナイフとフォークで万事が片づいた。

私にとってそこは単純生活の魅力にあふれていた。修学院の八百屋にいって、キャベツと玉ネギとじゃがいもを買い、卵を二つ三つ買ってくるだけであった。炊事道具などは一切不要だった。調味料も塩だけで他はほとんど要らなかった。

私を加えて学生が二人あるいは三人いたが皆同じようなやり方だったと思う。修学院駅までゆくのに十五分ぐらいかかった。行きは下り道だが、帰りは上りになっていたから往復すれば三十分余りかかった。だから、玉ネギ一箇、卵二箇買うというのは、お金の面でもそれなりの支出だったのである。そういうこともあって、食べることには熱意がなかった。

しかし、住職をはじめ尼僧さんたちとは毎晩のように抹茶をいただいた。茶をたてるのは私、抹茶と菓子を買ってくるのは住職。寺では御前《ごぜん》さんといっていて、いつも白い法衣をきていた。

三年余りたったころであろうか。御前さんが私の絵をほしいといった。休みに家の疎開先の山形へ行って葉山を描いたものだった。最上川の堤防に坐って、なだらかな山を描いたのだが、小学生のとき以来大事に持っていたニュートンの水彩絵具、そのセルリアンブルーで空を描いた。うまく描けたかどうかは別にしてなだらかに起伏する山波が何となく心地よかった。

あげるのは惜しいという気持ちと、この絵を見てもらおうという、相反する気持ちがまざりあっていた。あの絵はいまも林丘寺のどこかにかかっているだろうか。もっとも、尼僧さんたちは、もう、とうにこの世からいなくなってしまったけれども——。

私にとって、林丘寺という名まえがどうしても忘れられないのである。

私は日記をいつもつけていたわけではないけれども、そのなかの忘れ難い部分についてだけはその記録をありのままに残しておきたい。

本書のなかの「森林・草原・砂漠」を書いていた頃のことである。

一九四八年九月三日。午前一～二時のこと。

私はそのとき一夏中考えあぐねていた問題にゆきづまって進退きわまっていた。どうにもならなかった。最後の途は自分自身を土地の側に投げいれて、土地の裏側から現象を眺めなくてはならないということであった。眠られぬままに、この夜も、私は蚊帳の中に横たわって苦しんでいた。暑かったので胸をはだけ、やせて肋骨のあらわになった胸をちょうどサハラ砂漠かどこか、砂丘の起伏する砂漠と見たててその上をキャラバンが通るさまに見立てていた。自分の胸をつめり、ラクダの足を点々と押しつけてみた。がそれはただ肉体の痛みを感ずるばかりだった。私は呆然として涙をながした。どうにもならなかった。解決の手段は私にはなかった。私は胸をたたきながら闇のなかを見つめていた。そして私はぼんやりとして立ちあがり、トイレに立った。暗い廊下を歩いて、隅の柱のあたりにとまり、電気をつけようとスイッチをさがした。二度、三度、右手を闇のなかに上下に動かした。そのとき、突然、私の全心身が闇のなかに没入してしまった。「これが死か」、と私は思ったが、一瞬にその思いも消え、右腕をのばしたままの自分自身を喪失していた。どのくらいの時間がたったのか不明だったが、どこかから「あるのか」と尋ねるものがあった。「ある」、とそのものは答えた。二、三度、こうした問答をくりかえしているうちに、手指の尖端から意識がよみがえるようであった。部屋にもどってから、私は直ちに蚊帳と布団をたたんで、そこに坐った。頭の上に青磁の茶碗をのせたまま、沈黙して坐った。そうだ、と思った。私はこの肉眼でサハラ砂漠を歩む人と駱駝《らくだ》の動きを見ればよいのであった。向う側から見ることは、こちら側から見ることと同じだった。何らの媒介なしに互いに表と裏が交換していたのであった。

私の内部に喜びのようなものがあふれてきた。

棚の上に書物が置いてあったが、そのなかで最初に手にふれたものが良寛歌集であった。読むつもりもなかったが、意味をたどるともなく読みはじめた。

良寛の歌よみながらやさしくも涙ながれてわれはいたりき

翌日になると喜びは何ひとつなかった。本堂の上の階あたりに山鳩が二、三羽おりてきて虫をあさっていた。生きるいのちと死ぬいのちとのあいだに山鳩のしずかな歩みがあった。

二つのいのちを共に支えているのが大地であった。

人類ではなくて大地。

いま、おわりのはじめ

私のなかで二つの光景が交わりながら離れ、離れようとしながら交わっている。二にして一、一にして二なのであろうか。表が裏で裏が表であろうか。

「マッカッカ、マッカッカ――。」

赤い焔が遠くで荒れ狂っていたのであろう。

私は母の背に負われてそれを見ていたに違いない。言葉がなかなかしゃべれなくて心配していたというのだが、その私が初めて言葉をいった。マッカッカといったと母が言うのである。

ほんとうだろうか。私にはわからない。

避難民のなかにまじって、遠くから迫ってくる焔を見たのであろう。

それからずっと後になってヤンゴンのホテルの窓から立ちのぼる朝の太陽を見た。真紅の太陽であった。その美しさに、こころの底から感動した私はいつまでもその紅い光を見つめていた。沁み入るような赤い太陽。私はその光の中に融けるようであった。

同じビルマという国土のどこかで、いま、どのような戦争がたたかわれていたとしても、話は別だ。次元の違った話だ。赤光は生命の核心、生きていることのしるしだ。その出発点だ。

朝と夜のなかの赤い光。今でもあの赤光を見たい。

林丘寺にいたある日の夜ふけ、私は自分自身を忘却した。夜という果てしもない世界のなかに、私は自分が失われていくところを見守っていた。しかし、ここでは繰り返さない。

そこに立ちどまって、何物かを模索している自分のなかから、指が消え、手が見えなくなり、身体がとけこんでいった。私は自分が「死ぬのかな」と思った。一瞬、自分という存在がその闇の世界にとけこんでいくようであった。

やがていっときして、意識が回復してみると、前の自分と後の自分とは同じ自分でありながら別の世界にいるようであった。

いや、別の世界だけれども別ではない。一つの世界。

当時、友人の故、藤岡喜愛がその文章を見つけて、その一夜の経験を評価してくれた。しかし、自分で自分の経験を正しく位置づけすることは出来ない。その理由はわからなかったがこれが私にとって『正法眼蔵』への入口になるかもしれないとは思っていた。その手がかりを感じた。

それから、十年、二十年たって、今日に残ったものは『正法眼蔵』への愛着と敬慕のこころだけである。さやかな経験などは何ごとでもなかった。

「人の夜間に手を背にして枕子を模するが如し」（「正法眼蔵、『観音』」）

私の手は外れてしまった枕を、いや、自分自身をさぐり当てたのであろうか。さぐり当てなかったのであろうか。――「夜間を日裡よりおもひやると、夜間にして夜間なるときと検点すべし。すべて昼夜にあらざらんときと、検点すべきなり――。」

その夜、その時から私の思考はその場をめぐって旋回している。昼の私と夜の私、「赤」の私と「黒」の私、同じ私がシャーマンのように二つの空間をめぐって旋回するのである。扉が回るようにではなくて空《くう》そのものが回るように——。音もなく。

今年(二〇〇六年)のはじめの年賀状のなかに私は小さい文章を書きつけた。「地理学を出発点とする未知の空間と、直接経験に根ざした宗教のひろがりと、この二つの世界のまじわるところに新しい自分の宇宙を構築したいのです」。

これで一応の終り。それが今です。

この冬はたいへんな雪ふりでしたが、やっと晴れてよい天気になったようです。

初出一覧

第Ⅰ部　アルンタ族の地域について——地域の意味についての考察
（一九四二(昭和十七)年十月京都帝國大學入學。史學科地理學專攻。卒業論文）

第Ⅱ部　森林・草原・砂漠——西アフリカに於ける地域の秩序について
（一九四八(昭和二十三)年京都帝國大學大學院前期特別研究生、修士論文）

第Ⅲ部　ＴＩＮＢＵＫＴＵ——沙漠と草原との結び目
（『立命館文学』第七三、七四号、六七—七七頁、立命館大学文学部、一九四九年掲載）

第Ⅳ部　パ・タン村——北部ラオスにおける村落社会の構造
（『インドシナ研究—稲作民族文化綜合調査団報告(一)』二六八—三八七頁、有隣堂出版、一九六五年）
但し、原論文の「はじめに」及び第１図・第２図は省く。

第Ⅴ部　私の単純生活——そのおわりとはじめ
書き下ろし

本書では各論稿の若干の補筆と語句は補訂したが、論旨は変えていない。なお、用字用語については、各々の媒体に発表されたものを前提として、「凡例」の文字表記に従って編んでいる。

カバー装画　「林丘寺にて」　岩田慶治
大扉　版画　「ラオスの村」　田主　誠
協力　松本博之(奈良女子大学文学部教授)
　　　信毎書籍出版センター
編集　道川龍太郎

あとがき

ここに集められている論考の大半は自分にとっての地理学入門のようなものである。地理学とは何か、地域とは何物なのか。そういう問題、およそ地理学を勉強してみようかという人間の、すべてにとっての問題について自分なりに取り組んだものである。それを身近な場所について考えたのではなく、見たこと、行ったことのないオーストラリアとアフリカを舞台として考えたのである。なぜ、そこをフィールドとしてその問題をえらんだかというと、そこにブーメランのような不可解な道具があり、そこでは気候帯が東西にのびる帯のように規則的に連なっていたからである。「西アフリカ文化圏」と呼ばれている地帯が——あたりまえかも知れないが——島嶼世界をこえ、海洋をこえ、大陸をつらぬいて広がっていたからであった。それが不思議だったのである。文化の波が、海を越え、山を越え、民族の違いをこえて広がっている。その文化の波が大西洋につらなっている。そこに文化の波うち際があるなどといわれると、何ともかとも、不思議だったのである。その眼に見えない波がサハラ砂漠にも波打っている。そういわれると自分のこころのなかの波頭がゆれて、波音をたてながら、高揚してくるのであった。

そんな砂の波のなかに孤立した都市ティンブクトゥがあるなどということになると、見えないものが見えてくる。いや、見えているものが見えなくなる。その不思議がどうにもならないのであった。

次の章のパ・タン村は初めて現地調査に出かけ、メコン川をさかのぼり、ナーム・ソンとナーム・パ・モーム川の合流点にある村にたどりついた。二つの川が石灰岩の峰々の列にとりまかれていた。そこは小さいながらも一つの「コスモス」なのであった。

木のミカン箱のような机を前にして泊っていた家の小学生の息子と二人で話しあう。いや、ラオ語がよくわからなくて、話しあおうとした。また、一人で村の家々を訪ねた。夜、シューッと音をたてて石油ランプが消えるまで、何事ともしれぬことを考えていた。僅か半年ばかりの間だったが、そこが私にとっての全宇宙だった。だから、久しぶりにヴィエンチャンの町に出てみると、早く村に帰りたくて仕方がなかった。

パ・タン村はそういう孤独の日々の記録なのである。だからどんなに拙いものであっても、この一章を入れてもらいたかった。その内容について言えば、その次に書いた「インドシナ半島北部におけるタイ諸族の家族と親族」の方がそれなりの展望をもち、仮定にしろ構造をもっていたのだけれども、パ・タン村はどうしても捨てがたかった。あれが私の、私という世界への入り口だったのであろう。村の入り口にあるナーム・ソン川の仮橋はそれを渡るたびに五バーツ必要だった。しかし、私は村人だから無料、そう村長にいわれていた。

パ・タン村は私にとって人類学入門の村であった。どうしても忘れられない村。立てかけた厚い本をちょっと押すと、パ・タンと音がきこえてくる。出発点なのである。

最後の章は言うまでもなく自分の生涯を点描したものである。何とも粗雑きわまるものであるが、これがいつわりのない私の人生であった。

自分だけで一人歩きしているようであるが実際にはそんなことはない。天竜寺から林丘寺にいたる、自分では何も知らない折り折りの仏教との出会い、仏教をこえた四季の山水との出会い。その間は勝手な振舞いをしていて家族をかえりみなかったことへの後悔、そんなことはもちろん百も承知だった。それを今、思い出している。

林丘寺の庵主さんが可愛がっていた猫、その猫がわれわれがお茶を飲んでいる夜中にネズミをくわえて帰ってくることがあった。私は、あわててしまって、さてどうしたものだろうかと迷っていたが、庵主さんは何に迷うこともなく——そう見えたのだが——「お食べ」と言った。私はその通りであり、また、その通りではなくて、一体、どうしたらよいか迷っていた。猫はポリ　ポリ　ポリとネズミの骨をかじっている。一体、この風景のどこがどう悪いのだろうか。どの部分が間違っているのだろうか。私などはまだまだ善悪の此岸にあってうろたえるばかりであった。

生と死が同時に一つの音をたてていた。

その林丘寺にいた最後の時期に、三週間ばかり半ば徹夜して「森林・草原・砂漠」を書いた。書き終って疲れ果てて、ふーら・ふーらしていたとき、庵主さんがこう言うのだった。「イワタさん、まだ、まだお若いのだからそんなことで力を落してはいけません。元気を出して下さい」——と。

そういわれてもっともだと思い直して、靴をはき直して、靴の紐をむすび、離丘の山をおりて行った。そこは二、三本のとても大きくて立派なクスの木が並び立っていた。私はその木の友達と別れるようなつもりで駅に向った。別にニーチェの真似をしたわけではなかったけれども——。「ウンターー・ゲーエン」（下降する）の時だったのだろうか。

私は友人の手配してくれた町屋に住み、しばらくして新しい調査地に向った。マレーシアのボルネオ奥地へ、スリランカの北部と中部へ、そしてインドの中南部へ、それぞれ一年、あるいはもっと長い旅をつづけた。

それらを含む小文が本書のつづきである。

小論考につづく短い後篇が私の半生記ということになるのだろうか。これについては述べるまでもない。こどもでもわかる内容であり文章なのだから——。

こういう他愛もないことを自分で書いたのである。

二〇〇六年早春。

岩田　慶治

岩田慶治

……いわた けいじ……

一九二二年、神奈川県横浜に生まれる。

京都大学文学史学科卒業。同大学大学院文学研究科修了。

タイ、ラオス、カンボジア、マレーシア、インドネシア、フィリピン、スリランカの各地域で調査・研究に従事。

大阪市立大学教授、東京工業大学教授、国立民族学博物館教授、大谷大学教授を経て、

国立民族学博物館名誉教授・東京工業大学名誉教授。

著書『日本文化のふるさと―東南アジアの稲作民族をたずねて』(角川書店)

『草木虫魚の人類学―アニミズムの世界』(淡交社)『コスモスの思想―自然・アニミズム・密教空間』(NHKブックス)

『人間・遊び・自然』(NHKブックス)『カミの人類学―不思議の場所をめぐって』(講談社)

『道元の見た宇宙』(青土社)『岩田慶治著作集』(全八巻 講談社)

『木が人になり、人が木になる。』(人文書館)など

人文書館

森林・草原・砂漠
森羅万象とともに

発行

2006年5月20日

初版 第1刷発行

著者

岩田慶治

発行者

道川文夫

発行所

人文書館

〒151-0064

東京都渋谷区上原1丁目47番5号

電話 03-5453-2001(編集)　03-5453-2011(営業)

電送 03-5453-2004

http://www.zinbun-shokan.co.jp

ブックデザイン

鈴木一誌+仁川範子

印刷・製本

信毎書籍印刷株式会社

ISBN 4-903174-05-0

Printed in Japan